Geschichte und Geschehen

Ludwig Bernlochner
Claus Gigl
Angela Kalks
Sepp Memminger
Michael Salbaum
Ulrike Salbaum
Hans Steidle
Klaus Sturm
Veit Sturm
Dorothee Wege

Ernst Klett Verlag
Stuttgart • Leipzig

Autoren: Ludwig Bernlochner
Claus Gigl
Angela Kalks
Sepp Memminger
Michael Salbaum
Ulrike Salbaum
Hans Steidle
Klaus Sturm
Veit Sturm
Dorothee Wege

Berater: Herwig Buntz

Herausgeber: Ludwig Bernlochner

Layout, Einbandgestaltung und Auftaktdoppelseiten: Krause Büro, Leipzig; Andreas Mönnich, Landsberg

Kartenbearbeitung: Karthografisches Büro Borleis & Weis, Leipzig; Susanne Mandl, Landsberg; Adam Silye, Wien

Grafiken: Rudolf Hungreder, Leinfelden-Echterdingen; Lutz-Erich Müller, Leipzig; Susanne Mandl, Landsberg

9 783124 115508

1. Auflage 1 9 8 7 6 | 2017 2016 2015
Alle Drucke dieser Auflage können im Unterricht nebeneinander benutzt werden, sie sind untereinander unverändert. Die letzte Zahl bezeichnet das Jahr des Druckes.

Internetadresse: www.klett.de

Redaktion: Helga Haunschmied, Wien
Satz und Herstellung: Andreas Mönnich, Landsberg; Studio Scheuner, Wien
Druck: FIRMENGRUPPE APPL, aprinta druck, Wemding

978-3-12-411550-8

Liebe Schülerinnen und Schüler,

nun habt ihr euer neues Geschichtsbuch aufgeschlagen. Jetzt beginnt für euch eine Entdeckungsreise in die Vergangenheit. Beim Durchblättern fallen euch gleich die vielen Bilder, Karten, Tipps und Texte auf. Es sind ganz schön viele; sie sollen euch helfen, eure Fragen zur Vergangenheit zu beantworten.

Wohin geht eure Entdeckungsreise mit *Geschichte und Geschehen* im kommenden Jahr genau? Ihr könnt gemeinsam
- nach den ersten menschlichen Spuren in Afrika suchen,
- nachschauen, wer die Pyramiden in Ägypten baute,
- die athenische Demokratie erkunden,
- das Alltagsleben im Zentrum des Römischen Reiches kennen lernen,
- die Entstehung des Frankenreiches verfolgen.

Ist das alles? Natürlich bietet das Buch noch mehr. Denn euch interessiert sicher auch, wie die Menschen ohne die Technik von heute arbeiteten, wie sie ihre Konflikte lösten, Kriege führten oder wie Mädchen und Jungen, Frauen und Männer ihren Alltag verbrachten.

Auf der Entdeckungsreise durch die Geschichte ist das Buch euer wichtigster und ständiger Begleiter. Wir, die Autorinnen und Autoren eures Buches, bieten darin sehr unterschiedliche und abwechslungsreiche Möglichkeiten an, Vergangenes zu entdecken.

Heute ist für euch der Umgang mit dem Internet und CD-ROMs genauso selbstverständlich wie das Lesen eines Buches. Daher gibt es zu *Geschichte und Geschehen* zusätzliche Materialien, die die Beschäftigung mit der Vergangenheit bereichern und erleichtern.
- Im Internet unter der Adresse „www.klett.de/online“ findet ihr u.a. Angebote, die zum Bauen historischer Gegenstände, zum Schneidern alter Kleidung oder zum Surfen im Internet anregen.
- Die CD-ROM zum Buch ist eng auf die Kapitel von *Geschichte und Geschehen* abgestimmt. Historische Computerspiele, anschauliche Videos, Spaziergänge durch 3-D-Räume und vieles mehr ermöglichen euch faszinierende Einblicke in die Vergangenheit.

Bei eurer Reise durch die Zeit wünschen wir euch viel Spaß!

Die Autorinnen und Autoren

Inhaltsverzeichnis

Das Weltreich der Römer 100

Von der Antike zum Frankenreich 140

Kulturgeschichtliche Spurensuche 168

Wie arbeite ich mit diesem Buch?

Dieses Buch umfasst sieben Themenbereiche. Jeder beginnt mit einer **Auftaktdoppelseite.** Bilder, Karten, Texte und Grafiken wollen dein Interesse am Thema wecken.
Die Auswahl der Materialien gibt dir auch schon einen Hinweis, was in den nachfogenden Kapiteln behandelt werden wird.

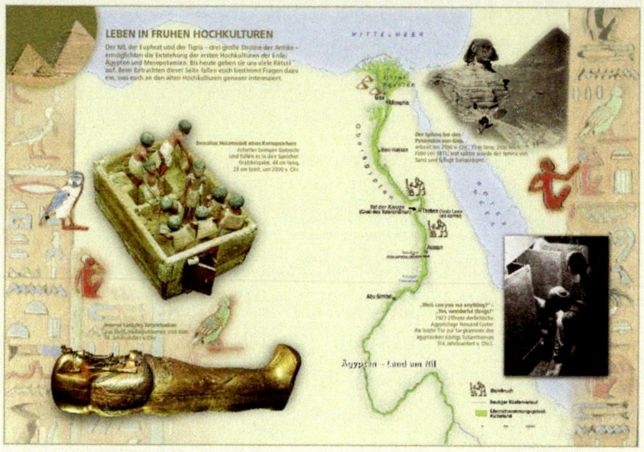

Jeder Themenbereich ist in mehrere **Kapitel** untergliedert, jedes Kapitel ist auf mehreren Seiten dargestellt. Damit dir klar ist, zu welchem Kapitel die jeweilige Seite gehört, findest du am unteren Seitenrand das Symbol, das schon im Inhaltsverzeichnis den Weg zu diesem Themenbereich weist. Die thematischen Kapitel des Buches sind alle weit gehend gleich aufgebaut: Unter der Überschrift kannst du meist in einer Zeittafel die wichtigsten Jahreszahlen und die dazugehörigen Ereignisse ablesen. Sachinformationen findest du im **Verfassertext** (VT). Die **Zusammenfassungen** (Marginalien) in der Randspalte helfen dir, dich schnell zu orientieren.

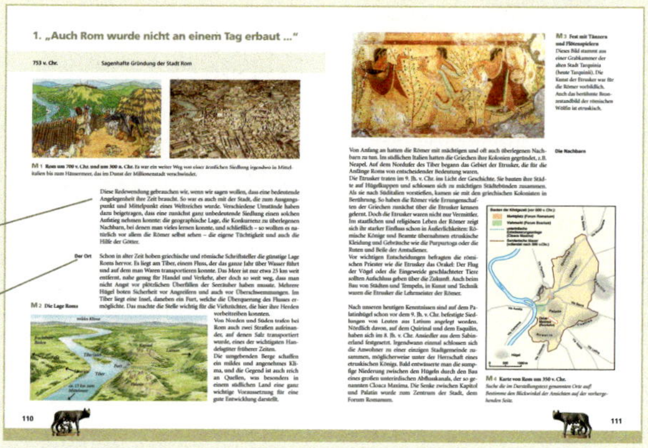

Wichtige Begriffe werden in einem Kasten ausführlich erklärt. Am Ende jedes Kapitels findest du **Materialien** (Texte, Bilder, Karten usw.), die das im VT Dargestellte veranschaulichen und vertiefen. Die Fragen und Anregungen helfen dir bei der selbstständigen Erarbeitung der Kapitelinhalte oder deren Wiederholung. **Tipps** weisen über das Buch hinaus: Sie regen dich z. B. an, ein Jugendbuch zum Kapitelthema zu lesen, im Internet zu recherchieren oder eine eigene Arbeit zum Thema zu präsentieren.

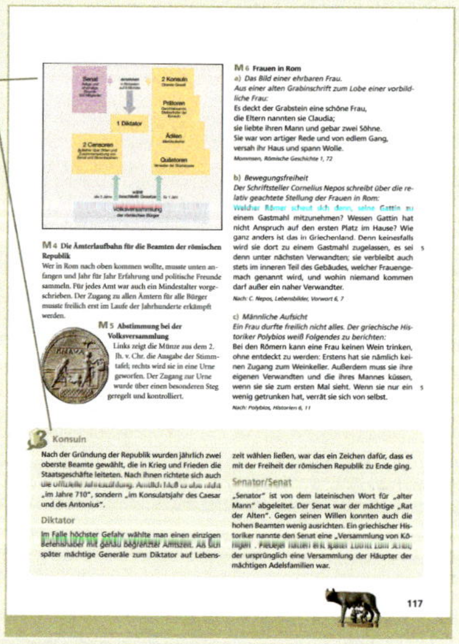

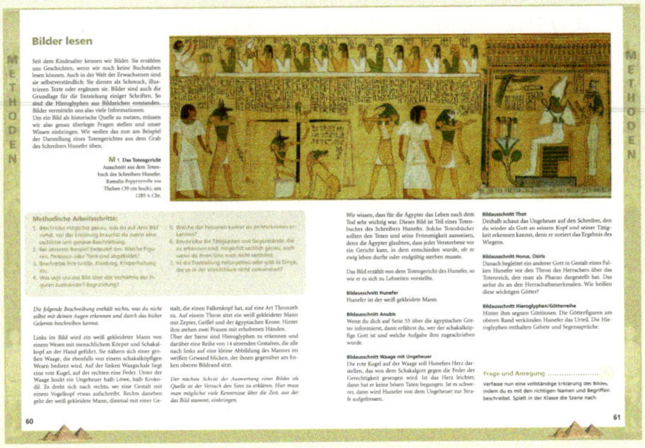

Am Rand mancher Seiten findest du den Begriff **Methoden**. Auf diesen Seiten lernst du, wie man Textquellen erschließt, Bilder entschlüsselt, Karten auswertet usw. Die Beherrschung dieser Methoden hilft dir, aus geschichtlichen Quellen die richtigen Schlüsse zu ziehen. Auch diese Seite ist mit dem Begriff Methoden überschrieben: Hier kannst du den Umgang mit dem neuen Geschichtsbuch lernen.

Wenn du die Überschrift **Vertiefung** oder **Erlebnis Geschichte** findest, kannst du das, was du bisher gelernt hast, auf neue Lerninhalte anwenden. Dies ermöglicht es dir, Zusammenhänge besser zu verstehen und verschiedene geschichtliche Ereignisse miteinander zu vergleichen. Auf diesen Seiten findest du auch Anregungen zur eigenen kreativen Weiterarbeit an einem Thema.
Auch am Ende dieses Buches findest du **Vertiefungskapitel**. Hier kannst du an besonders interessanten Themen dein Wissen, das du dir in diesem Schuljahr erarbeitet hast, auffrischen und vertiefen.

Kleine Symbole sollen dir helfen, dich in dem Buch leichter zurechtzufinden:

Bis heute streiten sich Menschen über die Geschichte. Mit „kontrovers“ sind Texte gekennzeichnet, die einander widersprechen.

Besondere historische Grundwissensbegriffe sind in einem Kasten erklärt. Du findest sie auch, indem du am Ende des Buches im Verzeichnis der Personen, Sachen und Begriffe nachschlägst. Dort sind sie durch fette Buchstaben besonders hervorgehoben.

Das Buch bietet dir Literaturtipps, die Lupe deutet Ideen und Anleitungen für kleine Projekte an.

Zusätzlich gibt es Empfehlungen für die Nutzung des Internets. Auf der Website www.klett.de/online haben wir weitere Angebote für dich aufbereitet. Gib dazu im Feld „Online-Link“ die Nummer 411050 - 0000 ein.

Zu welchen Themen es Module auf der Software gibt, erkennst du an der kleinen CD-ROM bei den „Fragen und Anregungen“.

VON MENSCHEN, ZEIT UND GESCHICHTE

„Früher war alles anders" – so ähnlich habt ihr es bestimmt schon einmal von Menschen gehört, wenn sie über die Vergangenheit berichtet haben. Und tatsächlich haben die Menschen mit jedem Tag, der vergangen ist, etwas auf der Erde verändert. Wie sich die Welt im Laufe von Jahrhunderten und Jahrtausenden gewandelt hat, wie die Menschen zu unterschiedlichen Zeiten gelebt haben und warum unser Leben heute so aussieht, wie wir es kennen – damit beschäftigt sich das Fach Geschichte. Die Bilder geben dir einen Eindruck von einigen geschichtlichen Themen. Vielleicht kennt ihr ja schon manche der Personen, Bauwerke oder Erfindungen?

Neuzeit

Mittelalter

Antike

Frühe Hochkulturen

Ur- und Frühgeschichte

1. Was bedeutet die Zeit für die Geschichte?

M 1 Die Sanduhr gibt die Zeit an. Trotzdem unterscheidet sie sich wesentlich von den Uhren, wie wir sie heute gewohnt sind.

Vergangene Zeiten begegnen uns, wo immer wir uns befinden. Im Urlaub in Italien oder Griechenland, wenn wir Rom oder Pompeji, Athen oder Olympia besuchen, stoßen wir auf Ruinen der alten Römer oder Griechen; auf dem Rundgang durch eine bayerische Stadt wie Augsburg, Landshut oder München entdecken wir Häuser und Reste von Stadtmauern aus dem Mittelalter; im Fernsehen gibt es Filme über die Wikinger, den Sklavenaufstand des Spartacus oder über König Ludwig II. zu sehen. Hinzu kommen Zeitungsberichte und Ausstellungen zu den Jahrestagen der Kaiserkrönung Napoleons oder der Entdeckung Amerikas durch Christoph Kolumbus. Doch könntest du diese Ereignisse oder die genannten Persönlichkeiten zeitlich genau einordnen? Weißt du – ohne im Buch nachzublättern –, wann die ersten Olympischen Spiele stattfanden und wann die Stadt Rom gegründet worden sein soll, wie alt die Pyramiden sind und wann es die ersten Bauern in Europa gab? Dies alles lässt sich zeitlich recht genau bestimmen; oft wissen wir sogar die genaue Jahreszahl und das Datum, manchmal sogar die Uhrzeit des Geschehens.

Zeitmessung und Zeitrechnung

Du siehst, Geschichte hat mit Zeit zu tun. Was Zeit ist, können wir nicht so genau sagen. Wir können sie aber messen. Ein Tag ist um, wenn sich die Erde einmal um sich selbst gedreht hat. Ein Monat bedeutet ungefähr einen Umlauf des Mondes um die Erde. Ein Jahr dauert es, bis die Erde einmal um die Sonne gekreist ist.
Christoph Kolumbus, der Entdecker Amerikas, wurde 1451 geboren und starb 1506 im Alter von 55 Jahren, der Zweite Weltkrieg begann am 1. 9. 1939 usw. Unsere neuere Zeitrechnung ist recht einfach: Sie orientiert sich an der Geburt Jesu Christi. Seither zählt man die Jahre „vor Christi Geburt" (v. Chr.) und „nach Christi Geburt" (n. Chr.). Will man Zeiträume bezeichnen, denen gegenüber die rund 2 000 Jahre seit Christi Geburt verschwindend gering sind, nimmt man die Gegenwart als Bezugspunkt. Man sagt dann: Vor etwa zwei Millionen Jahren gab es die ersten Menschen auf der Erde. Um die Abfolge der Ereignisse richtig einordnen

M 2–4 Uhren aus verschiedenen Jahrhunderten

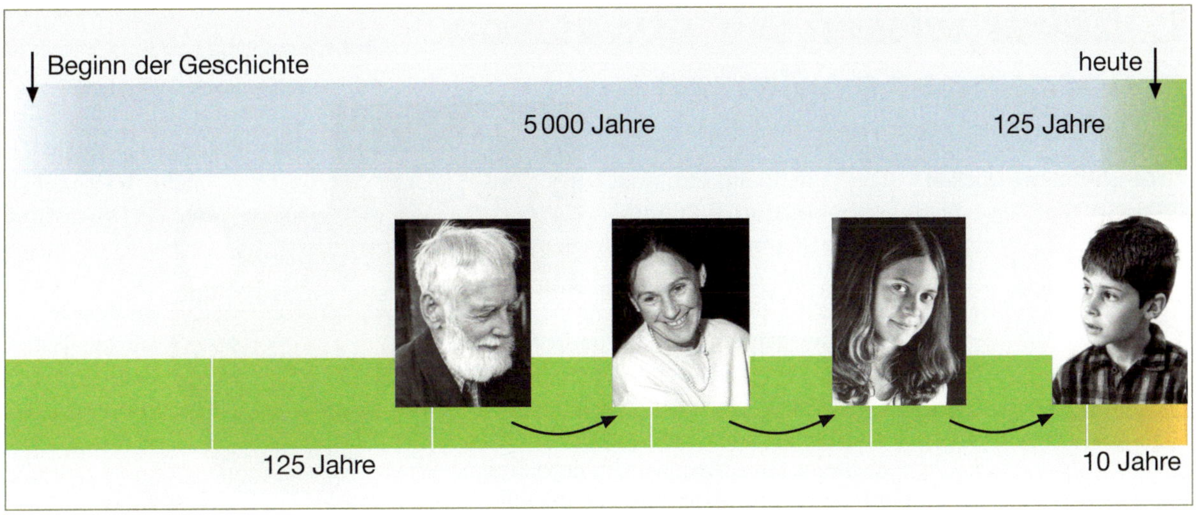

M 5 Geschichte und Generationen

zu können, müssen wir den geschichtlichen Ablauf, die Chronologie, festhalten. Mit Hilfe der Zeitrechnung ist dies leicht möglich.

Andere Zeitrechnungen

Schwieriger wird es aber bei Zeitangaben, die wir in der Geschichte oft finden. So kann man nachlesen, dass Caesar „an den Iden des März" im Jahr 44 v. Chr. ermordet wurde. Doch welches Datum ist damit gemeint? Um das herauszufinden, muss man den römischen Kalender kennen. Die Römer hatten auch eine andere Zählung der Jahre: Sie rechneten ab 753 v. Chr., dem sagenhaften Gründungsdatum der Stadt Rom, die Griechen ab den ersten überlieferten Olympischen Spielen 776 v. Chr. Die jüdische Zeitrechnung beginnt mit dem Jahr 3761 v. Chr., für das jüdische Schriftgelehrte die Erschaffung der Welt errechnet haben. Im Islam ist die Flucht Mohammeds von Mekka nach Medina 622 n. Chr. der Ausgangspunkt der Zeitrechnung.

Epochengliederung der Geschichte

In den älteren historischen Quellen herrscht also ein ziemliches Durcheinander von verschiedenen Zeitrechnungen. Um wenigstens etwas Ordnung zu schaffen, haben europäische Historiker die gesamte Geschichte in mehrere große Zeitalter, so genannte Epochen, eingeteilt. Die Zeit von den ältesten schriftlichen Quellen bis etwa zum Ende des Römischen Reiches nennt man seitdem Antike oder Altertum. Von da an bis ungefähr zur Entdeckung Amerikas und der Glaubenspaltung in Europa spricht man vom Mittelalter. Die Zeit danach nennt man Neuzeit.

Die Zeit, mit der ihr euch im Unterricht zuerst beschäftigen werdet, bezeichnet man – weil es noch keine schriftlichen Überlieferungen gibt – als vorgeschichtliche Zeit.

Fragen und Anregungen

1. Wann ist es für dich wichtig, die genaue Zeit zu wissen? Welche Uhr scheint dir dafür am geeignetsten (M1-4)?
2. Ist es für dich wichtig, das genaue Jahr zu kennen? Warum?
3. Übertrage M5 in dein Heft und trage anstelle der Bilder die Lebenszeit deiner Familienmitglieder ein. Zeichne auch das am weitesten zurückliegende Ereignis aus deinem Leben ein, an das du dich erinnerst.

2. Woher wissen wir etwas von vergangenen Zeiten?

M 1 Elfenbeinfigur aus der Altsteinzeit: Wildpferd.

M 2 Griechisches Vasenbild: Bauern bei der Olivenernte.

M 3 Urkunde aus dem 20. Jahrhundert: Taufschein der Auguste Ludorf.

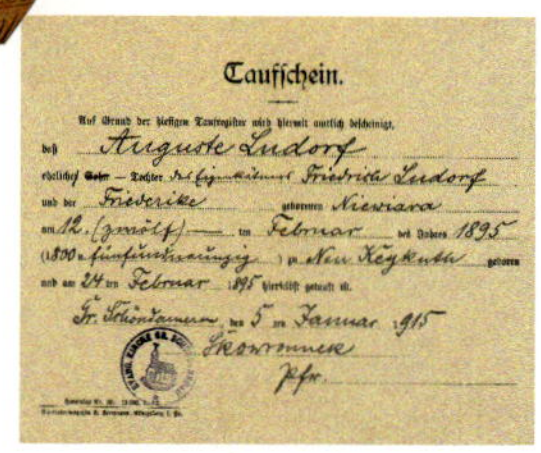
Taufschein.

Geschichtliche Quellen

Die Elfenbeinfigur, das Vasenbild und die Taufurkunde stammen aus ganz verschiedenen Zeiten und Ländern. Und doch haben sie eines gemeinsam: Sie berichten uns von früher – wir müssen nur genau hinsehen.
Welche Informationen können wir der Elfenbeinfigur, die in der Vogelherdhöhle bei Heidenheim gefunden wurde, entnehmen? Wir erkennen, dass die Menschen dort über Elfenbein verfügten und es als Werkstoff benützten. Sie kannten Pferde, weil es möglicherweise in dieser Gegend Wildpferde gab. Interessant ist auch, dass die Menschen damals Tierfiguren schnitzten – zu welchem Zweck, verrät uns die Figur jedoch nicht. Auch das Vasenbild aus dem antiken Griechenland sagt uns einiges: In Griechenland gab es schon in der Antike Olivenbäume. Oliven waren offensichtlich begehrt. Für die Ernte benützte man Stöcke: Die reifen Oliven wurden von den Bäumen geschlagen, aufgelesen und in Körben gesammelt. An der Ernte waren – wenn man dieser Abbildung glauben darf – keine Frauen beteiligt.
Der Text der Taufurkunde informiert uns nicht nur über den Namen des Täuflings und das Taufdatum, sondern auch über sein Geburtsdatum, den Geburtsort und die Religionszugehörigkeit. Außerdem erfahren wir die Vor- und Zunamen der Eltern sowie den Mädchennamen der Mutter.
Weil sie uns Auskunft über vergangene Zeiten geben, für uns also die Quelle unseres Wissens sind, nennen die Geschichtswissenschaftler (oder Historiker) alte Gegenstände, Bilder oder Texte geschichtliche (oder historische) Quellen.

M 4 Verschiedene Arten von Quellen

Gegenständliche Quellen
Bodenfunde, Baudenkmäler, Kunstgegenstände, Gegenstände aus dem Alltagsleben usw.

Bildquellen
Gemälde, Zeichnungen, Fotografien, Vasenbilder, Mosaike, Plakate, Karikaturen, Briefmarken, Geldscheine usw.

Textquellen
Chroniken, Tagebücher, Urkunden, Verträge, Protokolle, Verfassungstexte, Parteiprogramme, Zeitungsartikel usw.

Mündliche Überlieferung
Erzählungen, Zeitzeugenberichte, Interviews, Reden, Radiosendungen usw.

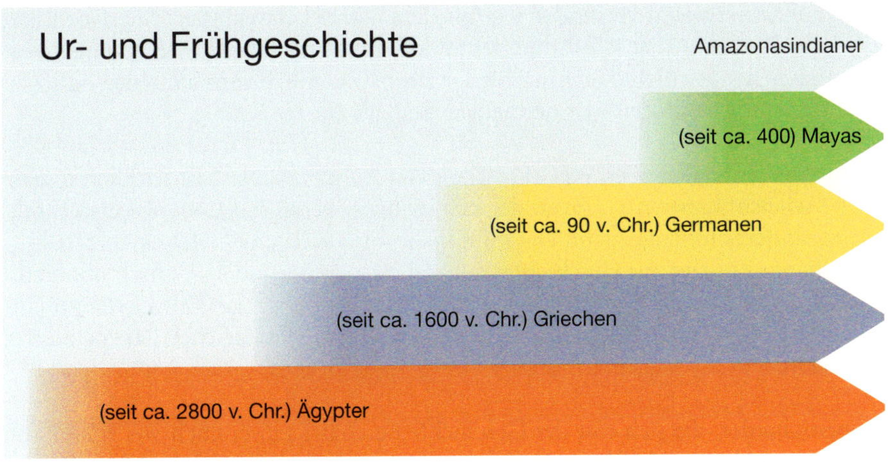

M 5 Schriftliche Quellen und geschichtliche Zeit
Die Völker traten zu unterschiedlicher Zeit in die Geschichte ein. Ein Kennzeichen dafür ist, ob sie eine Schrift besaßen.

Schrift und Geschichte

Du wirst in deinem Geschichtsbuch viele schriftliche Quellen abgedruckt finden. Das hat einen Grund: Die schriftliche Aufzeichnung macht genaue Angaben; sie nennt z. B. die Namen von Personen und informiert über ihre Handlungen, Absichten und Vorstellungen. Schriftliche Zeugnisse beschreiben Orte und Ereignisse und liefern Zeitangaben. Viele Historiker halten schriftliche Aufzeichnungen für so wichtig, dass sie mit ihnen überhaupt erst die Geschichte beginnen lassen. Die schriftlose Zeit nennen sie deshalb Vorgeschichte.

Mündliche Überlieferung

Die mündliche Überlieferung ist eine besondere Quelle. Sie spielte vor allem in den frühesten geschichtlichen Zeiten eine wichtige Rolle, weil es damals noch keine Schrift gab und die Menschen das, was sie ihren Kindern und Enkeln mitteilen wollten, nur im Gespräch oder in Form von Erzählungen mitteilen konnten. Sagen und viele Märchen wurden ursprünglich mündlich weitergegeben und erst viel später aufgeschrieben. Die mündliche Überlieferung prägt unsere Vorstellung von der Geschichte noch immer ganz entscheidend. Erkundige dich bei deinem Großvater oder bei deiner Großmutter über die Jahre nach dem Zweiten Weltkrieg: Wie haben sie die Gründung der Bundesrepublik und der DDR wahrgenommen?

M 6 Homer, Büste
Die Überlieferung beschreibt Homer, den Dichter der „Ilias“ und der „Odyssee“, als blinden Sänger, der die Ereignisse des Trojanischen Krieges und die Irrfahrten des Odysseus mündlich vorgetragen hat.

M 7 Leon Zelman, Zeitzeuge
In den letzten Jahren ist es üblich geworden, Zeitzeugen zu befragen, also sich von den Menschen, die geschichtliche Ereignisse miterlebt haben, davon berichten zu lassen. Leon Zelman überlebte das nationalsozialistische Vernichtungslager Auschwitz. Er leitet heute das Jewish Welcome Service in Wien.

Welche Erinnerungen verbinden sie mit dem Wirtschaftswunder? Sie haben das, was jetzt Geschichte ist, selbst miterlebt und können dir deshalb viel erzählen, was du in keinem Geschichtsbuch nachlesen kannst: nämlich ihre ganz persönlichen Erlebnisse aus dieser Zeit; wir nennen sie deshalb Zeitzeugen.

Erzählungen können auch in die Irre führen

Doch Vorsicht: Nicht alles, was Menschen von früher erzählen, ist wirklich so passiert. Vielleicht haben sie im Lauf der Zeit manches vergessen, anderes verwechselt, wieder anderes hinzugedacht. Die mündliche Überlieferung bietet einen ganz unmittelbaren Zugang zur Geschichte, muss aber auch besonders kritisch überprüft werden. Dies kann dadurch geschehen, dass man Aussagen von Zeitzeugen miteinander oder mit den Aussagen, die ein Geschichtsbuch zum gleichen Thema macht, vergleicht.

Historiker erforschen die Vergangenheit

Wissenschaftler, die sich mit der Geschichte beschäftigen, nennen wir Historiker. Ihr Aufgabenfeld ist vielfältig: Sie müssen Quellentexte lesen und verstehen. Das ist oft gar nicht so einfach, besonders bei alten Texten oder solchen, die nicht vollständig erhalten sind. Historiker werten auch bildliche Darstellungen und gegenständliche Quellen aus und ordnen sie geschichtlich ein. Oft werden diese mühsam rekonstruiert und möglicherweise ergänzt. Die Ergebnisse solcher geschichtlicher Forschungen werden von Historikern aufgeschrieben, veröffentlicht und damit anderen Forschern und interessierten Lesern zugänglich gemacht.

Quellen

Alles, was dem Historiker Auskunft über die Vergangenheit geben kann, nennt er Quelle. Es gibt schriftliche, bildliche, gegenständliche und mündliche Quellen. Geschichtliche Quellen sprechen selten für sich; meist müssen sie erschlossen werden. Historiker wenden dazu verschiedene Methoden an, z. B. Untersuchung, Vergleich, zeitliche Einordnung (Datierung) usw.

Erforschung der Vergangenheit

Oft stoßen Arbeiter bei der Erschließung von Neubaugebieten auf Überreste aus vergangenen Zeiten, die dann erst geborgen werden müssen. Informiert euch bei euren Eltern, in der Tageszeitung oder beim Heimatpfleger, ob es auch in eurer Umgebung Orte gibt, an denen Ausgrabungen stattfinden. Möglicherweise könnt ihr daran teilnehmen und die Vergangenheit selbst erforschen.

Fragen und Anregungen

1. Verschiedene Quellentypen geben unterschiedliche Auskünfte über die Vergangenheit. Welcher Quellentyp erscheint dir am aussagekräftigsten? Begründe deine Meinung.
2. Du kennst bestimmt auch an deinem Wohnort geschichtliche Quellen – antike Straßen, Baudenkmäler, Gegenstände im Museum, Schriftquellen im Archiv oder in der Bibliothek. Berichte davon.
3. Erstelle zusammen mit deinen Mitschülerinnen und Mitschülern eine Karte deines Wohnortes oder der Region, in der du die Orte einträgst, wo man heute noch wichtige Quellen aus vergangener Zeit finden kann.
4. Auch deine Erzählungen sind Quellen – für deine Kinder, Enkel und die Nachwelt. Wovon würdest du ihnen berichten?

3. Womit beschäftigen sich Archäologen?

M 1 Ausgrabung eines römischen Kastells am Limes, erbaut um 100 n. Chr. bei Hanau (Hessen), Foto 2001.

Könnten wir nur auf die Forschungsergebnisse der Historiker zurückgreifen, wüssten wir etwa über die letzten 5000 Jahre Bescheid – so lange gibt es schriftliche Überlieferungen. Doch viele Überreste menschlichen Lebens sind viel älter. Archäologen erschließen und deuten diese; sie sind darauf spezialisiert, Bodenfunde auszugraben, zu datieren und auszuwerten. Archäologen werden immer dann gerufen, wenn im Boden Überreste aus längst vergangenen Zeiten entdeckt oder vermutet werden, wie es oft beim Straßen- oder Hausbau der Fall ist. Oft geht den Grabungsarbeiten aber auch eine systematische Suche voraus, etwa wenn schriftliche Quellen einen bestimmten Ort angeben, an dem Historiker dann Bodenfunde vermuten. Dabei wird häufig die so genannte Luftbildarchäologic eingesetzt. Dabei wird das betreffende Gelände vom Flugzeug aus fotografiert, wobei Unterschiede in der Bodenfarbe oder im Wachstum der Pflanzen zu Tage treten, die auf Reste menschlichen Lebens im Erdreich hinweisen.

Überreste werden ausgegraben

Bei der Ausgrabung müssen die Archäologen und ihre Helfer besonders behutsam sein: Zum einen dürfen sie keine Fundgegenstände zerstören, zum anderen müssen die Gegebenheiten der Fundstelle rekonstruierbar (wieder herstellbar) sein. Deshalb wird vor den eigentlichen Grabarbeiten die Fundstelle vermessen und in Quadrate eingeteilt. Dieser Grundriss wird in verkleinertem Maßstab in einen Grabungsplan übertragen, die Quadrate werden durch Zahlen und Nummern benannt. Nun geht es an die Ausgrabung: Viele Helfer tragen das Erdreich mit kleinen Hacken, Spachteln und Pinseln Zentimeter für Zentimeter ab. Zunächst lassen sie zwischen den Grabungsquadraten kleine Erdstege stehen, auf denen das abgetragene Erdreich abtransportiert wird. Stoßen sie auf Funde, melden sie diese dem Grabungsleiter, der die Fundstelle zentimetergenau in den Grabungsplan einträgt. Außerdem wird die Fundstelle fotografiert, damit man sich später ein genaues Bild von der Lage der Fundstücke machen kann.

Datierung der Funde

Nun will man natürlich wissen, wie alt die ausgegrabenen Knochen, Scherben und Werkzeugteile sind. Um das herauszufinden, bedienen sich die Archäologen oft der Radiocarbonmethode: Alle Lebewesen nehmen während ihres Lebens radioaktiven Kohlenstoff auf. Nach ihrem Tod beginnt der Zerfall der radioaktiven Teilchen, nach 5 745 Jahren ist nur noch die Hälfte davon vorhanden (Halbwertszeit). Nun braucht man nur noch die Menge radioaktiven Kohlenstoffs in den gefundenen Überresten messen, um zu wissen, wie alt diese sind. Bei menschlichen Überresten kann mit Hilfe einer Erbgut-(DNA-)Untersuchung das Geschlecht festgestellt werden.

„Ötzi" und seine Welt

Einen Aufsehen erregenden archäologischen Fund machten die deutschen Bergsteiger Erika und Helmut Simon am 19. September 1991. In der Nähe der Similaunhütte am Hauslabjoch sahen sie in 3210 m Höhe eine bräunliche, puppenähnliche menschliche Gestalt halb aus dem Eis ragen. Da die zuständigen Stellen zuerst davon ausgingen, dass es sich um die Leiche eines verunglückten Bergsteigers handeln würde, wurden Alter und Bedeutung des Fundes nicht sofort erkannt. Erst nach einer wenig sachgemäßen Bergung, bei der die Mumie und die in ihrer Nähe gefundenen Gegenstände zum Teil sogar beschädigt wurden, erkannte der Urgeschichtler Karl Spindler die wahre Bedeutung des 5 000 Jahre alten „Gletschermannes". Seither wird „Ötzi", wie die Mumie nach ihrem Fundort in den Ötztaler Alpen bald genannt wurde, von Forschern verschiedenster Fachrichtungen genauestens untersucht.

M 2 „Ötzis" Ausrüstung
Viele Gegenstände sind bei „Ötzi" gefunden worden. Hier seht ihr eine Auswahl.

M 3 So könnte „Ötzi" ausgesehen haben
(Rekonstruktion, Südtiroler Archäologiemuseum)
Nach den Funden im Eis haben Archäologen dieses Modell angefertigt.

Archäologie

Die Archäologie, auch Altertumskunde genannt, ist die Wissenschaft von der Erforschung alter Kulturen. In Europa beschäftigen sich die Archäologen vor allem mit der keltischen, germanischen und griechisch-römischen Kultur. Zu den Hauptaufgaben der Archäologie gehören die Ausgrabung, Rekonstruktion (Wiederherstellung) und Datierung von Überresten und Funden.

Gegenständliche Zeugnisse als Quellen

Auf dieser Seite kannst du wie ein Archäologe arbeiten. Stelle dir selbst die Fragen, die sich Archäologen und Historiker stellen, um mehr von den abgebildeten Gegenständen zu erfahren.

Methodische Arbeitsschritte:

1. Klärung der Fakten: Wann wurde der Gegenstand gefunden? Wo wurde er gefunden? Bei welcher Gelegenheit wurde er gefunden?
2. Beschreibung des Gegenstandes: Was erkenne ich? Welche Form hat der Gegenstand? Welche Farbe hat er? Was ist an ihm besonders auffällig?
3. Vergleich mit Bekanntem: Woran erinnert mich dieser Gegenstand? Kenne ich etwas, was ähnlich aussieht? Worum handelt es sich dabei? Welche Unterschiede zu dem bekannten Gegenstand fallen mir auf? Was könnten diese Unterschiede bedeuten?
4. Versuch einer Deutung: Um was könnte es sich bei dem vorliegenden Gegenstand handeln? Ist die Deutung historisch sinnvoll, ist es also denkbar, dass es zur damaligen Zeit und in der Gegend des Fundes diesen Gegenstand schon gab?

Deutung von M1

Würdest du nun den abgebildeten Gegenstand (M1) nach dem angegebenen Schema deuten, kämst du zu folgendem Ergebnis:

1. Gegenstände dieser Art wurden bei Grabungen in Afrika in großen Mengen gefunden. Der abgebildete Gegenstand ist etwa 35 000 Jahre alt, er wurde aus Tierknochen gefertigt. (Diese Informationen findest du bei der Abbildung; du könntest sie nicht herausfinden, wenn du nur das Bild vor dir hättest.)
2. Es handelt sich um einen zehn bis zwölf Zentimeter langen, spitzen Gegenstand mit deutlich sichtbaren Widerhaken. Die schwarze Färbung könnte von der Härtung des Gegenstandes im Feuer stammen.
3. Der Gegenstand erinnert an Harpunen, wie sie noch heute – mit exakteren Formen und aus Metall gefertigt – in der Fischerei verwendet werden.
4. Bei dem abgebildeten Gegenstand könnte es sich demnach um eine steinzeitliche Harpune, also um eine Jagdwaffe handeln, die auch beim Fischfang verwendet wurde. Diese Deutung erscheint sinnvoll, da sich die Menschen in der Altsteinzeit als Jäger betätigten und auch Fische fingen, wenn es in ihrem Lebensraum Gewässer gab, in denen Fischfang möglich war.

M 1 **Fundort:** Schleswig-Holstein
Alter: etwa 35 000 Jahre
Material: Tierknochen

M 2 **Fundort:** Bad Schussenried (Baden-Württemberg)
Alter: etwa 6 000 Jahre
Material: Ton

Frage und Anregung

Versuche herauszufinden, worum es sich bei den Gegenständen handelt, die in M2 abgebildet sind. Gehe dabei nach dem oben beschriebenen Deutungsschema vor.

Osteuropa

Hütte aus Mammutknochen und Tierhäuten, errichtet von Jägern in der ukrainischen Steppe.

Japan

Dieses Tongefäß gehört zu den ältesten der Welt um 10 000 v. Chr.

Indien

Felszeichnung, ca. 8000–5000 v. Chr. Forscher vermuten, dass ein Fluss, Wasserfälle, eine Echse oder ein Krokodil und Menschen mit Bündeln von Pfeilen dargestellt sind.

Australien

Felsmalerei der Regenbogenschlange aus der Schöpfungsgeschichte der australischen Ureinwohner.

Afrika

Das Skelett von „Lucy“, einem Vorläufer des heutigen Menschen, ist ca. 3,18 Mio. Jahre alt.

DIE FRÜHZEIT DES MENSCHEN

Unsere nächsten Verwandten sind die Affen. Diese Einsicht löste noch vor 150 Jahren bei den meisten Menschen einen Schock aus. Heute sehen wir unsere Herkunft gelassener. Trotzdem interessiert uns noch immer, wie sich der Mensch entwickelt hat, wie Steinzeitmenschen für ihr Überleben sorgten, welche Rolle die Natur dabei spielte, wie sich Frauen und Männer die Arbeit teilten oder wie Erfindungen das Leben verändert haben. Hier könnt ihr herausfinden, wie sich der Mensch über die Erde verbreitete, und ihr findet Hinweise auf die Lebensweise der frühen Menschen.

Nordamerika

Pfeilspitzen und Schneidwerkzeuge der Großwildjäger, um 10 000 v. Chr.

DIE UHR DES LEBENS

0 UHR	DIE ERDE ENTSTAND VOR 4,5 MILLIARDEN JAHREN ALS FEUERBALL UND KÜHLTE SICH LANGSAM AB.
1 UHR	DIE ERDE GLÜHT WEISS.
4 UHR	SIE GLÜHT GELB.
8 UHR	SIE GLÜHT ROT.
8–9 UHR	DIE ERDE BILDET ERSTE KRUSTEN.
12 UHR	KRUSTENBILDUNG BEENDET
13–14 UHR	DIE OZEANE ENTSTEHEN.
18–19 UHR	ERSTE LEBEWESEN ENTWICKELN SICH IM WASSER.
21.20 UHR	ERSTE PFLANZEN
21.30 UHR	ERSTE LANDTIERE
21.50 UHR	GLIEDERTIERE GEHEN AN LAND.
22.10 UHR	WÄLDER VERSINKEN IM SUMPF.
22.45 UHR	ERSTE VÖGEL
22.55–23.41 UHR	SAURIER-ZEIT
23.59 UHR	FRÜHE MENSCHEN IN AFRIKA
1 SEKUNDE VOR 24 UHR	EISZEIT: VORFAHREN DES MODERNEN MENSCHEN BESIEDELN DIE GANZE BEWOHNBARE ERDE.

Die Ausbreitung des Menschen über die Erde

Zahlenangaben in Jahren vor heute

1. Vorgeschichtliche Zeit: So entstand der heutige Mensch

Vor etwa 5 Mio. Jahren	In Afrika entstehen die ersten Frühmenschenformen.
Vor etwa 2 Mio. Jahren	Es leben dort die ersten Frühmenschen.
Seit 1,75 Mio. Jahren	Urmenschen verwenden das Feuer.
Ab ca. 120 000 v. h.	In Europa lebt der Neandertaler.
Ab ca. 40 000 v. h.	Der moderne Mensch breitet sich in Europa aus.

M 1 Rekonstruktion eines Australopithecus afarensis („Lucy“)

Der heutige Mensch

Viele Jahrhunderte lang glaubten die Menschen, sie seien die Krone der Schöpfung, bis im 19. Jahrhundert der englische Forscher Charles Darwin erkannte, dass alle Lebewesen auf der Erde im Laufe einer Millionen Jahre dauernden Entwicklung (Evolution) entstanden. Auch der Mensch hat – wie alle Arten – eine lange Geschichte hinter sich, die nicht geradlinig verlief. Es existierten oft mehrere Frühmenschenarten gleichzeitig, teilweise sogar im selben Siedlungsraum. Veränderte Lebensbedingungen führten dazu, dass einzelne Arten ausstarben oder sich weiter entwickelten. So hat der heutige Mensch einen weit verzweigten Stammbaum mit vielen Nebenlinien.

Ergebnis einer langen Entwicklung

Die ältesten bekannten Funde von Vormenschenarten sind ungefähr 5 Millionen Jahre alt. Diese Lebewesen, von der Forschung Australopithecus („Südaffe“) genannt, benutzten wahrscheinlich schon einfache Werkzeuge wie Steine oder Holzstücke. Sie begannen auch aufrecht auf zwei Beinen zu gehen. Vom Aussehen her ähnelten diese Vormenschen eher den Affen als dem heutigen Menschen. Sie waren nur ungefähr 1,50 m groß und hatten recht lange Arme, aber schon menschenähnliche Hände. Vor circa 2 Millionen Jahren entwickelten sich dann die ersten direkten Vorfahren des heutigen Menschen. Sie stellten bereits planmäßig Werkzeuge aus Stein her. Wahrscheinlich hatten sie auch schon eine Art Sprache. Im Laufe der Jahrtausende vergrößerte sich das Gehirn und damit die Denkfähigkeit der Urmenschen. Die „erfolgreichste“ Urmenschenart war der so genannte Homo erectus („der aufrecht gehende Mensch“). Er entwickelte sich vor ungefähr 1,7 Millionen Jahren in Afrika und breitete sich auch in Asien und Europa aus. 1907 wurde in Heidelberg ein zwischen 700 000 und 400 000 Jahre altes Fossil (versteinerter Überrest) dieser Art gefunden. Der Homo erectus konnte bereits mit Feuer umgehen und benutzte differenziertere Werkzeuge. Er ernährte sich wahrscheinlich hauptsächlich von gesammelten Pflanzen und Früchten, daneben auch von leicht zu jagender Wildbeute.

M 2 Der Vormensch

Name: Australopithecus („Südaffe“)
Alter: 4,2–1,1 Millionen Jahre
Größe: 1,20–1,40 m
Gewicht: 35–80 kg
Wohnort: Ost- und Südafrika
Ernährung: Pflanzen

Der Frühmensch

Name: Homo erectus („aufrecht gehender Mensch“)
Alter: 1,7 Millionen–40 000 Jahre
Größe: bis 1,65 m
Gewicht: bis 65 kg
Wohnort: Afrika, Asien, Europa
Ernährung: Pflanzen und Fleisch

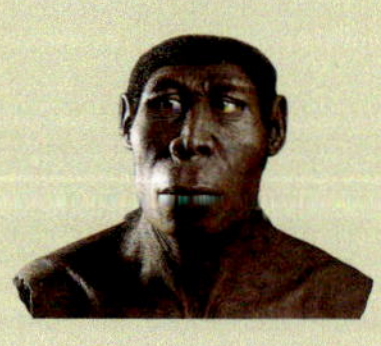

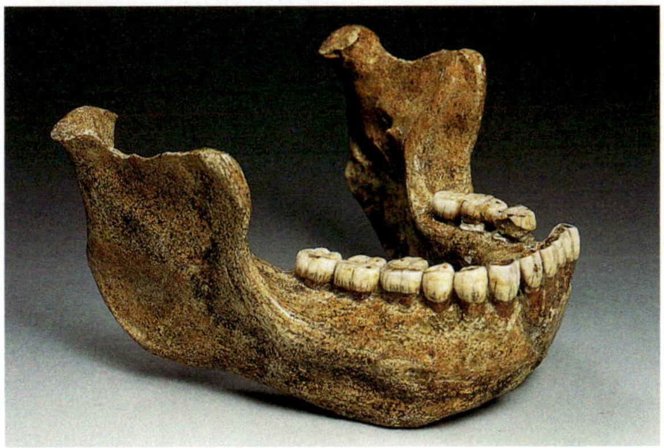

M 3 Heidelbergmensch
In der Nähe von Heidelberg fanden Arbeiter beim Kiesabbau den Unterkiefer eines „homo erectus", der in der Forschung nach seinem Fundort auch „Heidelbergmensch" genannt wird.

Ein Einwanderer aus Afrika?

Die meisten Urmenschenarten entstanden in Afrika, vor allem in Ostafrika. Von dort aus verbreiteten sie sich über die ganze Welt. Aus diesem Grund wird Afrika als die „Wiege der Menschheit" bezeichnet. Auch die direkten Vorfahren des modernen Menschen (Homo sapiens sapiens = „der wissende Mensch") entwickelten sich wahrscheinlich in den tropischen Gebieten Ostafrikas. Das war vor ungefähr 120 000 Jahren. Von Afrika aus besiedelten die Menschen demnach den Nahen Osten, Asien und Europa, wo sie vor circa 40 000 Jahren anlangten. Manche Forscher vertreten auch die Ansicht, dass sich der heutige Mensch eher zuerst in nördlicheren Regionen oder sogar gleichzeitig an mehreren Siedlungsorten in Asien und im Mittleren Osten entwickelte.

M 4 Frau und Neandertalermädchen (Rekonstruktion)

M 5 Von Neandertalern gefertigter Schmuck (Arcy-sur-Cure in Frankreich, ca. 35 000 Jahre alt)

Der Neandertaler
Name: Homo sapiens neandertalensis
Alter: 220 000–27 000 Jahre
Größe: bis 1,60 m
Gewicht: bis 80 kg
Wohnort: Europa und Vorderasien
Ernährung: Pflanzen und Fleisch

Der moderne Mensch
Name: Homo sapiens sapiens („wissender Mensch")
Alter: 120 000 bis heute
Größe: zunächst bis 1,80 m
Gewicht: etwa 80 kg
Wohnort: Ostafrika, Asien, Europa, Amerika
Ernährung: Pflanzen und Fleisch

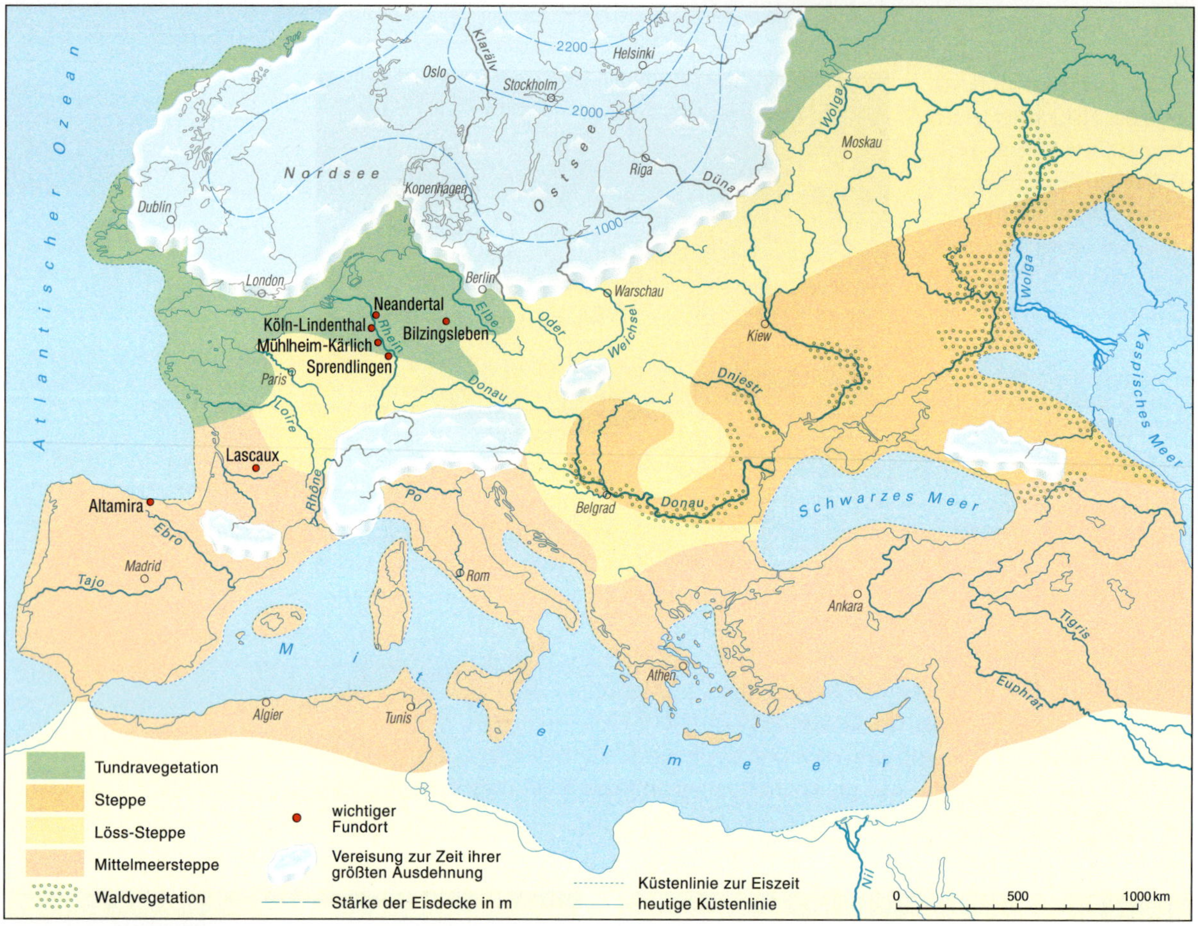

M 6 Europa in der Eiszeit

Der Neandertaler – der andere Mensch

Als im Sommer 1856 Steinbrucharbeiter im Neandertal bei Düsseldorf versteinerte Knochen fanden, hielt man diese für die Reste eines Höhlenbären. Erst später wurde festgestellt, dass es sich dabei um die Gebeine einer Urmenschenart handelte. Der so genannte Neandertaler entwickelte sich vor ungefähr 120 000 Jahren aus dem europäischen Homo erectus. Im Vergleich zum heutigen Menschen hatte der Neandertaler eine geringere Körpergröße, war aber sehr kräftig und muskulös. Er hatte eine fliehende Stirn, starke Knochenwülste über den Augen, ein zurücktretendes Kinn und sehr kräftige Kiefer. Sein Gehirn war sogar größer als das des modernen Menschen. Trotzdem galt der Neandertaler in der Forschung lange Zeit als primitiv und wenig entwickelt. In den letzten Jahrzehnten änderte sich dieses Bild aber. Ausgrabungen belegen, dass die Neandertaler bereits gute Steinwerkzeuge herstellen konnten und auch Schmuckstücke anfertigten. Aus Grabfunden weiß man, dass Neandertaler ihre Toten, teilweise mit Beigaben, bestatteten und auch für verletzte oder verkrüppelte Hordenmitglieder sorgten.

Der moderne Mensch setzt sich durch

Im Gegensatz zu allen anderen Menschenarten, die im Laufe der Zeit ausstarben, überlebte der Homo sapiens sapiens. Die Fähigkeit, sich durch den Gebrauch von Hilfsmitteln (Werkzeuge, Kleidung, Waffen, Feuer) auch an ein anderes Klima und verschiedene Lebensbedingungen anzupassen, ermöglichte es ihm, fast überall zu leben. Moderner Mensch und Neandertaler existierten in Europa ungefähr 5 000 Jahre nebeneinander, bis der Neandertaler vor 27 000 Jahren aus unbekannten Gründen ausstarb.

M 7 Abfolge der Eiszeiten
Eiszeiten sind periodisch auftretende Kältezeiten in der Erdgeschichte. Durch die fallenden Temperaturen wachsen die Gletscher an den Polen und in den Gebirgen an und der Meeresspiegel der Ozeane sinkt. Die Tier- und Pflanzenwelt verändert sich stark, da sich einzelne Arten anpassen oder zurückziehen. Andere Gattungen sterben durch den Klimawechsel aus. Im Wechsel mit den Eiszeiten gibt es Warmzeiten, in denen sich das Klima ebenfalls stark verändert. Die letzte Eiszeit begann vor 120 000 Jahren und endete in Europa vor 10 000 Jahren.

Lebensbedingungen in Europa

Gerade in Europa waren die Umweltbedingungen für die Menschen nicht immer günstig. Vor einer Million Jahren begann das Eiszeitalter, in dem sich Eiszeiten und Warmzeiten mehrmals abwechselten. In den Eiszeiten dehnten sich die Gletscher von Skandinavien bis zu den deutschen Mittelgebirgen aus. Nord- und Ostsee, ein Großteil der britischen Inseln und ganz Norddeutschland war von einer teilweise mehrere hundert Meter dicken Eisschicht bedeckt. Die Alpengletscher reichten bis zur Donau. In der eisfreien Zone dazwischen gab es nur eine kärgliche Vegetation aus Sträuchern, Moosen und Flechten. Diese dienten vielen, an die Kälte angepassten Tieren als Nahrung: Rentier, Moschusochse, Steinbock, Wildpferd. Mammut, Wollnashörner und Höhlenbär starben am Ende der letzten Eiszeit vor ca. 10 000 Jahren aus. In den Warmzeiten schmolzen die Gletscher, große Wälder bedeckten das Land. Die Tierwelt ähnelte unserer heutigen, denn viele der Kälte liebenden Tiere zogen nach Norden. Die in Mitteleuropa lebenden Menschen mussten sich jeweils den veränderten Bedingungen anpassen oder wanderten während der Eiszeiten nach Süden ab.

Fragen und Anregungen

1. Überlege, welche Vorteile der aufrechte Gang den Urmenschen brachte.
2. Betrachte M4 und M5. Was kannst du daraus über das Leben der Neandertaler erfahren?
3. Erkläre, welche Probleme die Vorfahren des heutigen Menschen bewältigen mussten, um während der Eiszeit in Europa zu überleben. (M6, M7, VT)
4. Im 19. und frühen 20. Jahrhundert hatten viele Menschen Schwierigkeiten, die Ergebnisse der Wissenschaftler über die Entwicklung des modernen Menschen zu akzeptieren. Überlege mögliche Gründe dafür.

2. Altsteinzeit: Die Menschen lebten als Jäger und Sammler

Vor 1 Mio. J. – 8 000 J.	Altsteinzeit in Mitteleuropa
Vor 120 000 J. – 10 000 J.	Letzte Eiszeit in Mitteleuropa

M 1 Menschliche Figur mit Löwenkopf (aus der Höhle Hohlenstein-Stadel, ca. 32 000 Jahre alt)

Die Menschen überleben durch Anpassung an die Natur

Als die ersten Urmenschen begannen, Europa zu besiedeln, wechselten sich Warm- und Eiszeiten ab. In den Warmzeiten erhöhte sich die Zahl der Menschen, während sie in den Kaltzeiten wieder sank. Vor allem nach der vorletzten, besonders strengen Eiszeit dürfte Europa fast menschenleer gewesen sein. Doch es gelang unseren Vorfahren, sich an verschiedene Lebensbedingungen anzupassen und so zu überleben, obwohl sich die Menschen im Vergleich zu den Tieren im Nachteil befanden, da sie weder ein wärmendes Fell noch besondere Schnelligkeit oder Kraft besitzen. Sie konnten aber ihren Verstand einsetzen, um durch Nachdenken Probleme zu lösen, und sie hatten geschickte Hände, mit denen sie Kleidung, Werkzeuge und Waffen anfertigten.

Jäger und Sammler

Die Menschen lebten wahrscheinlich in kleinen Gruppen von 20 bis 50 Personen zusammen. Diese Gemeinschaften boten Schutz und erleichterten die Nahrungssuche. Unsere Vorfahren waren Jäger und Sammler, das heißt, sie suchten in ihrer Umgebung nach essbaren Blättern, Körnern, Wurzeln, Knollen, Beeren und Früchten, Eiern, Nüssen, Pilzen oder Insekten. Das Sammeln war vermutlich die Aufgabe der Frauen, während die Männer auf die Jagd gingen. Da das Nahrungsangebot an einem Ort begrenzt war, mussten die Menschen als Nomaden umherziehen. Als Unterschlupf dienten ihnen manchmal Felsvorsprünge oder Höhlen, häufiger aber selbst gebaute Unterstände aus Zweigen und Blättern, später auch Zelte aus Tierhäuten.

Werkzeuge

Aus genauer Naturbeobachtung weiß man, dass manche Tiere, vor allem Menschenaffen, Steine oder Äste als „Werkzeuge" benutzen. Auch die Vormenschen verwendeten schon vor Millionen von Jahren besonders geformte Steine, beispielsweise zum Zertrümmern von Nüssen. Aus der Zeit vor ca. 2,5 Millionen Jahren stammen die ersten von Menschen bewusst hergestellten Werkzeuge. Im Laufe der

M 2 Steinzeitliche Felsenbilder aus einer Höhle in Spanien
Beschreibe die Bilder und erkläre, was du daraus über den Nahrungserwerb der Menschen in der Steinzeit erfahren kannst.

M 3 Herstellung von Werkzeugen aus Stein
Dabei wurden Steine so zurechtgeschlagen, dass scharfe Kanten zum Schneiden oder Graben entstanden. Ein sehr häufig verwendetes Gerät war der so genannte Faustkeil.

Jahrtausende entwickelten und fertigten unsere Vorfahren immer bessere und wirksamere Werkzeuge. Als Material diente vor allem Feuerstein, aber auch Knochen, Geweihe oder Holz. Bei verschiedenen Ausgrabungen wurden große Mengen von Steinwerkzeugen und Steinsplittern an einem Ort gefunden, die nahe legen, dass hier „Experten" arbeiteten, die nicht nur für den Eigengebrauch, sondern auch für andere Menschen Werkzeuge herstellten. Dafür spricht auch die immer bessere Bearbeitungstechnik, die nur nach langer Übung erlernt werden konnte. Ab ungefähr 30 000 v. h. wurden Steine auch geschliffen und vermehrt Steinklingen in Schäfte aus Holz, Geweih oder Knochen eingesetzt. So entstanden wirkungsvolle Messer, Speere, Pfeile oder Harpunen.

Verwendung des Feuers

Ein besonders wichtiges „Werkzeug" des Menschen war das Feuer. Im Gegensatz zu den Tieren, die vor dem Feuer flüchten, lernten unsere Vorfahren es zu nutzen. Es bot ihnen Licht, Wärme und Schutz. Mit seiner Hilfe konnte man Nahrung braten oder in Kochgruben kochen und sie damit bekömmlicher und haltbarer machen. Die Feuerstelle bildete den Mittelpunkt des Lagers und trug so sicher auch zum Zusammenhalt der Gruppe bei. Die Jäger härteten außerdem im Feuer ihre hölzernen Waffen. Teilweise wurden Fackeln bei der Jagd verwendet. Anfangs konnten die Menschen das Feuer nicht selbst erzeugen, sodass es sorgfältig gehütet werden musste. Doch schon die Neandertaler waren in der Lage, Feuer zu machen. Das belegen Funde der ersten „Feuerzeuge".

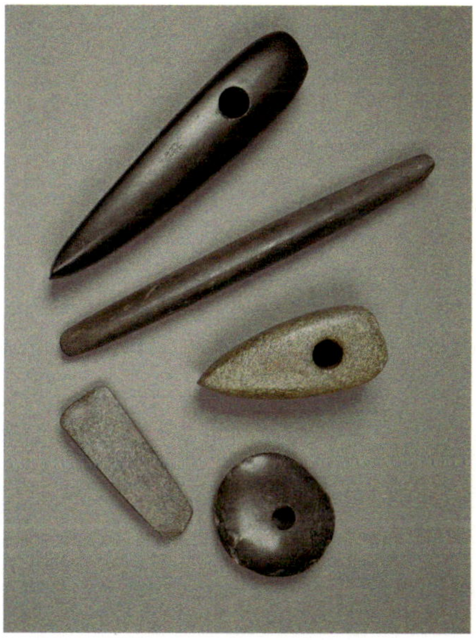

M 4, 5 Verschiedene Steinwerkzeuge aus der Alt- und Jungsteinzeit
Betrachte die abgebildeten Werkzeuge: Welche sind wohl am einfachsten, welche am schwierigsten herzustellen? Zu welchen Zwecken könnten sie verwendet worden sein?

Verbesserung der Jagdtechnik

Mit der Zeit begannen die Menschen, ihre Jagdmethoden zu verbessern und sich zu spezialisieren. Für das Erlegen kleinerer Tiere wie Schneehasen, verschiedener Vögel oder Fische war das nicht nötig. Aber für eine Jagd auf Mammuts, Auerochsen, Pferde oder Rentiere war es wichtig, dass sich die Jäger zu größeren Gruppen zusammenschlossen. Vermutlich gab es sogar Großjagden, für die ein Anführer und ein genauer Plan notwendig waren. Dafür war ein gewisses Maß an Verständigung und eine wenigstens einfache Art der Sprache Voraussetzung. Welches Ausmaß solche Großjagden haben konnten, beweisen verschiedene Fundplätze: In Mähren wurden an einem Ort über tausend Mammut-Skelette gefunden und in Hamburg gibt es ein ähnliches Lager mit den Resten von mehreren hundert Rentieren. Am Fuße des Felsen von Solutré in Frankreich lassen die Überreste von 10 000 Wildpferden vermuten, dass die Steinzeitjäger ganze Herden über die Klippen trieben. Als Jagdwaffen dienten Lanzen und Speere, später auch Pfeil und Bogen.

Religiöse Vorstellungen

Aussagen über die religiösen Vorstellungen der Steinzeitmenschen zu machen ist sehr schwer, denn viele Funde können auf verschiedene Weise interpretiert werden. Sicher ist, dass sowohl Neandertaler als auch unsere direkten Vorfahren ihre Toten teilweise sehr fürsorglich bestatteten und ihnen auch Feuersteine, Tierknochen oder Nahrung mit ins Grab gaben. Das deutet darauf hin, dass die Menschen an ein Weiterleben nach dem Tode glaubten. Möglicherweise wurden die Gräber sogar mit Blumen oder Tierhörnern geschmückt. Noch schwieriger zu deuten sind die farbigen Höhlenbilder, die in circa 120 Höhlen vor allem in Südfrankreich und Nordspanien zu finden sind. Diese eingeritzten oder gemalten Bilder, von denen die ältesten ungefähr 30 000 Jahre alt sind, befinden sich in nur schwer zugänglichen Teilen der Höhlen, die nicht bewohnt wurden. Möglicherweise fanden dort religiöse Feiern statt. Die genaue Bedeutung der Höhlenbilder kann nur vermutet werden. Vielleicht stellten die Bilder einen Jagdzauber dar, mit dem die Menschen Dankbarkeit oder die Hoffnung auf eine gute Jagd zum Ausdruck bringen wollten. Da aber viele Tiere dargestellt sind, die nicht zur üblichen Beute der Menschen gehörten, könnten hier auch Vorstellungen vom Wirken göttlicher Mächte ausgedrückt sein.

Neben den Felsenbildern gibt es zahlreiche Schnitzereien aus Elfenbein oder mit Ritzzeichnungen versehene Gegenstände aus Knochen, Geweih oder Elfenbein, die ebenfalls verschiedene Tiere oder Frauengestalten darstellen. Auch deren Bedeutung ist wahrscheinlich im religiösen Bereich zu suchen.

M 6 Felszeichnungen aus der Chauvet-Höhle in Frankreich
Die Zeichnungen sind ca. 35 000 Jahre alt.

M 7 Rekonstruktionszeichnung eines altsteinzeitlichen Lagerplatzes

Altsteinzeit

Die älteste und längste Entwicklungsstufe der Menschheit beginnt ungefähr vor 1,5 Millionen Jahren und endet gleichzeitig mit der letzten Eiszeit um 8000 v. Chr. Während dieser Zeit lebten die Menschen in Abhängigkeit von der Natur als umherziehende Jäger und Sammler in größeren Gruppen zusammen. Sie verwendeten das Feuer und stellten einfache Werkzeuge aus Stein, Holz, Knochen und Geweih her. Da aber nur steinerne Überreste erhalten blieben, wird dieser Zeitabschnitt als Steinzeit bezeichnet.

Fragen und Anregungen

1. Überlege, warum die Menschen Unterschlupf in Höhlen suchten. Welche Vorteile bieten andererseits Zelte oder selbst gebaute Unterstände? Verfasse ein Streitgespräch zwischen Mitgliedern einer Gruppe von Steinzeitmenschen, die über den besten Lagerplatz diskutieren.
2. Erkläre, warum die Jagd auf große Tiere – beispielsweise ein Mammut – für die Menschen in der Steinzeit sehr gefährlich war.
3. Was musste vor einer wichtigen Großjagd zwischen den Jägern besprochen werden? Erfindet einen kurzen Dialog innerhalb einer Jägergruppe, die eine Jagd auf eine Herde Rentiere plant.
4. Betrachte das Steinzeitzelt in der Rekonstruktionszeichnung (M7). Verfasse dann eine Übersicht der Arbeitsschritte und Materialien, die nötig waren, um in der Steinzeit ein solches Zelt aufzubauen.
5. Die Felsbilder in vielen Höhlen sind bedroht. Der Atem vieler Touristen, künstliche Belüftung und Beleuchtung zerstören die Farben oder lassen schädliche Bakterien und Algen entstehen. Denke nach, aus welchen Gründen die heutigen Menschen alles für die Erhaltung der Felsbilder tun müssen (M6).

3. Jungsteinzeit: Jäger und Sammler werden sesshafte Bauern

Ungefähr 10 000 v. Chr.	In Vorderasien beginnt die Jungsteinzeit. Die Menschen werden sesshaft und erlernen den Ackerbau.
Ab ungefähr 5500 v. Chr.	Auch in Mitteleuropa ändern die Menschen ihre Lebensweise.

M 1 Nachbildung eines Webstuhles aus der Jungsteinzeit

M 2 Die Ausbreitung des Ackerbaus

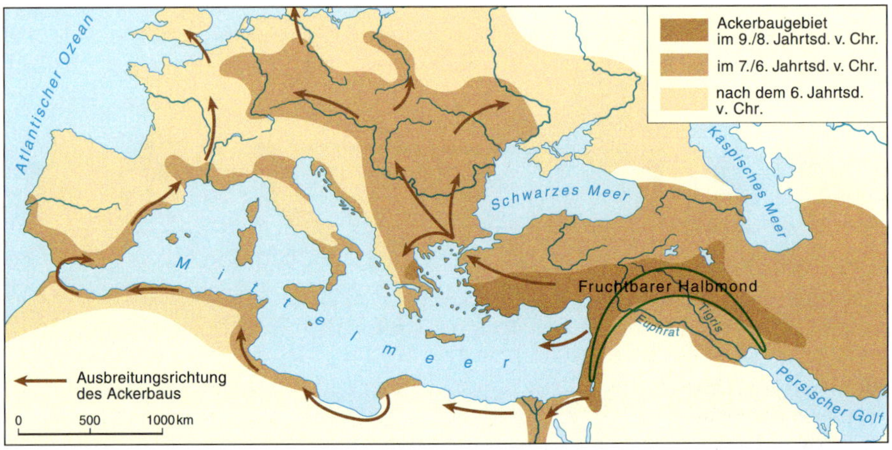

Die „neolithische Revolution"

Nach dem Ende der letzten Eiszeit veränderte sich die Lebensweise der Menschen innerhalb weniger Jahrtausende grundlegend. Aus den altsteinzeitlichen Jägern und Sammlern wurden sesshafte Ackerbauern und Viehzüchter. Da diese Entwicklung so einschneidend war und im Vergleich zur Dauer der Altsteinzeit vorher relativ rasch ablief, spricht man von der „neolithischen Revolution" („neolithisch" = „jungsteinzeitlich").

Ackerbau

Die genannten Veränderungen erfolgten nicht überall gleichzeitig. Ausgangspunkt der neuen Entwicklungen war Vorderasien vor rund 10 000 Jahren. Da in den südlichen Regionen die Erwärmung nach der Eiszeit rascher vor sich ging, waren hier die klimatischen Verhältnisse günstiger als in Mitteleuropa. Die Menschen im Nahen Osten bestritten schon zu dieser Zeit einen großen Teil ihrer Ernährung durch das Sammeln von Wildgetreide. Sie besaßen sogar spezielle Erntemesser und Mörser zur weiteren Verarbeitung. Schließlich gingen sie dazu über, planmäßig Körner auszusäen und ihre Ernte durch Pflege des Getreides zu sichern. Es wurden vor allem Emmer, Gerste, Erbsen, Linsen und Flachs angebaut.

M 3 Feldarbeit mit dem Hakenpflug
Auch heute noch wird in manchen Ländern wie Marokko die Feldarbeit mit dem Hakenpflug durchgeführt.
Überlege, welche Vorteile der Hakenpflug gegenüber einem Grabstock hat.

M 4 Verzierte Tongefäße aus der Jungsteinzeit
(ca. 6000 Jahre alt)
Die ersten Tongefäße wurden frei von Hand aufgebaut, die Töpferscheibe erst um 3500 v. Chr. erfunden.

Sesshaftigkeit

Nun war es aber nötig, dass die Menschen ständig in der Nähe ihrer Felder wohnten. Da außerdem der Zwang zum Umherziehen nicht mehr bestand und Vorräte für die nächstjährige Aussaat angelegt werden mussten, war der Bau fester Häuser und Siedlungen nahe liegend. Die Menschen wurden also sesshaft. Es entstanden sogar schon erste Städte, wie die berühmte Siedlung Çatal Hüyük, die in der Zeit um 7000 v. Chr. auf engem Raum mehrere tausend Einwohner hatte. Normalerweise lebten die Menschen aber in kleinen Dörfern mit höchstens einigen hundert Bewohnern.

Viehzucht

Schon in den ersten Siedlungen begannen die Menschen Vieh zu halten. Wahrscheinlich hatten auch vorher die herumziehenden Jäger und Sammler manchmal Jungtiere eingefangen und großgezogen, denn ein ausgewachsenes, gut genährtes Tier erbrachte natürlich viel mehr Fleisch. Dies geschah aber sicher nicht planmäßig und nur in Einzelfällen, denn das Mitführen von Tieren war aufwändig und unpraktisch. Das änderte sich aber, als die Menschen sesshaft wurden. Sie begannen in ihren Siedlungen ständig Vieh zu halten und bald auch zu züchten. Zu den ersten „Mitbewohnern" der Menschen gehörten neben den Vorgängern des Haushundes wohl Ziegen und Schafe, später auch Rinder. Teilweise erweiterten die Menschen ihren Speisezettel immer noch durch Jagdbeute, Fischfang und gesammelte Pflanzen.

Erfindungen

Durch die Umstellung ihrer Lebensweise veränderte sich auch die Art der Arbeit für die Menschen. Die Aufgaben eines Bauern sind zwar genauso vielfältig wie die eines Jägers und Sammlers, aber sie sind besser planbar. So kam es wahrscheinlich auch, dass die Menschen etwas mehr Muße zum Nachdenken hatten und überlegten, wie sie sich ihr Leben erleichtern könnten. So fallen in die Epoche der Jungsteinzeit wichtige Erfindungen: Schon der Bau von Häusern erforderte neue Techniken. In Vorderasien wurden vor allem Lehmziegel verwendet, in Mitteleuropa verputzte man hölzerne Wände mit Lehm. Lehm und Ton konnte man aber auch zur Herstellung von Gefäßen, z. B. von Geschirr oder Vorratsbehältern, verwenden. Aber auch die seit Jahrtausenden geübte Technik der Steinbearbeitung wurde verbessert. Man begann vermehrt, die Steine zu schleifen statt zu behauen.

M 5 Rekonstruktion eines jungsteinzeitlichen Wagens

Erfindungen verändern das Leben der Menschen

Die hier genannten Entwicklungen vollzogen sich natürlich nicht innerhalb weniger Jahre, sondern sie dauerten Jahrhunderte. Trotzdem ging die Umstellung relativ schnell vor sich, wenn man bedenkt, dass sich das Dasein vorher hunderttausende von Jahren wenig verändert hatte. Nun war das Leben eines Menschen plötzlich ganz anders als das zahlloser Generationen vorher. Die Menschen führten andere Arbeiten aus: Sie legten Felder an, säten und ernteten. Neue Techniken waren notwendig, um zu pflügen, Lebensmittel zu konservieren, Brot zu backen oder den richtigen Zeitpunkt für Aussaat und Ernte festzulegen. Da die verschiedenen Aufgaben immer vielfältiger und zeitaufwändiger wurden, begann eine Spezialisierung in der Arbeit, und erste Handwerke entstanden. Die Menschen gingen außerdem immer mehr dazu über, Handel auch mit weit weg liegenden Regionen zu treiben. Dies führte natürlich zu viel mehr – nicht immer friedlichen – Kontakten zwischen den Menschen.

Erfindungen erleichtern das Leben der Menschen

In anderer Hinsicht wurde das Leben der Menschen jedoch erleichtert, so durch den Einsatz von Trag- und Zugtieren sowie die Erfindung des Rades. Außerdem war man den Launen des Wetters oder den Zufällen von Jagd- und Sammlerglück nicht mehr ausgesetzt, obwohl Unwetter, Regen oder Trockenheit, Unkraut und Ungeziefer für die Bauern natürlich eine große Rolle spielten. Die Vorratshaltung und das regelmäßigere Leben in festen Häusern bot in jedem Fall mehr Sicherheit und Überlebenschancen.

Die „neolithische Revolution" erreicht Europa

Die Zunahme der Bevölkerung führte im Laufe der Zeit dazu, dass immer wieder Gruppen auswanderten, um neues Land in Besitz zu nehmen. Das war auch nötig, wenn der Boden an einem Ort nach einigen Generationen ausgelaugt war und anderswo neue Felder angelegt werden mussten. Außerdem übernahmen Menschen in Nachbarregionen, die noch als Jäger und Sammler umherzogen, die sesshafte Lebensweise. Auf diese Weise verbreitete sich die neolithische Revolution weiter. Entlang der Mittelmeerküsten sowie über Griechenland und den Balkan erreichte sie im Lauf der Jahrhunderte schließlich Mittel-, West- und Nordeuropa. Ungefähr ab 5500 v. Chr gab es in Mitteleuropa die erste bäuerliche Bevölkerung. Deren Lebensweise unterschied sich – schon aus klimatischen Gründen – etwas von der in Vorderasien. Die Menschen lebten auf gerodeten Lichtungen inmitten dichter Wälder. Zuerst wohnten sie in kleinen Weilern mit wenigen großen und massiven Holzhäusern, die wohl mindestens zwei Familien gemeinsam gehörten, später in aus kleinen Einzelhäusern bestehenden Dörfern. Diese wurden mit Holzpalisaden oder mit Erdwällen nach außen abgegrenzt. Auf kleinen Feldern in der Nähe ihrer Dörfer bauten die Menschen verschiedene Getreidesorten an. Die Viehherden – Schafe, Ziegen, Schweine, Rinder – wurden meistens in den Wäldern gehalten.

M 6 Apparat zur Steinbohrung (Rekonstruktion)
Das Durchbohren z. B. eines Steinbeils war sehr zeitaufwändig.
Überlege, warum die Menschen diese Technik trotzdem benutzten.

M 7 Rekonstruktionszeichnung eines jungsteinzeitlichen Dorfes

Jungsteinzeit

In dieser Zeit werden die Menschen zu sesshaften Ackerbauern und Viehzüchtern. Diese Epoche begann zuerst im Vorderen Orient nach dem Ende der letzten Eiszeit, in Süddeutschland erst um 5500 v. Chr., in Norddeutschland weitere tausend Jahre später. Die Jungsteinzeit endete zwischen 2300 und 2000 v. Chr.

Fragen und Anregungen

1. Betrachte die Karte M2 genau und stelle dann mit Hilfe eines Atlasses fest, zu welchen heutigen Staaten die Gebiete gehören, in denen zuerst Ackerbau betrieben wurde.
2. Schreibe auf, welche Werkzeuge und Arbeitsschritte notwendig waren, bevor die Menschen in der Jungsteinzeit Brot essen konnten. (M7, VT)
3. In der Jungsteinzeit wurden viele Erfindungen gemacht. Auf den Bildern sind einige davon zu sehen. Überlege, wie sie das Leben der Menschen vereinfachten und verbesserten. (M1, M3, M4, M5, M6, M7)
4. Du hast gelernt, dass die Jäger der Altsteinzeit ihre Beute möglichst vollständig verwerteten. Erläutere, warum die Menschen der Jungsteinzeit von ihren Tieren noch mehr Nutzen hatten. (M6, M7, VT)
5. Erstelle eine Tabelle, die zeigt, wie sich das Verhältnis der Menschen zur Natur in der Jungsteinzeit gegenüber der Altsteinzeit veränderte (M7, VT). Vergleiche damit auch, wie wir heute mit der Natur umgehen.
6. Das Wohnen in einem Dorf bot viele Vorteile. Erfinde ein Gespräch zwischen einem sesshaft gewordenen Bauern und einem noch herumziehenden Nomaden, in dem der Bauer von diesen Vorteilen erzählt. (M7)

Vorgeschichte ausprobieren

Experimentelle Archäologie

Vieles von dem, was du über das Leben der Menschen in der Vorzeit gelernt hast, erscheint dir möglicherweise fremdartig, weil es mit unserem heutigen Leben wenig zu tun hat. Ein Dasein ohne Elektrizität, ohne ein anderes Fortbewegungsmittel als die eigenen Füße, ja sogar ohne Metallgegenstände oder einen festen Wohnsitz kann man sich kaum ausmalen. Sogar den Archäologen fehlt es manchmal an Vorstellungskraft. Deshalb gehen sie den Weg der experimentellen Archäologie (vgl. Seite 16) und probieren manche Sachverhalte – zum Teil in Museumsdörfern – einfach aus.
Nun kannst du zwar nicht gleich tagelang in einer Höhle wohnen oder einfach einen bronzezeitlichen Wagen nachbauen und einige Pferde davor spannen, um zu sehen, wie gut er fährt, aber im Kleinen kann jeder einmal selbst experimentieren.

Hier findest du einige Vorschläge dazu:

Steinzeitkunst an der Wand

Besonders beeindruckend für uns heute sind die Höhlenmalereien der Steinzeitmenschen (vgl. S. 26). Du kannst versuchen, eine solche Höhlenmalerei nachzuahmen. Suche im Internet oder in Büchern nach weiteren Abbildungen steinzeitlicher Höhlenmalereien und studiere dort die Malweise. Du wirst feststellen, dass unsere Vorfahren die Umrisse ihrer Motive – meist Tiere – skizzierten und dann mit verschiedenen Farben einzelne Körperteile und Fellstrukturen herausarbeiteten. Achte auch auf die verwendeten Farbtöne. Danach kannst du dich ans Ausprobieren wagen.

Gestalte mit Wasserfarben auf einer Raufasertapete dein Lieblingstier als Höhlenbild. Natürlich ist es auch möglich, wie die Steinzeitmenschen mit Naturfarben zu malen. Die entsprechenden Farbpigmente gibt es in Fachgeschäften für Künstlerbedarf. Sie werden mit einem Bindemittel (z. B. Kleister) angerührt. Wenn du keinen „modernen" Pinsel verwenden willst, benutze zum Auftragen der Farbe – wie die Menschen damals – deine Hände, faserige Zweige oder sogar selbst gemachte Pinsel. Vielleicht kannst du auch zusammen mit deinen Klassenkameraden und eurem Kunstlehrer eine Klassenzimmerwand mit Höhlenmalereien bemalen.

M 1 **Felsbild aus Lascaux**

Steinzeitkeramik

Heutzutage kann man sich kaum vorstellen, wie man sein Essen ohne Metalltöpfe kochen sollte. Die Menschen der Altsteinzeit verwendeten dazu mit Leder ausgekleidete Kochgruben. Darin wurde Wasser mit Hilfe von heißen Steinen erhitzt. Das war wahrscheinlich recht umständlich. Eine Erleichterung bot da sicher die „Erfindung" gebrannter Tonwaren. Die Herstellung war jedoch gar nicht so einfach. Versuche doch selbst einmal ein Gefäß anzufertigen und zu verzieren. Die unten stehende Skizze hilft dir dabei. Statt Ton kannst du auch Knetmasse oder Salzteig verwenden.

M 2 Die Herstellung eines Tongefäßes
Die Menschen der Jungsteinzeit verzierten ihre Gefäße außerdem mit verschiedenen Ritzmustern.

Fibeln und Schmuckstücke

Die ältesten bekannten Schmuckstücke stammen von den Neandertalern. Sie sind aus Stein, Knochen und Geweihstücken hergestellt. Ab der Bronzezeit sind eine Vielzahl von metallenen Schmuckstücken erhalten. Stelle dir vor, du bist ein bronzezeitlicher Schmied und erhältst vom Fürsten den Auftrag, eine besonders schöne Fibel herzustellen. Fibeln sind eine Art große Sicherheitsnadeln und dienten dazu, ein Gewand beispielsweise an der Schulter zusammenzuhalten, da es noch keine Knöpfe gab. Das Bild auf dieser Seite zeigt dir ein Beispiel. Zeichne zuerst einige Entwürfe und versuche dann, einen davon, z. B. mit dünnem Draht und einigen Glasperlen, umzusetzen. Überlege, welche anderen Materialien dafür noch geeignet sind und welche Werkzeuge du benötigst.

Wenn du einen oder mehrere der Vorschläge auf diesen Seiten ausprobiert hast, kennst du sicher einen – wenn auch sehr kleinen – Bereich aus dem Leben unserer Vorfahren genauer. Vielleicht hast du erkannt, dass es gar nicht so leicht ist, ein einfaches Gefäß oder ein Schmuckstück herzustellen oder auf die gleiche Weise zu malen wie die Menschen vor 30 000 Jahren. Möglicherweise hast du aber auch Lust bekommen, noch mehr zu experimentieren: beispielsweise ein einfaches Kleidungsstück selbst herzustellen (natürlich ohne Nähmaschine) oder aus „Steinzeitzutaten" ein einfaches Gericht zu kochen. Weitere Anregungen findest du in Büchern oder bekommst sie von deinem Lehrer. Vielleicht ist auch ein Besuch im örtlichen Heimatmuseum hilfreich.

M 3 Schmuckfibeln

LEBEN IN FRÜHEN HOCHKULTUREN

Der Nil, der Euphrat und der Tigris – drei große Ströme der Antike – ermöglichten die Entstehung der ersten Hochkulturen der Erde: Ägypten und Mesopotamien. Bis heute geben sie uns viele Rätsel auf. Beim Betrachten dieser Seite fallen euch bestimmt Fragen dazu ein, was euch an den alten Hochkulturen genauer interessiert.

Bemaltes Holzmodell eines Kornspeichers
Arbeiter bringen Getreide und füllen es in den Speicher. (Grabbeigabe, 44 cm lang, 28 cm breit, um 2000 v. Chr.)

Innerer Sarg des Tutanchamun
aus Gold, Halbedelsteinen und Glas. (14. Jh. v. Chr.)

Ägypten – Land am Nil

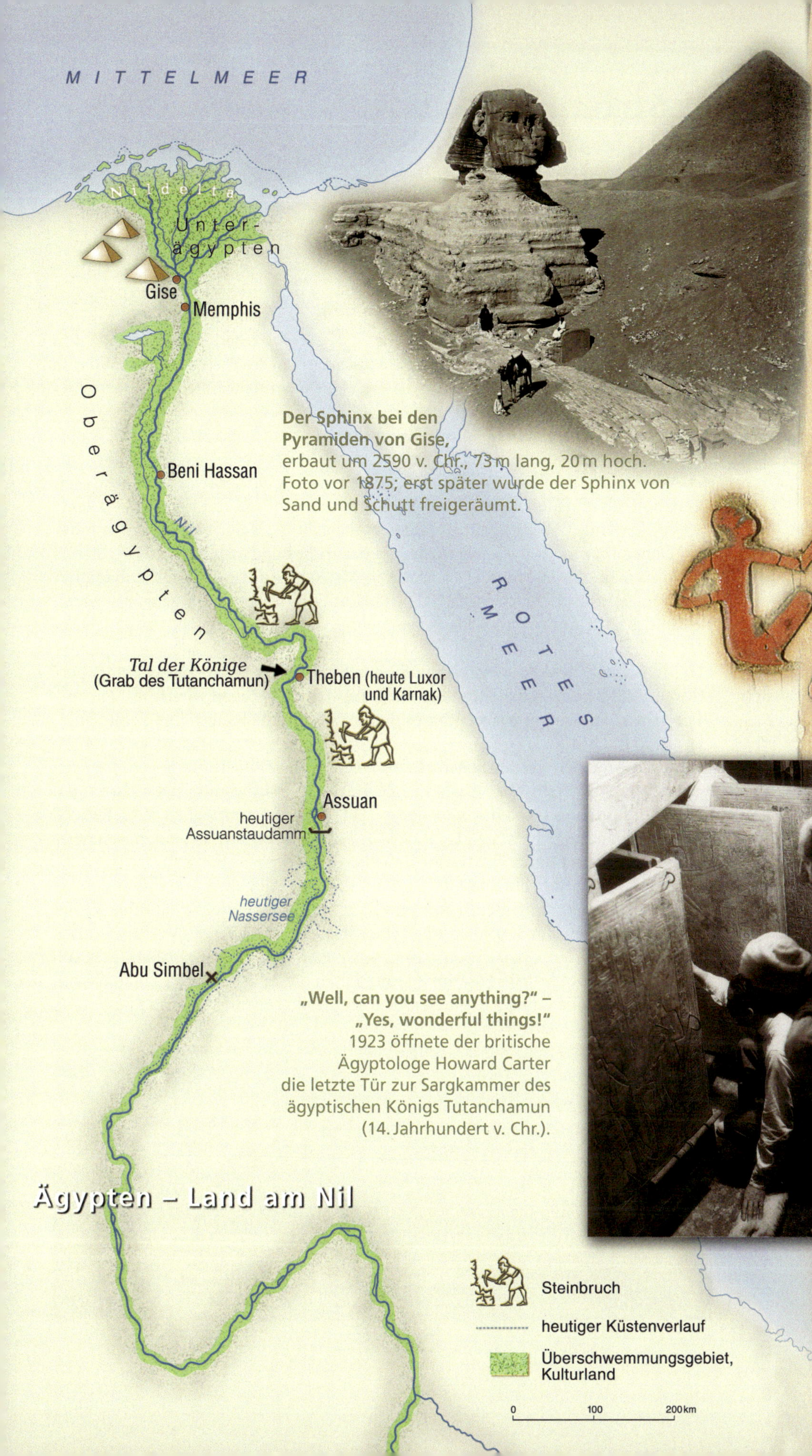

Der Sphinx bei den Pyramiden von Gise,
erbaut um 2590 v. Chr., 73 m lang, 20 m hoch.
Foto vor 1875; erst später wurde der Sphinx von Sand und Schutt freigeräumt.

„Well, can you see anything?" – „Yes, wonderful things!"
1923 öffnete der britische Ägyptologe Howard Carter die letzte Tür zur Sargkammer des ägyptischen Königs Tutanchamun (14. Jahrhundert v. Chr.).

1. Nutzung der Stromlandschaft in Ägypten

Ca. 3000 v. Chr.	Ober- und Unterägypten werden zu einem gemeinsamen Reich vereint. Hauptstädte sind zuerst Memphis, später Theben.
	Die Ägypter entwickeln eine Schrift.

M 1 Fächerhalter (um 1320 v. Chr.)
mit Namenskartuschen des Pharaos Tutanchamun und Symbolen für Unter- und Oberägypten

Ägypten – das Geschenk des Nils

Der größte Teil Ägyptens ist eine leblose Wüste. In dem Land zwischen der arabischen Wüste im Osten und der Libyschen Wüste im Westen regnet es fast nie. Nur der Nil versorgt das Land mit Wasser, und deshalb gibt es nur in dem schmalen Landstreifen zu beiden Seiten des Flusses und in seinem Mündungsgebiet fruchtbares Ackerland. Wie eine grüne Oase liegt das Niltal da, nur hier ist Leben möglich. Daher entwickelte sich hier auch eine der frühesten Hochkulturen.
Schon in früheren Jahrhunderten war den Menschen dieser Zusammenhang bewusst. So nannte der griechische Gelehrte Herodot, der um 450 v. Chr. auf seinen Reisen das Land am Nil besuchte, Ägypten ein „Geschenk des Nils".

In der Flussoase entsteht eine Hochkultur

Seit Menschengedenken stieg regelmäßig im Sommer das Wasser des Nils an, überschwemmte die Ufergebiete und lief nach ungefähr 100 Tagen wieder ab. Zurück blieb schwarzer Schlamm, fruchtbarer Boden, in dem die Bauern ihre Felder anlegen, säen und ernten konnten.
Allerdings brachten die jährlichen Überschwemmungen nicht nur Segen, sondern konnten auch Katastrophen auslösen. Zu starke Überschwemmungen rissen den kostbaren Boden mit und machten damit Saat und Ernte unmöglich. Zu schwache Flut dagegen brachte nicht genügend Wasser für die Äcker mit. In beiden Fällen bedeutete dies Hunger und Not für die Bevölkerung.
Die Menschen in der Flussoase erkannten, dass die Aufgaben, die ihnen der Nil stellte, nur von einer Gemeinschaft bewältigt werden konnte. So kann z. B. niemand allein einen Kanal graben oder einen Deich bauen. Beides war aber nötig, um auch nach der Überschwemmung noch genug Wasser zu haben. Deshalb schlossen sie sich sehr früh zusammen und teilten die Aufgaben untereinander auf. Daraus entwickelte sich ein Staat, der viele kulturelle Leistungen erbrachte.

M 2 Niltal heute
Zu erkennen ist das fruchtbare Schwemmland, das zwischen einem und zwanzig Kilometer breit ist.

Um die Gaben des Nils zu verteilen, entwickelten die Ägypter im Laufe der Zeit viele Techniken und Kenntnisse.
Ein kompliziertes Bewässerungssystem mit Deichen, Schöpfwerken und Kanälen schützte die Orte und verteilte das Wasser. Nach der Überschwemmung fanden die Bauern unter dem schwarzen Schlamm ihre Ackergrenzen nicht mehr. Daher berechneten Landvermesser das Land immer wieder neu und entwickelten dazu die Geometrie. Schon vor ca. 5 000 Jahren begannen ägyptische Gelehrte die Zeit der Nilüberschwemmung vorauszuberechnen. Durch Beobachtung der Sonne und anderer Gestirne hatten sie festgestellt, dass die Abstände zwischen den Hochwassern regelmäßig waren. Der Zeitraum von einer Überschwemmung zur nächsten betrug ungefähr 365 Tage, das ist ziemlich genau die Zeit eines Sonnenjahres. Nach diesen Berechnungen teilten die Ägypter die Zeit in ein Sonnenjahr und dieses in 12 Monate, die Zeit des Mondumlaufes. Damit entstand der Sonnenkalender, den 3 000 Jahre später die Römer übernahmen und der die Grundlage unseres heutigen Kalenders darstellt.

M 3 Grabbeigabe (ca. 2000 v. Chr.)
Diese Grabbeigabe stellt die Miniatur eines Bootes dar, mit dem Händler den Nil befuhren. Sie ist 84 cm lang und 67 cm hoch.

Aus Bildern entsteht eine Schrift

Die Beobachtungen der Nilüberschwemmung oder Berechnungen der Landvermessung hatten nur Sinn, wenn man sie festhalten und an die folgenden Generationen weitergeben konnte. Aus solchen Aufzeichnungen entwickelten die Ägypter vor ca. 5 000 Jahren eine komplizierte Schrift.
Als Schreibmaterial diente der Papyrus, eine Pflanze, die am Ufer des Nils wächst. Die Schriftgelehrten oder Schreiber waren in Ägypten die einflussreichsten Beamten. Allerdings mussten sie die mehr als 700 Schriftzeichen bereits als Kinder in speziellen Schulen über viele Jahre sehr mühevoll erlernen.

Papyrus

Als Schreibmaterial für den schnellen Alltagsgebrauch diente der Papyrus, eine Pflanze, die am Ufer des Nils in großen Mengen wächst. Ihre Fasern wurden in Streifen geschnitten und in mehreren Lagen neben- und übereinander geklebt, bis man ein Blatt zum Beschreiben hatte – das Papier der frühen Zeit.

Hochkultur

Der Begriff wird für die Lebensart eines Volkes gebraucht, das zu einem frühen Zeitpunkt seiner Geschichte in vielen Bereichen besonders hohe Leistungen erbracht hat. Zu den Merkmalen einer Hochkultur gehören das Leben in Städten, feste Wohnhäuser, Kunst, Wissenschaft (z. B. Geometrie, Astronomie, Zeitrechnung), Technik und v. a. die Entwicklung oder Verwendung einer Schrift. Frühe Hochkulturen entstanden oft an großen Strömen (Nil, Euphrat und Tigris in Mesopotamien). Unabhängig davon entwickelten sich aber auch auf Kreta (minoische Kultur) und in Mittelamerika (Maya, Inka, Azteken) Hochkulturen.

M 4 Figur eines königlichen Schreibers

M 5 Schöpfrad

Noch heute kann man stellenweise diese uralte Art der Bewässerung finden.

M 6 „Überschwemmte" Felder

Nach Rückgang des Nil-Hochwassers bildet sich eine ca. 1 mm dicke Schlammschicht. Die Bauern verwendeten bis vor kurzem den Schlamm als Dünger.

M 7 Ein Schreiber kommt zu Bauern

M 8 Ein Schreiber an seinen Sohn Phiops

Ich lasse dich die Schriften mehr lieben als deine Mutter. Ich führe dir die Schönheit vor Augen; sie ist größer als die aller anderer Berufe. Kaum ist ein Schriftkundiger herangewachsen, wird man ihn grüßen. Der Steinmetz graviert mit dem Meißel in harten Steinen. Hat er die Arbeit vollendet, so versagen ihm seine Arme, und er ist müde. Der Töpfer steckt in seinem Lehm; er beschmiert ihn mehr als ein Schwein. Wenn der Weber den Tag vollbracht hat, ohne zu weben, wird er geschlagen. Es gibt keinen Beruf, in dem einem nicht befohlen wird, außer dem des Schreibers; da ist er es, der befiehlt. Wenn du schreiben kannst, wird dir das mehr Nutzen bringen als alle Berufe, die ich dir genannt habe. Nützlich ist dir schon ein Tag in der Schule.

Nach: Adelheid Schlott, Schrift und Schreiber im Alten Ägypten. München 1989, S. 203 ff.

Fragen und Anregungen

Der Quellentext M8 wurde in den Schulen zur Schreibübung verwendet. Um zu verstehen, welche Wirkung er auf die Schüler haben sollte , beantworte folgende Fragen:

1. Wie beurteilt der Vater die genannten Berufe? Was unterscheidet seiner Meinung nach den Beruf des Schreibers von den übrigen Berufen?
2. Vergleichen wir nun das Bild (M7) mit dem Quellentext. Kannst du erkennen, welche Figur der Schreiber ist? Begründe deine Antwort. Betrachte die Größe der Figuren, ihre Körperhaltung, was sie tun.
3. Fasse die Aussage des Bildes und die Aussage des Textes in zwei bis drei Sätzen zusammen, in denen du die Rolle des Schreibers in Ägypten darstellst.
4. Diskutiert in der Klasse darüber, ob es auch bei uns Berufe gibt, die ähnlich erstrebenswert sind wie der des Schreibers im alten Ägypten.

Zeichen	Dargestellter Gegenstand	Aussprache	Zeichen	Dargestellter Gegenstand	Aussprache
	Geier	a (kurz)		Henkelkreuz Schleife	nh
	Bein	b		Eule	m
	Tierleib mit Zitzen	ch		Eule	m
	Hand	d		Brettspiel	mn
	Unterarm	e		Wasser	n
	Schlange (Hornviper)	f		Seil	o
	Krugständer	g		Hocker	p
	Hof	h		Abhang	q (auch k)
	Schilfblatt	i oder j		Mund	r
	Korb	k		gefalteter Stoff	s (stimmloses)
	Löwe	l		Brotlaib	t
				Wachtelküken	w oder u
				Deutzeichen Mann – Frau	

M 9 Hieroglyphenalphabet für die Schule

M 10 Kartusche
Der Name eines Pharaos oder einer Pharaonin wurde immer in einem ovalen Rahmen, einer Kartusche, geschrieben. Hier kannst du die Namenskartuschen des Pharaos Ramses erkennen.

M 11 Schreibrichtung
Die Ägypter schrieben entweder
- von rechts nach links,
- von oben nach unten,
- oder von links nach rechts.

Erkennen kann man das an den Menschen- und Tierfiguren. Sie schauen immer zum Zeilenanfang.

Hieroglyphen

Die Griechen nannten die Schriftzeichen der Ägypter Hieroglyphen, „heilige Zeichen", da sie vor allem an Tempeln und anderen heiligen Orten zu sehen waren. Ursprünglich bestand die Schrift aus Bildzeichen, die sich selbst erklärten. Im Laufe der Jahrhunderte veränderte sie sich aber oft. Vokale schrieben die Ägypter nicht, jedoch Lautzeichen und Deutzeichen (Bildzeichen). So war die Schrift mit ihren bis zu 7000 Zeichen sehr schwierig und wirkte geheimnisvoll. Die Kenntnis der Hieroglyphen ging verloren. Im Jahre 1822 entdeckte der Franzose François Champollion einen Stein (Rosette), auf dem derselbe Text in griechischer Schrift und in Hieroglyphen stand. So konnte er die Hieroglyphen durch einen Vergleich entschlüsseln.

Fragen und Anregungen

1. Suche in deinem Atlas den Nil und die ihn umgebenden Wüsten. Informiere dich über das Quellgebiet und die Niederschläge dort. Erkläre nun den unterschiedlichen Wasserstand des Nils.
2. Inwiefern ist Herodots Ausspruch, Ägypten sei ein Geschenk des Nils, berechtigt. Formuliere dazu einige Sätze in dein Heft, die das erklären. Achte auf klaren und begründenden Ausdruck.

2. Leben unter der Herrschaft der Pharaonen

Ca. 1600 – 1000 v. Chr. Im „Neuen Reich" regieren u. a. die Pharaonen Hatschepsut, Echnaton (Hauptstadt El Amarna), Tutanchamun, Ramses II.

M 1 **Pharao Tutanchamun** (starb um 1338 v. Chr.)

Der Pharao wird verehrt wie ein Gott

Herr über das Land und alles, was darin lebte, war der König, genannt der Pharao. Seine alles überragende Stellung wird in seinen verschiedenen Namen deutlich. Andere Titel des Pharaos waren Sohn des Re und Lebender Horus. Horus und Re waren sehr wichtige Gottheiten der Ägypter (vgl. S. 49). In diesen Titeln drückten die Ägypter den Glauben aus, dass der Pharao ein Gott oder die menschliche Gestalt eines Gottes auf Erden war. Daher galt sein Wort auch als unumstößliches Gesetz, und er war unumschränkter Herr über Leben und Tod. Diese Vorstellung wurde dadurch unterstützt, dass nur die obersten Priester und Beamten den Pharao von Angesicht zu Angesicht sehen durften. Das Volk kannte den Herrscher nur von Statuen und Bildern.

Zeichen der Macht

Die Pharaonen wurden nicht als Individuen dargestellt, sondern man erkannte sie an ihren Herrschaftszeichen: dem gold-blau gestreiften Nemes-Kopftuch, das in dieser Form nur der Pharao tragen durfte; der Uräusschlange, eine sich aufrichtende Kobra, die die Schutzgottheit Unterägyptens darstellt – auch manchmal ein Geierkopf, der Schutzgott Oberägyptens. Statt des Kopftuches tragen die Pharaonenfiguren auch manchmal eine Krone, die helmartig nach oben schmal zuläuft. Pharaonen werden darüber hinaus meist mit dem Krummstab (Zepter) und der Geißel (einer Art Peitsche) abgebildet. Beides sind wohl ursprünglich Arbeitsgeräte von Viehhirten und sollen zeigen, dass der Pharao Hirte seines Volkes ist. Wie sonst nur bei Götterdarstellungen, tragen die Pharaonen auch einen langen künstlichen Kinnbart, der ihre Göttlichkeit ausdrücken soll. Auch die Darstellung des Pharaos zusammen mit Götterfiguren zeigt, dass er der Vermittler zwischen den Menschen und den Göttern ist.

Die Arbeiter und Handwerker von Deir el-Medina

Über das Leben der hohen Beamten, der Priester und Pharaonen wissen wir recht viel, da wir die in Stein gehauenen Paläste und Grabanlagen gut erhalten vorgefunden haben. Die Hütten der Bauern und Häuser der Handwerker waren aus Nilschlamm, Holz, Schilf und

Pharao

Pharao ist die Bezeichnung für die Könige des alten Ägypten, die als Verkörperung eines Gottes verehrt wurden, meist auch als Sohn eines Gottes.
Der Name Pharao bedeutet übersetzt „großes Haus" oder „Palast". Da die Paläste der Pharaonen unvergleichlich kostbar über den Lehmhütten des Volkes aufragten, verkörperten sie eindrucksvoll die Macht des Königs. Darum wurde dieser Titel Ausdruck für die Ehrfurcht der Ägypter vor ihrem Herrscher.

Palmblättern gebaut und haben die Jahrtausende nicht überdauert. Daher wissen wir nur wenig über das Leben der einfachen Bevölkerung im alten Ägypten.
Es ist also ein Glücksfall, wenn heutige Forscher eine Entdeckung machen wie im Falle von Deir el-Medina. Unweit der alten Hauptstadt Theben sind die Grundmauern dieser Siedlung erhalten, in der ungefähr von 1500 bis 1000 v. Chr. viele Arbeiter und Handwerker, die an den Gräbern der Pharaonen bauten, mit ihren Familien lebten. In Quellen wird berichtet, dass sich die Arbeiter in Briefen beim Wesir über zu harte Lebensbedingungen beschwerten. Zur Durchsetzung ihrer Forderungen verweigerten sie sogar die Arbeit. Ein solches Verhalten dürfte jedoch eher selten gewesen sein. Die Masse der Bauern und Handwerker arbeitete gehorsam unter der Aufsicht der Beamten.

Auch ein Gottkönig braucht Helfer

Der Pharao traf zwar alle wichtigen Entscheidungen, für ihre Verwirklichung brauchte er jedoch Leute, die seine Befehle weitergaben und ihre Ausführung überwachten.
Der erste Mann nach dem Pharao war der Wesir. Als oberster Richter und höchster Beamter war er verantwortlich für die Rechtsprechung, aber auch die Versorgung der Bevölkerung mit Lebensmitteln. Auch die Offiziere nahmen von ihm die Befehle des Pharaos für die Soldaten entgegen. Dem Wesir unterstanden die hohen und niederen Beamten, die er wiederum brauchte, damit seine Befehle ausgeführt wurden.
Die Priester und Priesterinnen genossen große Verehrung und hatten entsprechend der Bedeutung ihrer Gottheit auch Macht und Einfluss.
Bauern, Handwerker und Kaufleute bildeten die Masse des Volkes. Auf der untersten Stufe dieser Gesellschaft standen die Sklaven, die Eigentum ihrer Herren und völlig rechtlos waren.

M 2 Pharao Mykerinos

M 3 Der Sargdeckel des Tutanchamun

Frage und Anregung

Beschreibe mit Hilfe des Verfassertexes die Herrschaftsmerkmale des Pharaos auf beiden Bildern (M2, M3) genau. Zeichne die Maske in dein Heft und beschrifte sie. Mit Hilfe der Merkmale kannst du nun sicher den Pharao leichter auf Bildern erkennen. Betrachte die Abbildungen im Buch und erkläre sie.

Die Frau als „Herrin des Hauses"

Frauen waren vor dem Gesetz gleichberechtigt, d. h. sie konnten allein als Zeugin oder Klägerin vor Gericht gehen. Sie durften Vermögen besitzen und verwalten und behielten diese Rechte auch in der Ehe. Unverheiratete Frauen konnten als Priesterinnen zu Einfluss kommen. In anderen einflussreichen Berufen, z. B. als Schreiber, waren Frauen jedoch selten.
Allerdings blieb der Stand einer Frau vom Beruf und Stand des Mannes abhängig. Je höher der Platz des Mannes in der Rangordnung war, desto mehr Freiheiten und Möglichkeiten hatte auch seine Tochter bzw. seine Frau. Die Frauen der Bauern und Handwerker mussten genauso hart arbeiten wie ihre Männer. Dies galt auch schon für die Kinder. Dagegen hatten Frauen aus der Oberschicht Dienstboten sowie Sklavinnen und Sklaven zur Verfügung. Die Hauptaufgabe einer Frau bestand in der Versorgung der Kinder und des Hauses. Im Falle einer Scheidung stand ihr ein Teil des Vermögens zu.

M 4 Blick in das Modell eines Hauses
(eine Frau beim Weben, Grabbeigabe)

Darf eine Frau Pharao werden?

Trotz vergleichsweise vieler Rechte hatten die Chancen ägyptischer Frauen deutliche Grenzen. So waren die Frauen aus der Familie des Pharaos zwar hochverehrt und konnten auch durch Einfluss auf den Pharao sehr mächtig werden. Der Pharao selbst musste jedoch nach der Überzeugung der Ägypter ein Mann sein. Tapferkeit, Stärke und Härte waren für die Ägypter männliche Eigenschaften. Eine Ausnahme ist uns bekannt. Als der Pharao Thutmosis II. im Jahre 1490 starb, übernahm seine Witwe Hatschepsut für den unmündigen Sohn die Regierung. Sie regierte 20 Jahre so erfolgreich, dass sie die Macht auch behielt, als Thutmosis III. volljährig wurde. Welch eine bedrohliche Ausnahme diese Frau auch in den Augen ihrer Zeitgenossen darstellte, sieht man daran, dass Thutmosis III. später versuchte, alle Zeichen ihrer Herrschaft aus gemalten oder in Stein gehauenen Bildern zu entfernen.

M 5 Königin Nofretete
(„die Schöne ist zurückgekommen", gest. 1354)
Nofretete zeigt uns das Schönheitsideal ihrer Zeit. Sie hatte großen Einfluss auf ihren Gemahl, Pharao Amenophis IV., der sich selbst den Namen Echnaton gab, da er den Gott Aton als höchste Gottheit verehren ließ.

M 6 Hatschepsut
(nach ihrer Regierungsübernahme)
Du hast bereits die Merkmale für die Darstellung eines Pharaos kennen gelernt. Beschreibe nun das Bild mit ihrer Hilfe. Wie lässt sich Hatschepsut hier darstellen? Überlege, warum sich eine Königin so darstellen lässt.

Die Rangordnung in einer Gesellschaft nennt man Hierarchie (griech. „heilige Herrschaft"). An der Spitze der Pyramide steht der Pharao.

M 7

Der Wesir war ein Mitglied der königlichen Familie, und sein Titel verrät seine Machtstellung: „Herr der geheimsten Dinge des Hauses und Begleiter des Pharaos in der Beratung".

M 8

Die Beamten oder Schreiber organisierten die Lebensmittelverteilung, berechneten Steuern und trieben sie ein. Sie waren angesehene Leute.

M 9

Die Priesterinnen und Priester hielten Opfer für die Götter ab, versorgten die Tempel und verkündeten den Willen der Götter.

M 10

Kaufleute konnten auch zu großem Reichtum und dadurch zu Ansehen kommen.

M 11

Handwerker stellten Gegenstände für den täglichen Bedarf her. Sie arbeiteten aber auch sehr oft an königlichen Bauten.

M 12

Die Bauern arbeiteten mit ihren Familien auf den Feldern. Den größten Teil der Ernteerträge mussten sie als Steuern abgeben.

M 13

Sklaven waren meist Kriegsgefangene und mussten Zwangsarbeit verrichten.

M 14 „Freundlich sein ist gut!", schreibt der Pharao Meri-Ka-Rê an seinen Sohn (etwa 1480 v. Chr.)

Sei geschickt im Reden, damit du die Oberhand behältst, Reden ist erfolgreicher als Kämpfen. Ahme deine Väter nach, die vor dir gestorben sind. Sei nicht böse, freundlich sein ist gut. Zeige dich deinem Land gütig, man preist deine Güte und betet für deine Gesundheit. Mache deine Beamten vermögend, damit sie nach deinen Gesetzen handeln. Wer reich ist, ist nicht parteiisch. Sag die Wahrheit in deinem Hause, dann haben die Großen vor dir Respekt. Tu du als Pharao das Rechte, quäle keine Witwe. Hüte dich davor, ungerechterweise zu strafen. Mache keinen Unterschied zwischen dem Sohn eines Vornehmen und dem niedriger Herkunft, hole dir einen Mann wegen seiner Fähigkeiten.

Nach: Geschichte in Quellen, Bd. 1. München 1978, S. 24.

M 15 Das ausgegrabene Deir el-Medina heute
Die größeren Gebäude im Ort sind Tempelanlagen. Rechts sind die Ruinen des Friedhofs zu sehen, im Hintergrund die Überreste des Totentempels des Pharaos Ramses III. Die Arbeiter von Deir el-Medina hatten ihn erbaut. Dahinter liegt das bewässerte, fruchtbare Land am Nil.

M 16 Beschwerdebrief der Arbeiter von Deir el-Medina an den Wesir Ta, um 1150 v. Chr.

„Ich teile meinem Herrn mit, dass ich an den Gräbern der Königskinder arbeite, deren Errichtung der Wesir befohlen hatte. Wir Arbeiter sind sehr elend geworden. Alle Sachen für uns, die das staatliche Schatzhaus, die Scheune und das Magazin uns liefern sollten, sind nicht verteilt worden. Nicht leicht ist das Tragen von Steinen! Man hat uns auch die 1 1/2 Sack Gerste fortgenommen, um uns stattdessen 1 1/2 Sack Dreck zu geben! Möge mein Herr handeln, sodass wir leben können, denn wir sind schon am Sterben. Wir haben kein Brot, wir haben keine Kleider. Denn man gibt uns nichts, gar nichts! Schreibt an den König, unseren Herrn, damit er uns zu leben gebe."

Die Arbeiter verweigern daraufhin die Arbeit, sie besetzen die Tempel der Stadt Theben mehrere Tage. Erst als die Lohnzahlungen endlich eintreffen, beruhigen sie sich wieder. Für die Streikaktionen wird niemand bestraft. Nach einiger Zeit jedoch wiederholt sich das Geschehen, als erneut kein Lohn gezahlt wird. Die Arbeiter beschuldigen diesmal sogar den Wesir, ihren Lohn für sich behalten zu haben. Wieder können sie ihre Forderungen durchsetzen, indem sie die Arbeit niederlegen. Angeblich handelt es sich hier um den ersten Streik in der Weltgeschichte.

Nach: Arne Eggebrecht, Das Alte Ägypten. München 1984, S. 219.

LITERATURTIPP

George Hart: Das Alte Ägypten. Kultur und Alltagsleben im Reich der Pharaonen. Übers. v. Rainer Hannig. Hildesheim, 2. Aufl. 1992 (= Sehen, Staunen, Wissen).

Fragen und Anregungen

Auch wenn der Pharao wie ein Gott verehrt wurde, musste er sich doch um eine erfolgreiche und sinnvolle Herrschaft bemühen.

1. Drücke die Anweisungen des Pharaos mit deinen eigenen modernen Begriffen aus. Was will der Pharao mit seinen Ratschlägen erreichen?
2. Welche Ratschläge sind deiner Meinung nach heute noch gültig? Begründe deine Meinung.

M 17 Rückenlehne eines vergoldeten Thronsessels des Tutanchamun
Das junge Königspaar wird in einer privaten Szene gezeigt.

M 18 Der Priester Tenti und seine Frau Imeretef
(um 2400 v. Chr.)

M 19 Der Beamte Nacht und seine Frau nehmen Abgaben entgegen
(Wandmalerei aus Theben, um 1400 v. Chr.)

Fragen und Anregungen

1. Vergleiche die Darstellungen von Mann und Frau auf den Bildern. Was sagt die Größe aus? Welche Hautfarbe erkennt man, und was lässt das für Schlüsse über den Aufenthalt der Personen zu? Vergleiche dazu, was du über den Wirkungskreis der Frau gelesen hast.
2. Beschreibe die Situation des Beamten Nacht und seiner Frau. Was bedeutet es, dass die Frau daran teilnimmt? Wie sind im Bild M19 die Bauern im Vergleich zur Größe des Paares dargestellt? Formuliere einen Satz, in dem du die Stellung der Frau mit der der abgebildeten Männer vergleichst.
3. Alle Paare sind in körperlicher Berührung gezeigt. Was meinst du, soll das ausdrücken? Vergleiche Bilder aus deiner Familie.

3. Gräber berichten vom Leben der Ägypter

Um 2500 v. Chr.	Die Pyramiden von Gise werden gebaut.
Ab ca. 1500 v. Chr.	Die Pharaonen lassen sich überwiegend in Felsengräbern, v. a. im Tal der Könige westlich von Theben, bestatten.
1922	Howard Carter entdeckt das Grab des Tutanchamun, der ca. 1350 v. Chr. im Tal der Könige bestattet wurde.

M 1 Die Pyramiden von Gise
In Hintergrund die Pyramiden der Herrscher Mykerinos, Chephren und Cheops (von links nach rechts) aus den Jahren 2510–2457 v. Chr. Die Cheopspyramide ist mit einer Höhe von 147 m die größte.

Pyramiden und Totenpaläste

Sicher kennst du Bilder der Pyramiden von Gise. Die Pyramiden galten schon in der Antike als Weltwunder, und bis heute ranken sich viele Geheimnisse um sie. Warum wurden sie gebaut, wie und mit welchen Hilfsmitteln errichteten die Ägypter diese riesigen Gebäude? Was für Schätze verbargen sie? Einige dieser Fragen konnten die Wissenschaftler im Laufe der Zeit klären. So wissen wir heute, dass die Pyramiden als Gräber für die Könige gebaut wurden. Über den Bauvorgang können wir nur Vermutungen anstellen. So gibt es z. B. Wissenschaftler, die die Ansicht vertreten, viele Arbeiter, die am Bau der Pyramiden mitgewirkt hatten, wären nicht als Sklaven gezwungen worden, sondern hätten auf diese Weise versucht, einen Anteil am ewigen Leben des Königs zu erwerben. Zudem hatten sie einen Zusatzverdienst für die Zeit, in der sie nicht auf den Feldern arbeiten mussten. Um 1500 v. Chr. verlegten die Könige ihre Grabstätten in ein Tal westlich der Hauptstadt Theben, das so genannte Tal der Könige, wohl auch, um sie so besser vor Grabräubern schützen zu können.

M 2 Uscheptis
Diese Figürchen (– Uscheptis) sollten dem Verstorbenen in der Ewigkeit dienen.

Warum ließen sich die ägyptischen Könige mit einem solch ungeheuren Aufwand riesige Gräber bauen? Dies erklärt sich daraus, dass die Ägypter fest an ein Weiterleben nach dem Tod glaubten. Die wichtigste Voraussetzung dafür war nach ihrer Überzeugung, dass der Körper unversehrt erhalten blieb. Deshalb versuchten sie den Leichnam durch Mumifizierung haltbar zu machen. Auch sollte das Leben nach dem Tod angenehm und luxuriös sein. Wer reich genug war, ließ sein Grab daher bereits zu Lebzeiten mit allen denkbaren Beigaben ausstatten und ausmalen. Je reicher und mächtiger ein Mensch im Leben war, desto prächtiger und reicher war sein Grab, desto mehr sollte es von seinem Besitz und seiner Macht für sein ewiges Leben festhalten. Daher waren die Königsgräber besonders prächtig ausgestattet, während sich die einfachen Leute nur weniger aufwändige Bestattungen leisten konnten. Grundsätzlich aber versuchten alle Menschen im alten Ägypten für das Leben nach dem Tod vorzusorgen.
Diesem Glauben verdanken wir, dass Archäologen in Gräbern eine Vielzahl von Gebrauchs- und Luxusgegenständen sowie Malereien und Darstellungen des täglichen Lebens der Ägypter finden konnten.

Die Sorge für das ewige Leben

Der Reichtum der Königsgräber zog seit dem Altertum Grabräuber an. Daher war es eine Sensation, als der amerikanische Forscher Howard Carter 1922 im Tal der Könige bei der alten Hauptstadt Theben ein Grab entdeckte, dessen Siegel unverletzt war. Der junge König, der darin ruhte, war ca. 1350 v. Chr. gestorben und wohl zu Lebzeiten kein bedeutender Herrscher gewesen. Trotzdem fand Carter bereits in Vorräumen ungeheure Schätze. In der Grabkammer ruhte die Mumie des Königs unversehrt in einem dreifachen Sarg aus massivem Gold, der der Gestalt des Königs nachgearbeitet ist. Eine rund 11 kg schwere Goldmaske (vgl. S. 41) mit Edelsteinen besetzt bedeckte das Gesicht des Toten.

Der Schatz des Tutanchamun

M 3 Bau einer Pyramide
Man ist sich nicht einig, wie die Ägypter die Steine für den Pyramidenbau transportierten. Die Zeichnung zeigt eine Möglichkeit: Rampen aus Schutt und Ziegel werden durch Wasser und Schlamm geschmiert, damit die tonnenschweren Steinblöcke auf Holzschlitten nach oben geschleppt werden konnten. Nach der Fertigstellung des Baus wurden die Rampen entfernt.

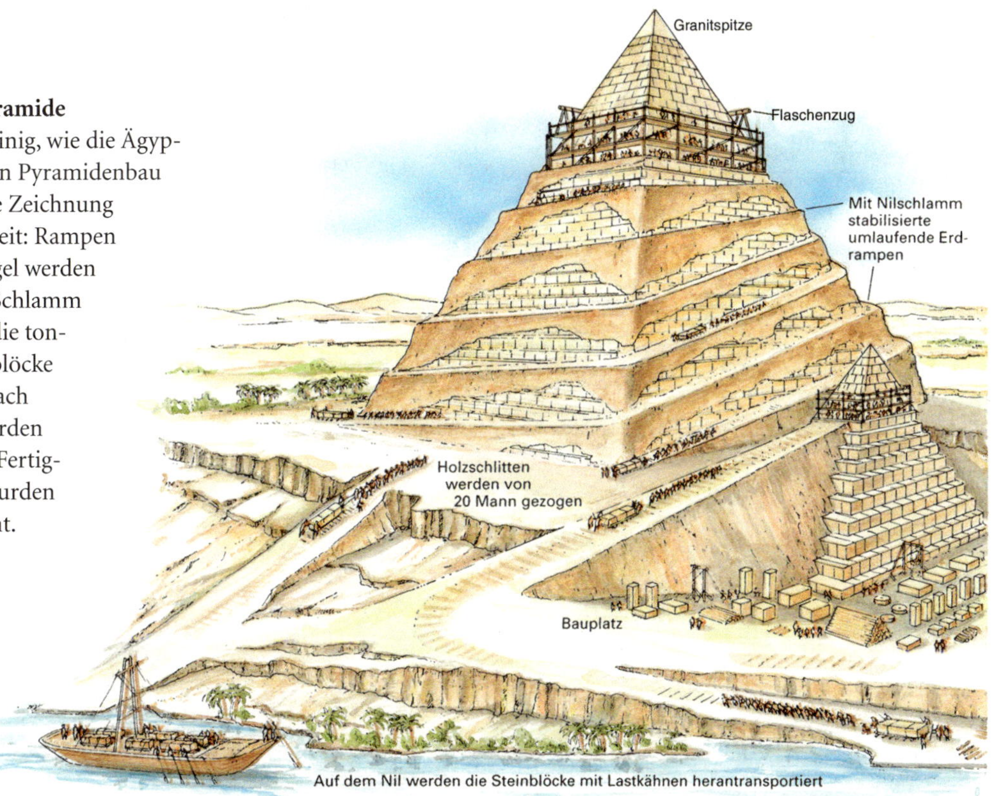

M 4 Kostbare Gegenstände aus dem Schatz des Tutanchamun

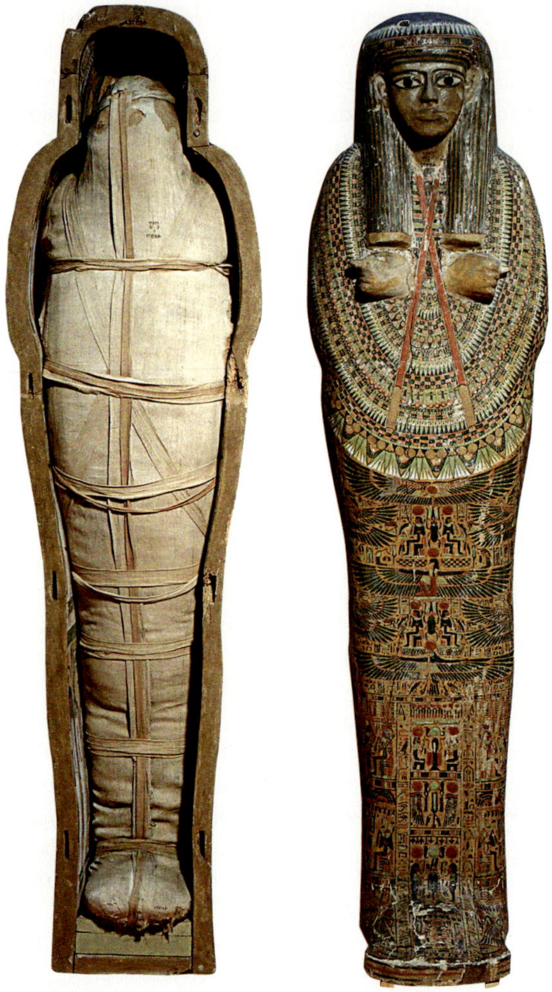

M 5 Mumie in reich bemaltem Sarg (um 1000 v. Chr.)
Diese thebanische Priesterin wurde in einem Sarg in Menschengestalt bestattet (1,83 m lang).
Um den Körper zu erhalten, musste er vor der Verwesung geschützt werden. Spezialisten entfernten alle inneren Organe, trockneten den Körper ca. 70 Tage und umwickelten ihn mit Binden, die in ein Gemisch aus Öl, Gewürzen und Harz getaucht waren. So entstand eine Mumie, die Jahrtausende überdauern konnte.

Pyramide

Bedeutet ursprünglich „Weizenbrot", das im alten Ägypten die Form eines Kegels hatte. Heute sind ca. 60 Pyramiden bekannt. Wir bezeichnen damit aber vor allem die Königsgräber in Gise. Die berühmtesten sind die Pyramiden der Herrscher Mykerinos, Chephren und Cheops aus den Jahren 2510–2457 v. Chr. Die Cheopspyramide ist mit einer Höhe von 147 m die größte.

Fragen und Anregungen

1. Beschreibe die Vorgänge beim Bau der Pyramiden, wie sie die Zeichnung M3 darstellt.
2. Erkundige dich nach der Höhe eures Schulgebäudes und des höchsten Gebäudes an deinem Wohnort. Vergleiche es in einer maßstabsgetreuen Zeichnung mit der Cheopspyramide.

Projekt: Modell eines Grabes
Gestaltet im Kunstunterricht einen Schuhkarton zum Modell eines Grabes aus. Stelle dazu eine Liste zusammen, welche Ausstattungsgegenstände und Wandmalereien nötig sind. Beachte dabei, welchen Sinn die Ägypter mit ihren Gräbern verfolgten, und begründe deine Auswahl.

4. Viele Götter bestimmen das Leben

So fest wie die Menschen im alten Ägypten an das Leben nach dem Tod glaubten, so fest war auch ihr Glaube an eine große Zahl von Göttern. Diese Religion war wohl bestimmender für ihr Leben, als ein heutiger Mensch sich das vorstellen kann. Deshalb finden wir in den meisten Überlieferungen, Baudenkmälern, Kunstgegenständen auch Hinweise auf ihren Glauben; und wenn wir uns nicht mit diesem beschäftigen, können wir die altägyptische Kultur, z. B. ihren Einsatz für den Pyramidenbau, nur schwer verstehen.
Die Ägypter glaubten, dass einzelne Götter und Göttinnen Aufgaben für verschiedene Bereiche des Lebens erfüllten oder für Landschaften zuständig waren. So gab es z. B. eine Göttin, die Frauen bei der Geburt beschützen sollte, oder viele Götter, die im Krieg halfen. Götter konnten den Menschen helfen, sie aber auch vernichten und strafen. Deshalb war es wichtig, sich die Gunst der Götter zu erhalten. Priesterinnen und Priester versahen in Tempeln Dienst, nahmen die Opfer der Menschen an und erklärten ihnen den Willen der Götter. Dadurch hatten sie große Macht.

Kleines Lexikon der Götter Ägyptens

Osiris ist der Herr über das Totenreich und richtet dort die Verstorbenen. Er wird als Pharao mit Krone und Zepter und Geißel dargestellt.

Isis ist die Göttin der Mutterschaft und Fruchtbarkeit. Als Schwester und Gattin des Osiris hat sie ihren Mann von den Toten wieder erweckt und ist Mutter seines Sohnes Horus.

Horus ist der Himmelsgott und wird als Falke oder Mensch mit Falkenkopf dargestellt. Das kann man sich vielleicht so erklären, dass der Falke ein kostbares Jagdtier war, das auch in der Wüstensonne am Himmel kreiste und mit seinen Flügeln den Himmel zu umspannen schien und so die Bewunderung der Menschen erregte. Der Pharao gilt zu Lebzeiten als Sohn oder Verkörperung des Horus.

Re (oder Ra) ist ein Beispiel dafür, wie mehrere Götter zu einem verschmelzen. Zuerst gab es in den verschiedenen Gegenden des Landes viele Sonnengötter. Im Laufe der Zeit wurden sie alle zu unterschiedlichen Namen für den einen Sonnengott. Da die Sonne für die Ägypter eine große Macht darstellte, wurde Re zusammen mit dem Gott Amun zeitweise zur obersten Gottheit. Er ist manchmal auch als Falke dargestellt. Man erkennt ihn aber an der Sonnenscheibe, die er am Kopf trägt.

Anubis trägt einen Schakalkopf, was sich daraus erklärt, dass Schakale als Aasfresser für die Toten eine Bedrohung darstellen. Dementsprechend ist Anubis der Beschützer der Toten und für alle Bereiche des Grabes und der Mumifizierung zuständig.

Hathor ist eine Göttin der Liebe, der Fruchtbarkeit und des Rausches. Da das Leben der Ägypter am Rande der Wüste hart war, ist verständlich, dass neben dem Totenreich auch die Leben spendende Mutterschaft als göttlich verehrt wurde. Meist ist eine Kuh ihr heiliges Tier. Sie wird deshalb mit Kuhhörnern gezeigt.

Thot ist der Gott der Schreibkunst und der Weisheit. Er dient als Sekretär der Götter, was die Bedeutung der Schreibkunst zeigt, und wird als Mensch mit dem Kopf des Vogels Ibis dargestellt.

5. Es gibt nur einen Gott: das Volk Israel

M 1 Nomaden, Viehzüchter ohne feste Wohnstätte, treiben Handel in Ägypten
(Ägyptisches Grabfresko in Beni Hassan, 19. Jahrhundert v. Chr.)
Die Hieroglyphen verraten, dass es sich um Semiten handelt, eine Volksgruppe, zu der auch die Israeliten zählen. Ihre Kleidung ist aus Stoffstreifen zusammengenäht, die man auf tragbaren Webstühlen herstellen konnte.

M 2 Menora vor der Knesset in Jerusalem
Der bronzene Leuchter vor dem israelischen Parlamentsgebäude ist fünf Meter hoch. 29 Szenen zeigen wichtige Stationen der jüdischen Geschichte.

2000–1800 v. Chr.	Israelitische Nomadenvölker wandern nach Kanaan im Jordanland ein.
Um 1250 v. Chr.	Pharao Ramses II. zwingt das Volk Israel zur Sklavenarbeit. Moses führt sein Volk zurück nach Kanaan. Zehn Gebote.
Um 1000 v. Chr.	Die Israeliten errichten unter den Königen Saul, David und Salomon ein mächtiges Reich. Jerusalem wird Hauptstadt; es erfolgt der Ausbau des Tempels und der Stadt durch König Salomon.
932 v. Chr.	Das Reich zerfällt in zwei Teile: Juda und Israel.
587 v. Chr.	Die Babylonier erobern beide Reiche; „Babylonische Gefangenschaft".
63 v. Chr.	Palästina wird römische Provinz.
70 n. Chr.	Nach Aufständen zerstören die Römer unter Titus den Tempel in Jerusalem.
135 n. Chr.	Ende des Staates im Altertum: Der römische Kaiser Hadrian lässt Jerusalem zerstören. Die Juden werden im ganzen Römischen Reich zerstreut.

Die Israeliten glauben an einen Gott

Im Gebiet zwischen dem Nil und den Strömen Euphrat und Tigris lebten viele Völker, und es entstanden auch einige Hochkulturen. So die der Babylonier und Sumerer im Land zwischen Euphrat und Tigris, dem so genannten Zweistromland (griech. Mesopotamien). Es gab aber auch viele kleinere Stämme, die als Hirten umherzogen und sich mit anderen Völkern vermischten. Ihre Namen sind heute meist nur noch Fachwissenschaftlern bekannt.
Eine Ausnahme gibt es: das Volk Israel, für das in späterer Zeit der Name eines der Stämme Israels gebräuchlich wurde – Juda. Daher spricht man heute vom jüdischen Volk. Bis heute hat sich dieses Volk seine Eigenart in Sprache, Sitten und vor allem in der Religion bewahrt. Durch diese Religion unterscheiden sich die Israeliten ganz deutlich von den Ägyptern, Babyloniern und allen Nachbarstämmen. Sie glaubten als einziges Volk des Altertums nur an einen einzigen Gott, den sie „Jahwe" nannten. Die Grundlage ihres Glaubens ist bis heute das Alte Testament der Bibel. Im wichtigsten Teil, der Thora, sind die Gesetze aufgeschrieben, die Jahwe dem Volk Israel durch seinen Propheten Moses gegeben hat. Die Bibel berichtet über die Geschichte des Volkes Israel und dessen Bund mit Gott.

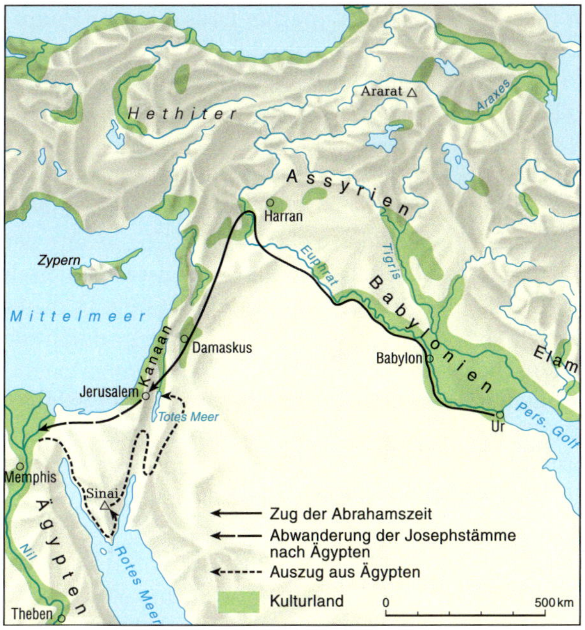

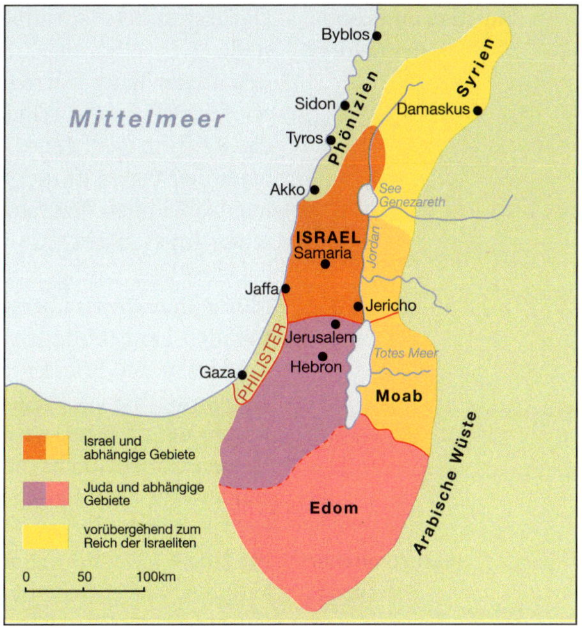

M 3 Die Wanderungen der Israeliten im 2. Jahrtausend v. Chr., bis sie sich um 1200 v. Chr. in Kanaan niederließen, sind auf der Karte links dargestellt.

Die Karte rechts zeigt das **Gebiet der Israeliten in Palästina im 9. Jahrhundert v. Chr.**, nach Ende der Herrschaft der Könige Saul, David und Salomon.

Die Wanderung der Israeliten

Die Grundlage der jüdischen Geschichte ist die Bibel, genauer gesagt das Alte Testament. Sie berichtet von historischen Ereignissen, für die es sonst nur wenig andere Zeugnisse und Funde gibt. Unter der Führung ihres Stammvaters Abraham zog der Nomadenstamm der Hebräer von Mesopotamien in die Gegend westlich des Flusses Jordan, das so genannte Land Kanaan, und von dort aus weiter bis ins fruchtbare Niltal nach Ägypten. Der Pharao erlaubte den Israeliten die Ansiedlung, und einige stiegen in seinem Dienst sogar zu Beamten auf. Als die Pharaonen jedoch begannen, die meisten Israeliten wie Sklaven zur Zwangsarbeit zu zwingen, verließen sie unter der Führung von Moses Ägypten, um wieder zurück nach Kanaan zu ziehen. Nach der Darstellung der Bibel gab Jahwe unterwegs durch Moses dem Volk Israel in der Wüste Sinai die Zehn Gebote. Sie wurden auf Steintafeln festgehalten und in der heiligen Bundeslade mitgeführt.
In Kanaan setzten sich die Israeliten nach langen Kämpfen gegen die dort ansässigen Völker durch. Dem König des Stammes Juda, David, gelang es schließlich, die israelitischen Stämme zu einen und die Völker der Philister und Kanaanäer zu besiegen.

M 4 Der Tempel Salomons, erbaut um 950 v. Chr.
Diese Rekonstruktion wurde nach biblischen Angaben gezeichnet. Bevor die Priester Tiere schlachteten, wuschen sie sich im bronzenen „Meer“. Die Tiere waren zuvor in fahrbaren Bronzebehältern gereinigt worden. Danach wurden sie auf dem Altar als Brandopfer dargebracht. Im Innern des Tempels standen, von Kerzenleuchtern umgeben, der goldene Weihrauchaltar und ein goldener Tisch, auf den an jedem Sabbat (der jüdische Ruhetag, Samstag) zwölf Brote gelegt wurden.

Aufstieg und Zerfall des Reiches

David gründete laut Bibel ein mächtiges Reich und machte Jerusalem zur Hauptstadt. Sein Nachfolger Salomon baute Jerusalem glanzvoll aus und ließ einen prächtigen Tempel errichten, in dem die heilige Bundeslade verwahrt wurde. Dieser Tempel war das religiöse Zentrum des Volkes. Nach dem Tod Salomons zerfiel das Reich in zwei Teile, Israel und Juda. In den folgenden Jahrhunderten wurden beide Teilstaaten immer wieder von Assyrern, Ägyptern und Babyloniern angegriffen. Dabei blieb den Israeliten vor allem die so genannte Babylonische Gefangenschaft im Gedächtnis, wovon die Bibel berichtet: Im Jahr 597 v. Chr. zwang der babylonische König Nebukadnezar die führenden Familien der Israeliten nach Mesopotamien zu übersiedeln. Den Tempel ließ er 587 v. Chr. zerstören. In dieser fremden Umgebung bewahrten die Israeliten ihren Glauben vor allem durch die Propheten und Priester Jahwes. Als die Perser das babylonische Reich eroberten, erlaubten sie 538 v. Chr. den Israeliten in ihre Heimat nach Kanaan zurückzukehren, wo sie den Tempel wieder aufbauten. Von dieser Zeit an wurde es üblich, den Namen „Juden" nicht mehr nur auf die Mitglieder des Stammes Juda anzuwenden, sondern für alle Menschen, die dem jüdischen Gott die Treue hielten.

Unter römischer Herrschaft

Im Jahr 63 v. Chr. machten die Römer das Land zur römischen Provinz. Sie erkannten, wie entscheidend die Religion für den Zusammenhalt und Widerstand der Juden war. 70 n. Chr. ließ der römische Feldherr Titus den Tempel in Jerusalem zerstören, um dadurch dem Volk den Mittelpunkt seines Glaubens zu nehmen. Nach Aufständen gegen die römische Herrschaft ließ Kaiser Hadrian 135 n. Chr. Jerusalem bis auf die Grundmauern einreißen, die Bevölkerung im gesamten Römischen Reich verteilen und die Ausübung der jüdischen Religion verbieten. Die Provinz erhielt den Namen Palästina. Das war zwar das Ende des jüdischen Staates im Altertum, nicht aber des jüdischen Glaubens und seiner Kultur. Bis in die Gegenwart leben Juden seither in der Diaspora, d. h. über die ganze Welt zerstreut. Jahrhundertelang wurden sie häufig als Minderheit verfolgt, unterdrückt und auch ermordet. Trotzdem blieb im Bewusstsein der Juden das Gefühl, durch den gemeinsamen Glauben und die gemeinsamen Sitten und Traditionen zusammenzugehören. Zu Beginn des 20. Jh. entstanden konkrete Pläne für die Rückkehr des jüdischen Volkes nach Palästina, die 1948 in der Gründung des Staates Israel endeten. Da aber in Palästina seit Jahrhunderten eine arabische Bevölkerung lebt, kam es zu Konflikten, die bis heute den Frieden in dieser Region verhindern.

M 5 Römische Siegesbeute
Das Steinrelief ist ein Ausschnitt aus dem Triumphbogen des römischen Kaisers Titus. Wir sehen, wie römische Soldaten heilige Gegenstände, hier den siebenarmigen Leuchter, als Siegesbeute durch Rom tragen.

Judentum

Das Wort bezeichnet einen religiösen Glauben und die Gemeinschaft der Menschen, die dadurch begründet ist. Die Juden blicken auf eine lange und leidvolle Geschichte zurück. Ihre Zerstreuung (Diaspora) über alle Länder der alten Welt begann schon um 580 v. Chr. und wurde endgültig, als die Römer den Tempel zerstörten und die Juden aus Jerusalem verbannten. Durch die Zerstreuung wurden die Juden zu wichtigen Vermittlern zwischen den verschiedenen Kulturen. Erst seit der Gründung des Staates Israel im Jahre 1949 gibt es wieder einen staatlichen Mittelpunkt. Die Mehrheit der Menschen jüdischen Glaubens lebt aber nach wie vor als Bürger der jeweiligen Staaten über die ganze Welt zerstreut.

M 6 Klagemauer
Die ca. 18 m hohe Klagemauer war eine Stützmauer des Tempelberges und ist der einzige Überrest des Tempels in Jerusalem, der von dessen Zerstörung im Jahr 70 n. Chr. übrig blieb. Bis heute kommen gläubige Juden hierher, um an diesem Zentrum ihrer Religion zu beten.

M 7 Das Passahfest ist bis heute eines der wichtigsten jüdischen Feste.
Es erinnert an die Befreiung der Israeliten aus der Knechtschaft in Ägypten.

Polytheismus/Monotheismus

Beiden Begriffen liegt der griechische Begriff „theos" = „Gott" zu Grunde. Polytheismus setzt sich aus „polys" = „viel" und „theos" = „Gott" zusammen. Er bedeutet die Verehrung vieler Götter. Die meisten alten Völker hatten polytheistische Religionen, z. B. im alten Ägypten, im antiken Griechenland und Rom, aber auch die Kelten und Germanen.

Gegenbegriff dazu ist der Monotheismus; „monos" bedeutet im Griechischen „einzig"; Monotheismus bedeutet der „Glaube an einen einzigen Gott". Nach dem Judentum, das die erste monotheistische Religion im Altertum war, entstanden später mit dem Christentum und dem Islam zwei weitere monotheistische Religionen.

Fragen und Anregungen

1. Erkläre den Unterschied zwischen der Religion der Ägypter und der Juden. Verwende dabei auch Fachbegriffe.
2. Überlege, welche Bedeutung die Religion für das Überleben der jüdischen Gemeinschaft hatte. Nenne dazu konkrete Ereignisse.
3. Erkläre, auch mit Hilfe des VT, warum Titus den Tempel zerstören ließ und welche Wirkung er bei den Juden erreichen wollte, wenn er ihre Heiligtümer öffentlich als Beute durch Rom tragen ließ.
4. Informiere dich in der Bibel über die Ereignisse, die im Passahfest gefeiert werden, und erkundige dich nach anderen Festen, mit denen Juden die Erinnerung an ihre Geschichte pflegen.

Bilder lesen

Seit dem Kindesalter kennen wir Bilder. Sie erzählen uns Geschichten, wenn wir noch keine Buchstaben lesen können. Auch in der Welt der Erwachsenen sind sie selbstverständlich: Sie dienen als Schmuck, illustrieren Texte oder ergänzen sie. Bilder sind auch die Grundlage für die Entstehung einiger Schriften. So sind die Hieroglyphen aus Bildzeichen entstanden. Bilder vermitteln uns also viele Informationen.
Um ein Bild als historische Quelle zu nutzen, müssen wir also genau überlegte Fragen stellen und unser Wissen einbringen. Wir wollen das nun am Beispiel der Darstellung eines Totengerichtes aus dem Grab des Schreibers Hunefer üben.

6

1 2 3

M 1 Das Totengericht
Ausschnitt aus dem Totenbuch des Schreibers Hunefer. Bemalte Papyrusrolle aus Theben (39 cm hoch), um 1285 v. Chr.

Methodische Arbeitsschritte:

Beschreibe möglichst genau, was du auf dem Bild siehst. Vor der Erklärung brauchst du eine sachliche und genaue Beschreibung. Bei unserem Beispiel bedeutet das:

1. Welche Figuren, Personen oder Tiere sind abgebildet?
2. Beschreibe ihre Größe, Kleidung, Körperhaltung etc.
3. Was sagt uns das Bild über das Verhältnis der Figuren zueinander? Begründung?
4. Welche der Personen kannst du an Merkmalen erkennen?
5. Beschreibe die Tätigkeiten und Gegenstände, die zu erkennen sind, möglichst sachlich genau, auch wenn du ihren Sinn noch nicht verstehst.
6. Ist die Darstellung naturgetreu oder gibt es Dinge, die so in der Wirklichkeit nicht vorkommen?

Die folgende Beschreibung enthält nichts, was du nicht selbst mit deinen Augen erkennen und durch das bisher Gelernte beschreiben kannst.

Links im Bild wird ein weiß gekleideter Mann von einem Wesen mit menschlichem Körper und Schakalkopf an der Hand geführt. Sie nähern sich einer großen Waage, die ebenfalls von einem schakalköpfigen Wesen bedient wird. Auf der linken Waagschale liegt eine rote Kugel, auf der rechten eine Feder. Unter der Waage hockt ein Ungeheuer, halb Löwe, halb Krokodil. Es dreht sich nach rechts, wo eine Gestalt mit einem Vogelkopf etwas aufschreibt. Rechts daneben geht der weiß gekleidete Mann, diesmal mit einer Gestalt, die einen Falkenkopf hat, auf eine Art Thronzelt zu. Auf einem Thron sitzt ein weiß gekleideter Mann mit Zepter, Geißel und der ägyptischen Krone. Hinter ihm stehen zwei Frauen mit erhobenen Händen.
Über der Szene sind Hieroglyphen zu erkennen und darüber eine Reihe von 14 sitzenden Gestalten, die alle nach links auf eine kleine Abbildung des Mannes im weißen Gewand blicken, der ihnen gegenüber am linken oberen Bildrand sitzt.

Der nächste Schritt der Auswertung eines Bildes als Quelle ist der Versuch den Sinn zu erklären. Hier muss man möglichst viele Kenntnisse über die Zeit, aus der das Bild stammt, einbringen.

4

5

Wir wissen, dass für die Ägypter das Leben nach dem Tod sehr wichtig war. Dieses Bild ist Teil eines Totenbuches des Schreibers Hunefer. Solche Totenbücher sollten den Toten und seine Frömmigkeit ausweisen, denn die Ägypter glaubten, dass jeder Verstorbene vor ein Gericht kam, in dem entschieden wurde, ob er ewig leben durfte oder endgültig sterben musste.

Das Bild erzählt von dem Totengericht des Hunefer, so wie er es sich zu Lebzeiten vorstellte.

1 Bildausschnitt Hunefer
Hunefer ist der weiß gekleidete Mann.

2 Bildausschnitt Anubis
Wenn du dich auf Seite 49 über die ägyptischen Götter informierst, dann erfährst du, wer der schakalköpfige Gott ist und welche Aufgabe ihm zugeschrieben wurde.

3 Bildausschnitt Waage mit Ungeheuer
Die rote Kugel auf der Waage soll Hunefers Herz darstellen, das von dem Schakalgott gegen die Feder der Gerechtigkeit gewogen wird. Ist das Herz leichter, dann hat er keine bösen Taten begangen. Ist es schwerer, dann wird Hunefer von dem Ungeheuer zur Strafe aufgefressen.

4 Bildausschnitt Thot
Deshalb schaut das Ungeheuer auf den Schreiber, den du wieder als Gott an seinem Kopf und seiner Tätigkeit erkennen kannst, denn er notiert das Ergebnis des Wiegens.

5 Bildausschnitt Horus, Osiris
Danach begleitet ein anderer Gott in Gestalt eines Falken Hunefer vor den Thron des Herrschers über das Totenreich, den man als Pharao dargestellt hat. Das siehst du an den Herrschaftsmerkmalen. Wie heißen diese wichtigen Götter?

6 Bildausschnitt Hieroglyphen/Götterreihe
Hinter ihm segnen Göttinnen. Die Götterfiguren am oberen Rand verkünden Hunefer das Urteil. Die Hieroglyphen enthalten Gebete und Segenssprüche.

Frage und Anregung

Verfasse nun eine vollständige Erklärung des Bildes, indem du es mit den richtigen Namen und Begriffen beschreibst. Spielt in der Klasse die Szene nach.

DIE GRIECHISCH-HELLENISTISCHE WELT

Das Europa von heute hat viele Wurzeln.
Eine der wichtigsten reicht zurück zu den Griechen des Altertums (= Antike). So zählt auch der Burgberg der Stadt Athen, die Akropolis, zu den berühmtesten Kulturdenkmälern der Welt.

Laokoon und seine Söhne (römische Marmorstatue nach griechischem Original, 450 v. Chr.)
Die Figuren fand man vor 500 Jahren zufällig beim Abtragen alter Mauerreste eines Weingutes. Nach der Sage warnte Laokoon die Trojaner vor dem hölzernen Pferd, das die Griechen bei ihrem vorgetäuschten Abzug am Ufer zurückgelassen hatten. Er schlug vor, es zu verbrennen, und zog damit die Rache des Meeresgottes Poseideon auf sich, der den Untergang Trojas beschlossen hatte. Poseidon schickte zwei riesige Schlangen aus dem Meer, die Laokoon und seine beiden Söhne erstickten. Die Trojaner sahen darin ein gutes Omen und zogen das hölzerne Pferd in die Stadt. Odysseus und andere Griechen, die sich im Pferd versteckt hatten, setzten in der Nacht Troja in Brand.
Die Figurengruppe aus Marmor ist 184 cm hoch. Sie wurde im 1. Jh. vor oder nach Chr. nach dem griechischen Original angefertigt und steht heute im Vatikanischen Museum in Rom.

Die Akropolis heute

Die Akropolis in einer Rekonstruktionszeichnung
In Athen ragt der Tempelberg in die Höhe. Die Athener errichteten die Statuen und Tempel vor ca. 2 500 Jahren. Überreste kann man noch heute besichtigen.

Pergamonaltar (2. Jh. v. Chr.)
Der König des kleinasiatischen Staates Pergamon ließ diesen Altar, der im Berliner Pergamon-Museum wieder aufgebaut wurde, errichten. Auf einem 120 m langen und 2,30 m hohen Fries haben Bildhauer den Sieg der griechischen Götter gegen ihre Gegner, die Giganten, dargestellt. Der beeindruckende Altar sollte auch die Macht des unumschränkt regierenden Königs verherrlichen.

Geschichtskarten verstehen – Wo die Griechen lebten

M 1 Der griechische Siedlungsraum bis 750 v. Chr. (Frühzeit)

Dass Ägypten ein Geschenk des Nils ist, hat schon Herodot, ein griechischer Wissenschaftler und Geograph, erkannt. Wie die landschaftlichen Gegebenheiten Griechenlands, Gebirge, Täler, Flüsse, Küstenverlauf, Inseln, Seen und das Meer die Lebensmöglichkeiten der Griechen bestimmten, zeigt dir diese Karte. Zum Teil ist sie als geographische Karte gestaltet, denn sie lässt die landschaftlichen Besonderheiten erkennen.

Bearbeitet zunächst in Arbeitsgruppen:
- Untersucht die geographischen Besonderheiten Griechenlands in Gruppenarbeit!
- Stellt die landschaftlichen Unterschiede zu Ägypten fest!
- Besprecht, welche Folgen dies für die Siedlungsweise der Menschen und die Staatsbildung in Griechenland haben könnte.

Die Karte informiert

Allerdings enthält die Karte weitergehende Informationen, die du mit Hilfe der Legende genauer entschlüsseln kannst. Du findest verschiedene Orte vor, z. B. Burgen aus mykenischer Zeit, wichtige Stadtstaaten aus der Zeit der dorischen Wanderung, Heiligtümer (mit dem Namen und Land der Götter) und schließlich auch die Unterscheidung von Kulturland und Barbaren. Dies sind geschichtliche Informationen, die du zum Teil noch nicht kennst. Natürlich kannst du im Geschichtsbuch oder in einem Lexikon nachsehen. Hier sind einige Hinweise: Burgen der

mykenischen Zeit sind Herrschersitze vom 15. bis 12. Jh. v. Chr., die Mittelpunkte von Kleinstaaten darstellten. Die Dorier wanderten als der letzte griechische Stamm vom Norden her kommend in Griechenland ein und unterwarfen viele Landstriche gewaltsam. Als Barbaren bezeichneten die Griechen alle nichtgriechischen Völker, die eine andere Sprache verwendeten. Die Karte lässt also nicht nur die Lage um 750 v. Chr. erkennen, sondern gibt auch Hinweise auf vorherige Entwicklungen.

Methodische Arbeitsschritte:

Untersuche die Karte nach folgenden Fragen:

1. Wo befanden sich die Städte der Griechen und das bebaute Kulturland, welche natürlichen Verbindungen bestanden zwischen ihnen?
2. Welche Bedeutung besaßen das Meer und die Inseln für die Griechen und ihre Lebensweise?
3. Untersucht, warum die Griechen kein großes Reich wie die Ägypter unter einem mächtigen König bildeten. Wie sah ihre „Staatenwelt" aus?
4. Du findest „Orte mit Heiligtümern". Stelle sie zusammen und diskutiert, welche Bedeutung sie für alle Griechen besitzen konnten.

M 2 Die griechische Kolonisation nach 750 v. Chr.

Diese Karte lässt zwar geographische Einzelheiten aus, führt aber die Siedlungsgeschichte der Griechen, die du in Karte M1 schon erschlossen hast, fort. Formuliere nun in einem Ergebnistext, was man an dieser Karte erkennen kann, und berücksichtige dabei: Raum, Völker, Ursprungsgebiete oder erste Herrschaftsgebiete, neue Siedlungsgebiete, mögliche Gegensätze.

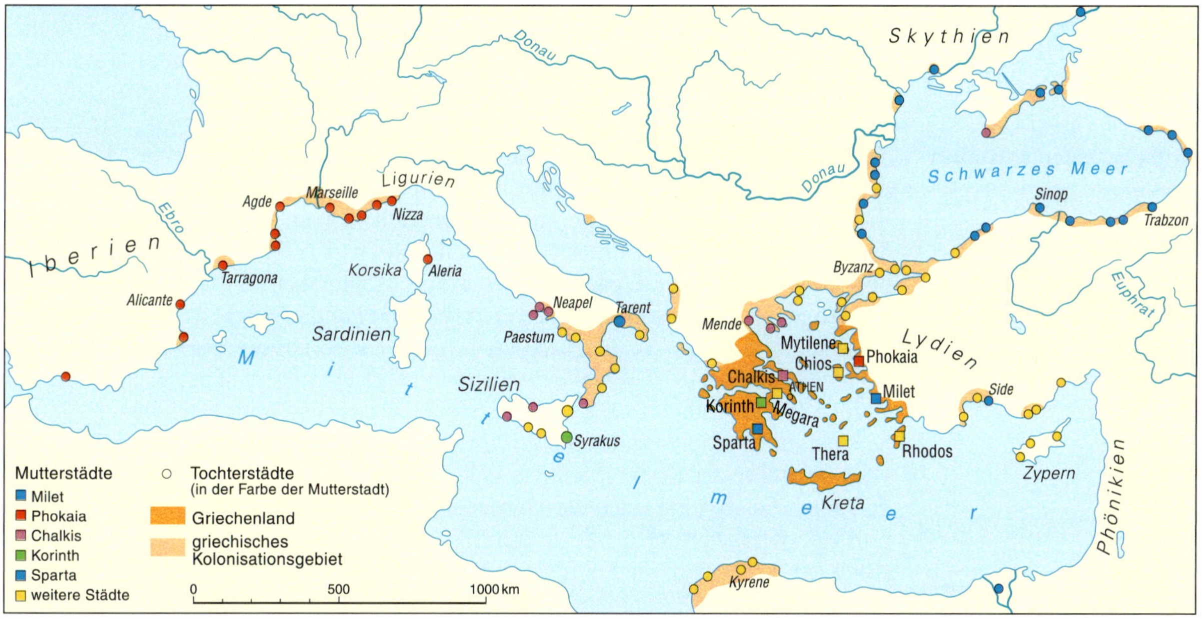

Die Geschichtskarte informiert anschaulicher und schneller als ein Text über geschichtliche Ereignisse und Entwicklungen in einem bestimmten Raum, der in einer Karte dargestellt werden kann. Beachte für die Arbeit mit der Geschichtskarte folgende Schritte:

1. Stelle das Thema der Karte fest, das durch die Überschrift und einen Text ausgegeben wird.
2. Beachte den Maßstab, der die Größe des dargestellten Raums verdeutlicht.
3. Lies die Legende, die mit ihren Symbolen über die Einzelheiten geographischer und geschichtlicher Art infomiert.
4. Beachte den Ausschnitt, der den Raum, dessen Geschichte dargestellt wird, begrenzt.
5. Beachte, dass Karten einen Zustand zu einem bestimmten Zeitpunkt oder eine Entwicklung während eines Zeitraums darstellen.

1. Die Griechen besiedeln den Mittelmeerraum

Ab 2000 v Chr.	Die griechischen Stämme wandern in Griechenland ein und bilden Kleinstaaten.
Um 800 v. Chr.	Die Griechen entwickeln die Buchstabenschrift der Phönizier weiter. Homer verfasst die Ilias und die Odyssee.
Ab 750 v. Chr.	An den Küsten des Mittelmeers gründen die Griechen Kolonien.

M 1 **Herodot** (463–425 v. Chr.), griech. Geschichtsschreiber

Griechische Stämme wandern ein

Mit den Griechen begegnet uns ein Volk, das mit seinen Gedanken und Erfindungen, seiner Kunst und Sprache, aber auch seiner Religion bis heute auf die Geschichte und die Kultur in Europa, ja der ganzen Welt wirkte. Im zweiten Jahrtausend begannen verschiedene Völkerschaften aus dem Donaugebiet in Griechenland einzuwandern. Weil das Klima kälter und feuchter geworden war, suchten sie in dem wärmeren Land nach einem neuen Siedlungsgebiet, das ihnen eine sichere Ernährungsgrundlage bot. Die jeweilig ansässige Bevölkerung, Bauern, Fischer und Viehzüchter, wurden unterworfen. Der letzte griechische Stamm, der um 1000 einwanderte, war besonders kriegerisch – die Dorier. Sie zwangen die ansässigen Äoler und Jonier, sich an der Küste von Kleinasien eine neue Heimat zu begründen.

Kleinstaaten entstehen

An der Spitze der wandernden Stämme standen kriegerische Adelige, die sich in den langen Kriegen als Heerführer bewährten. In Griechenland herrschten sie als Könige über kleine Staaten, beraten und unterstützt von den adeligen Familien, die das unterworfene Land unter sich verteilt hatten. Zur Errichtung großer Reiche boten die natürlichen Gegebenheiten keine Möglichkeit: hohe, unwegsame Gebirgszüge trennen auch heute die verschiedenen Landschaften, meistens Täler mit Flussläufen, die sich zur Meeresküste hin öffnen. So konnte man mit dem Schiff leichter als zu Land zwischen den einzelnen Gebieten reisen, aber auch die vielen kleinen Inseln südlich und östlich des vielgliedrigen Festlands erreichen.
So entstanden kleine Staaten, deren Mittelpunkt eine Burg und eine Stadt bildeten. Dort herrschte der König in seinem Palast, hielten die Priester die Gottesdienste in den Tempeln ab, trafen sich die Menschen auf dem Markt, hier lebten die Händler und Handwerker. Auch große Versammlungen aller Männer, die bewaffnet als Soldaten den Kleinstaat, die Polis, verteidigen sollten, fanden hier statt.

Kolonien – ein Ausweg aus den Schwierigkeiten?

Allerdings blieb das Zusammenleben in der Polis nicht frei von Spannungen. Mächtige adelige Familien stürzten die Könige und herrschten gemeinsam über die Bevölkerung. Die Bauern teilten ihre Höfe oft unter mehreren erbberechtigten Söhnen auf. So konnten sie mit den kleinen Bauerngütern weder ihre Familien noch die wachsende Bevölkerung ernähren. Wegen der entstehenden Hungersnöte waren viele Menschen unzufrieden und hofften, in der Auswanderung eine neue Chance zu bekommen. Vor allem junge Menschen taten sich zusammen, um in entfernten Küstengegenden des Mittelmeeres und des Schwarzen Meeres neue Städte zu gründen. Diese Tochterstädte, die man heute „Kolonien" nennt, waren selbstständig, bewahrten die Verbindung zur Mutterstadt und trieben Handel mit den Völkern des Hinterlandes. Auch in der neuen Heimat behielten die Griechen weiterhin ihren Glauben und ihre Sprache.

M 2 Die Gründung einer Kolonie

Der griechische Geschichtsschreiber Herodot berichtet, wie schwer es für die Auswanderer der Insel Thera, heute Santorin, war, im 8. Jh. v. Chr. eine Kolonie in Nordafrika zu gründen. Eine wichtige Rolle spielte das Orakel von Delphi.

Nun aber blieb 7 Jahre lang der Regen in Thera aus; während dieser Zeit verdorrten alle Bäume der Insel. Da befragten die Theraier das Orakel von Delphi, und die Pythia (Priesterin des Apoll) ermahnte sie an das Gebot des Gottes Apollon, eine Kolonie in Libyen zu gründen. Die Theraier beschlossen, dass aus allen sieben Gemeinden der Insel immer einer von zwei Brüdern auswandern sollte. Zum Anführer der Auswanderer wurde Battos bestimmt. Daraufhin fuhren sie in Richtung Libyen ab. Da sie aber keine günstigen Winde hatten, kehrten sie nach Thera zurück. Die Theraier aber schossen auf sie und ließen sie nicht landen. Notgedrungen fuhren sie wieder zurück und ließen sich auf der Insel Platea vor der libyschen Küste nieder. Hier wohnten sie zwei Jahre, aber es ging ihnen auch hier schlecht, und so fuhren sie unter Zurücklassung eines einzigen Mannes nach Delphi.

Pythia bestand auf der Ansiedlung in Nordafrika.

Als Battos und seine Gefährten das hörten, fuhren sie wieder zurück, denn der Gott bestand so lange auf der Auswanderung, bis sie nach Libyen selbst gingen. Sie segelten nach der Insel, nahmen den Zurückgelassenen an Bord und gingen gegenüber jener Insel in Libyen an Land. An dieser Stelle wohnten sie sechs Jahre. Dann führten die Libyer sie weiter an einen noch schöneren Ort. Dort gründeten sie Kyrene.

Als sich später auf einen Aufruf der Pythia hin Einwanderer aus ganz Griechenland in Kyrene ansiedelten, kam es zum Krieg mit den Libyern.

Herodot, Historien IV, 150 ff., Bearb. d. Verf.

Antike

Der Begriff Antike bezeichnet das Zeitalter des griechisch-römischen Altertums. Er wurde eingeführt, um die heidnische Zeit (1000 v. Chr.–500 n. Chr.) vom christlichen Mittelalter (bis 1500 n. Chr.) und der Neuzeit zu trennen.

Kolonisation

Kolonisation heißt allgemein Landnahme, Besiedlung und wirtschaftliche Erschließung weniger entwickelter Gebiete. Die griechische Kolonisation vom 8. bis 6. Jh. führte zur Gründung von selbstständigen Tochterstädten an den Küsten des Mittelmeeres und des Schwarzen Meeres und einer Verbreitung der griechischen Lebensweise.

Polis (Plural: Poleis)

Der griechische Begriff bezeichnet „Burg", „Stadt" und „Bürgerschaft", damit auch die Gemeinschaft der Bürger. Wir verstehen heute unter Polis oft auch „Staat".

Zur Polis gehörte die Stadt mit dem Umland und seinen Einwohnern. In Griechenland bildeten sich viele dieser unabhängigen Kleinstaaten. Von Polis leitet sich auch Politik ab, die Angelegenheiten, die alle Bürger angehen.

Fragen und Anregungen

1. Erläutere die Gründe für die besondere Staatenbildung, die Bildung der Poleis, und zeige die Unterschiede zur ägyptischen Staatsbildung.
2. Ein griechischer Gelehrter hat behauptet: „Die Griechen sitzen um das Mittelmeer herum wie die Frösche um einen Teich." Begründe diese Aussage.
3. Diskutiert in der Klasse die Ursachen und die Risiken der Gründung von Kolonien. Entwerft Streitgespräche zu dem Thema, die in einer griechischen Familie oder in der Öffentlichkeit unter den Menschen einer griechischen Polis stattfinden.

2. Götter, Spiele, Epen

M 1 Homer – der Schöpfer der Epen

Die Epen Homers kannten alle

Um 800 entwickelten die Griechen eine Buchstabenschrift, die Zeichen für alle Konsonanten und Vokale aufwies. Jetzt wurden die Sagen und Heldengeschichten der frühen Wanderzeit, die bisher mündlich weitergegeben worden waren, in zwei großen Verserzählungen, der „Ilias“ und der „Odyssee“, schriftlich zusammengefasst. Der Dichter Homer gilt als Verfasser dieser großen Werke. Die „Ilias“ berichtet über die Eroberung der Stadt Troja in Kleinasien durch das vereinigte griechische Heer. In der „Odyssee“ muss der Held Odysseus 10 Jahre lang Abenteuer und Irrfahrten auf sich nehmen. Erst dann kann er nach dem Ende des Trojanischen Krieges in seine Heimat zurückkehren, weil einige Götter ihm zürnten. Die Dichtungen Homers lernten und liebten alle Griechen. Später hielt man beide Epen (Heldengedichte) für reine Erfindung. Im 19. Jahrhundert bewies jedoch der deutsche Kaufmann und Archäologe Heinrich Schliemann durch seine Ausgrabungen in Troja und Mykene, dass in den Dichtungen Homers viel von der historischen Wahrheit aus der Frühzeit der Griechen enthalten war.

„Ilias“ und „Odyssee“

Die „Ilias“ und die „Odyssee“ sind die ersten europäischen Dichtungen. Das griechische Heldenlied, griech. „Epos“, wurde mündlich und in Versen vorgetragen. Die Epen erzählten vom Wirken der Götter, der Vergangenheit der griechischen Stämme und der Taten der Helden. Um 800 wurden sie schriftlich festgehalten. Die „Ilias“ behandelte den Kampf um Troja, die „Odyssee“ die Irrfahrten des Odysseus.

M 2 Odysseus und Polyphem (Amphore, ein bemalter bauchiger Krug, um 630 v. Chr.)
Auf seinen Irrfahrten nach der Eroberung Trojas kommt der listenreiche Odysseus mit seinen Gefährten zum menschenfressenden Polyphem, einem jener einäugigen Riesen, die die Griechen Zyklopen nannten. Nachdem er ihn geblendet hat, können die Griechen aus der Höhle entkommen, weil sie sich an der Unterseite der Schafe festhalten.

M 3 Die olympische Götterfamilie
Die römischen Namen für die Götter stehen in Klammern.

Die Griechen glaubten an viele Götter

Homer hatte in seinen Epen auch von der Götterfamilie um den obersten Gott Zeus erzählt. Die Götter lebten auf dem Olymp, dem höchsten Berg in Griechenland, und besaßen die ewige Jugend. Die vielen Götter und Göttinnen waren für verschiedene Bereiche zuständig: Apollon, ein Sohn des Zeus, wurde als Gott der Künste und des Wissens verehrt. Athene, einer Tochter des Zeus, sprach man die Weisheit und den gerechten Kampf zu. Die Liebenden waren gut bei der Liebesgöttin Aphrodite aufgehoben, während sich die Ehefrauen an Hera, die Gattin des Zeus, wandten. Zwar besaßen die Gottheiten große Macht, aber sie stritten sich häufig und bekämpften einander, ja sie mischten sich sogar in die menschlichen Verhältnisse ein, wenn man den Epen Homers glauben will. Aus einem Streit von drei Göttinnen, wer die Schönste unter ihnen sei, soll der Trojanische Krieg entstanden sein.

Das Orakel von Delphi

Alle Griechen teilten gemeinsam den Glauben an die Götter. Deswegen waren auch die Plätze, an denen eine Gottheit besonders verehrt wurde, allen Griechen heilig. Sie glaubten, dass in Delphi der Gott Apollon ihnen durch die Priesterin Pythia durch rätselhafte Sprüche die Zukunft deute. Wir wissen heute, dass die Priester in Delphi Informationen aus der ganzen griechischen Welt sammelten und in verschlüsselter oder offener Form sinnvollen Rat erteilen konnten. Deswegen wandten sich die Griechen bei wichtigen Entscheidungen an das Orakel von Delphi. Dankbare Schenker ließen Delphi reich und mächtig werden.

Olympische Spiele für Zeus

Zu Ehren ihres obersten Gottes Zeus veranstalteten die Griechen in Olympia alle vier Jahre Wettspiele: die Olympischen Spiele. Sportler, Athleten, aber auch Zuschauer aus allen griechischen Poleis, kamen hier zusammen und verdeutlichten so die Zusammengehörigkeit aller Griechen. Die Wettkämpfer waren auch damals schon Spitzen- und Berufssportler, denen nicht die Teilnahme, sondern der Sieg

wichtig war. Nur dann vermehrten sie den Ruhm ihrer Polis, wurden in ihrer Heimat hoch geehrt und reichlich belohnt. Die Spiele begannen mit feierlichen Prozessionen und Gottesdiensten, dann setzten die sportlichen Wettkämpfe ein. Dazu zählten der Wettlauf mit und ohne Rüstung, der Weitsprung, der Diskuswurf, der Boxkampf und der „Allkampf" (Pankration), der eine sehr brutale Kampfweise gestattete. Am meisten rühmten die Dichter in ihren Lobgesängen die Sieger im Rennen der Viergespanne. Allerdings galt das Lob nicht vorrangig dem Wagenlenker, sondern dem reichen und adeligen Pferdezüchter.

Ein Fest für alle Griechen

Drei Monate herrschte ein allgemeiner „olympischer" Frieden zwischen den griechischen Staaten, damit Zuschauer und Athleten gefahrlos die weite Reise nach Olympia durchführen konnten. Jeder „Olympionike" startete für seinen Vorteil, aber auch für seine Polis. Zuschauer wie Teilnehmer liebten den Wettstreit. Alle Griechen wollten dabei sein und waren stolz darauf, in Olympia gemeinsam Zeus und sich zu feiern. Andere Völker durften nicht daran teilnehmen. Zu Ehren der Göttin Pallas Athene veranstaltete Athen alle vier Jahre eigene Spiele mit musischen und sportlichen Wettkämfen (Panathenäische Spiele).

Auch heute: Olympische Spiele

293 Olympische Spiele waren zu Ehren des Zeus abgehalten worden, als 394 n. Chr. der christliche römische Kaiser sie als heidnischen Kult verbot. 1896 begründete Pierre de Coubertin die Olympischen Spiele in der Neuzeit in Athen: Sportlerinnen und Sportler aller Nationen, „die Jugend der Welt", sollten sich im Wettstreit messen und durch ihr Zusammentreffen den internationalen Frieden fördern. Diese Hoffnung konnte sich allerdings nicht erfüllen, denn während der beiden Weltkriege (1914 bis 1918, 1939 bis 1945) fanden keine Olympischen Spiele statt.

M 4 Wagenrennen
Der Deckel einer Amphore zeigt das spannende Rennen, das im Hippodrom, der Pferderennbahn, stattfand.

M 5 Wettlauf
Diese mit Öl gefüllte Amphore war bei den Panathenäischen Spielen ein Siegespreis.

Olympische Spiele

Alle vier Jahre hielten die Griechen zu Ehren von Zeus in Olympia Wettspiele ab. Während dieser Zeit herrschte bei allen Griechen Frieden. Die vier Jahre zwischen den Wettkämpfen nannten die Griechen Olympiade. Nach diesen Zeiträumen richtete sich die Zeitrechnung der Griechen. Alexanders Eroberung des Perserreichs begann im 2. Jahr der 110. Olympiade.

M 6–10 Wettkämpfer und Sportler auf Vasenbildern des 5. Jh. v. Chr.

Bei Wettspielen bekamen die Sieger als Preis große Vasen, Amphoren, auf denen Sportarten und Wettkämpfer abgebildet wurden. Sucht aus den Vasenbildern folgende Disziplinen und Personen: Wagenrennen im Hippodrom (Pferderennbahn), Weitsprung, Wettkämpfer bei Siegerehrung, Allkampf (Pankration, bei dem fast alle Mittel erlaubt waren, um den Gegner kampfunfähig zu machen).

Vergleicht die Siegerehrung 1998 mit der antiken. Sucht aktuelle Fotos von den gleichen oder ähnlichen Disziplinen und vergleicht antike und heutige Sportarten.

M 6

M 9

M 7

M 10

M 8

M 11 Modell von Olympia (Bausituation seit dem 5. Jh.)
In der Mitte des heiligen Hains lag der große Zeustempel, in dem eine mächtige Zeusstatue stand. Sie galt als eines der sieben Weltwunder. Im Hain wurden viele Statuen von Göttern und Olympiasiegern aufgestellt. Der kleinere Tempel (oben links) war Hera geweiht. Direkt daneben befand sich eine halbrunde Brunnenanlage, auf die die Straße mit den Schatzhäusern führte.

M 12 Ein Befürworter der Olympischen Spiele

Mit Recht lobt man diejenigen, welche die Festversammlung eingeführt haben. Denn ihnen verdanken wir es, dass wir uns nach der Verkündung des Gottesfriedens und nach der Beilegung der schwebenden Feindschaften an einem Ort zusammenfinden und den Göttern gemeinschaftliche Gebete und Opfer darbringen. Dabei erinnern wir uns der bestehenden Verwandtschaft, verbessern für die Zukunft das gegenseitige Verständnis, erneuern die alten Gastfreundschaften und knüpfen neue an.

Isokrates, Panegyrikos 43, Bearb. d. Verf.

M 13 Kritik des Götterglauben

Alles haben Homer und Hesiod auf die Götter geschoben, was bei den Menschen als Schimpf und Schande betrachtet wird: auch Diebstahl und Ehebruch und gegenseitige Täuschung. Aber die Sterblichen (die Menschen) glauben, die Götter würden geboren und hätten Gestalt und Aussehen und Sprache gleich ihnen.

Nach: Xenophanes, Fragment 11, Bearb. d. Verf.

M 14 Zweifel am Wert des Sports

Ein griechischer Schriftsteller lässt einen Nichtgriechen im Gespräch mit einem Athener sagen:

Weswegen tun dies bei euch die jungen Männer? Die einen umschlingen einander und stellen sich ein Bein, versuchen sich gegenseitig zu Boden zu werfen und wälzen sich wie Schweine im Kot. Das Erbärmliche ist, dass so viele Zuschauer Zeugen der Misshandlung der Athleten sind. Ich wundere mich sehr, dass sie ihre wichtigen Geschäfte beiseite lassen und für derartige Darbietungen Zeit finden. Ich kann nicht begreifen, dass es ihnen Vergnügen bereiten soll, Menschen zu sehen, die sich stoßen und boxen und sich zu Boden schmettern.

Lukian, Anarchasis II, Bearb. d. Verf.

Fragen und Anregungen

1. Stelle die Merkmale und Aufgaben der wichtigsten griechischen Götter zusammen. Hat Xenophanes mit seiner Kritik an dem Volksglauben Recht?
2. Beschreibe anhand der Bilder M4 bis M10 die Stätten und die sportlichen Wettkämpfe der Olympischen Spiele. Vergleicht im Sportunterricht die antiken Lauf-, Sprung- und Wurfdisziplinen mit den heutigen.
3. Erklärt die Bedeutung, die Delphi und Olympia für alle Griechen besaßen.

3. Athen: Volksherrschaft statt Adelsherrschaft

Um 700 v. Chr.	Der Adel stürzt den König und regiert selbst die Polis Athen.
Um 600 v. Chr.	Wegen der wachsenden Unzufriedenheit mit der Adelsherrschaft führt Solon wirtschaftliche und politische Reformen durch.
507 v. Chr.	Kleisthenes entwirft eine demokratische Verfassung.

M 1 Griechische Drachme

Adelige herrschen in Athen

In Athen, der heutigen griechischen Hauptstadt, herrschte um 600 der mit großen Ländereien begüterte Adel. Früher hatten Könige regiert. Jetzt aber wurden bedeutende Fragen in einer Versammlung von Adeligen, dem Areopag, beraten, der auch das wichtigste Gericht darstellte. Neun auf ein Jahr gewählte Beamte, die Archonten, verwalteten die Stadt. Nur Adelige teilten sich die politische Macht und konnten hohe politische Ämter erringen. Man nennt diese Herrschaftsform Adelsherrschaft, griech. „Aristokratie".

Schuldknechtschaft

Aber immer mehr Bauern der Landschaft Attika und Händler und Handwerker in Athen waren mit der Regierung des Adels unzufrieden. Die Bauernhöfe wurden durch die Erbteilung unter den Söhnen immer kleiner, zu klein, um die Bauernfamilien zu ernähren. Missernten zwangen die Bauern, sich bei den Adeligen zu verschulden. Oft verkauften deswegen Eltern ihre Kinder als Schuldsklaven, die auf den Gütern der Adeligen als Unfreie arbeiten mussten. Manche Bauern gerieten selbst in Schuldknechtschaft. Darüber hinaus mussten sie häufig ihre Höfe und Äcker den Adeligen überlassen.

M 2 Die Halbinsel Attika
Die Halbinsel bildete das Gebiet der Polis von Athen. Es umfasst 2 500 Quadratkilometer. Im 5. Jh. v. Chr. lebten hier 300 000 bis 400 000 Menschen, heute mehrere Millionen. Die Akropolis, der Burgberg von Athen, war ursprünglich Sitz der Könige, die Attika geeint und Athen zur Hauptstadt gemacht hatten. Diese Einigung hat man dem sagenhaften König Theseus zugeschrieben.

M 3 Bauern bei der Arbeit (Vasenmalerei, 7. Jh. v. Chr.)
Der Dichter Hesiod lebte selbst als Bauer und sah folgenden Anreiz: „Jeden ergreift ja die Lust nach Wohlstand, wenn er des Anderen Reichtum sieht, schon eilt er zu pflügen und pflanzen und das Haus zu bestellen.“
Bestimme die bäuerlichen Tätigkeiten, die auf der Vase dargestellt sind.

M 4 Olivenernte (Vasenmalerei, 6. Jh. v. Chr.)
Solon hatte den Olivenanbau empfohlen, denn die Trockenheit Attikas ließ Getreide nicht gut gedeihen. Oliven jedoch lieferten das Öl für die Lampen, zur Körperpflege, aber auch für die Essenszubereitung. Athen führte Olivenöl Gewinn bringend aus. Die arbeitenden Menschen könnten Bauern oder Sklaven eines Adeligen sein.
Wie wurden die Oliven geerntet?

M 5 Das Leben der Adeligen (Krater, Gefäß mit weiter Öffnung zum Mischen von Wasser und Wein, um 600 v. Chr.)
Das obere Bild zeigt ein Festmahl: Adelige Männer liegen auf Sofas und lassen sich von jungen, gemieteten Dienerinnen bewirten. Solche Ereignisse, an denen die Ehefrauen nicht teilnehmen durften, waren beliebt. Unten siehst du Sportarten, die fast nur von adeligen Jugendlichen betrieben wurden. Warum wohl? Die Vase ist ein Siegespreis für einen Wettkampfsieger aus Solons Zeit.

Geldwirtschaft

Die Handwerker und Händler in der Stadt empfanden es als ungerecht, dass sie von den wichtigen politischen Entscheidungen ausgeschlossen waren. Ihre wirtschaftliche Tätigkeit bedrohte die Vorherrschaft des Adels, denn für ihre Waren bezahlte man mit Geld. Der Erwerb von Reichtum war nicht mehr nur an Landbesitz gebunden. Münzgeld war erst wenige Jahrzehnte in Kleinasien erfunden worden und erleichterte den Tausch von Gütern. Die Handwerker konnten ihre Produkte leichter absetzen und sich mehr spezialisieren. Der Markt wurde immer wichtiger.

Wehrpflicht

Die wohlhabenden Handwerker und Bauern sollten als Fußsoldaten kämpfen und die teure Kriegsausrüstung selbst bezahlen. Die Kampfesweise hatte sich stark verändert. Früher beruhte der Vorrang der Adeligen auch darauf, dass sie auf Kampfwagen oder zu Pferd in die Schlacht zogen und durch Zweikämpfe das Gefecht austrugen. Inzwischen aber zogen die Bürger einer Polis in einem schützenden Panzer in einer festen Schlachtreihe als Fußsoldaten in den Kampf. Geschützt durch lange Lanzen und runde Schilder erwies sich diese „Phalanx“ (große Walze) als sehr erfolgreiche Kampftechnik.

Solon versucht den Ausgleich

Obwohl die wohlhabenden Bürger wichtig für den Staat waren, durften sie an zentralen Entscheidungen nicht teilnehmen. So entstand zwischen den verschiedenen Ständen ein tiefer Gegensatz, der die Einheit in der Polis gefährdete. Der Adelige Solon sollte einen Ausgleich herbeiführen. Er hob die Schuldknechtschaft auf und erließ den Bauern die bestehenden Schulden. Wer wegen der Schulden aus Athen geflohen war, konnte in die Heimat zurückkehren.
Solon arbeitete auch eine neue Verfassung aus: Der politische Einfluss hing nicht mehr von der Geburt, sondern vom Besitz ab. Die Bürger wurden in vier Vermögensklassen eingeteilt. Alle Bürger sprachen sich in der Volksversammlung über die Gesetze aus und stimmten über sie ab. Sie wählten auch die Beamten. Die höheren Beamtenstellen blieben den Reichen vorbehalten. So besaßen zwar alle Bürger jetzt Rechte, die Vermögenden hatten aber rechtlich und tatsächlich einen größeren Einfluss. Auch die wirtschaftliche Ungleichheit blieb bestehen. Alle Bevölkerungsgruppen waren mit dem Ausgleich des Solon unzufrieden. Deswegen gelang es dem Adeligen Peisistratos, eine Alleinherrschaft, eine Tyrannis, zu errichten. Wie viele Tyrannen in den Poleis konnten seine Söhne ihre Herrschaft nur mit Gewalt aufrechterhalten. Tyrannis bezeichnet daher Gewaltherrschaft.

Das Volk soll herrschen

Nach dem Sturz der Tyrannis arbeitete Kleisthenes eine neue Verfassung aus. Alle Bürger sollten in gleicher Weise im Staat entscheiden. Um den Streit zwischen den verschiedenen Bevölkerungsgruppen zu beenden, teilte er Attika in drei Bezirke ein, die jeweils zehn Unterbezirke aufwiesen: das Küstengebiet mit Fischern und Kleinbauern, das Stadtgebiet der Kaufleute, Handwerker und Tagelöhner, das Binnenland der Bauern und Großgrundbesitzer. Je drei der verschiedenen Unterbezirke wurde durch Los zu einer politischen Einheit, der Phyle, zusammengefasst. Die Bewohner einer Phyle kämpften im Krieg zusammen als militärische Einheit, wählten ihren Befehlshaber, den Strategen, und entsandten, ausgewählt durch das Los, 50 Männer in die Ratsversammlung. Diese bereitete die Volksversammlung vor und sorgte für die Durchführung der Beschlüsse. Alle erwachsenen Männer Athens und Attikas durften in der Volksversammlung mitreden und abstimmen. Sie beschlossen die Gesetze, bestimmten die Beamten durch Los und konnten selbst in die meisten Beamtenstellen gesandt werden. Die Amtsinhaber mussten nach Ablauf ihrer Amtszeit Rechenschaft über ihre Tätigkeit ablegen. So konnten jetzt die Bürger Athens über die Volksversammlung selbst regieren. Die Staatsform, in der das Volk herrscht, die Demokratie, gilt uns heute als vorbildhaft.

M 6 Ungleichheit in Athen

Daraufhin gerieten die Vornehmen und die Menge in einen lange dauernden Kampf. (...) Die Armen mussten mit ihren Frauen und Kindern den Reichen als Sklaven dienen. Sie bearbeiteten die Felder der Reichen und erhielten dafür den sechsten Teil des Ernteertrags. Das ganze Land gehörte nur wenigen Eigentümern, und wenn die Pächter nicht ihre Zahlungen leisteten, so wurden sie und ihre Kinder in die Schuldknechtschaft geführt. Für Anleihen verpfändete man bis zur Zeit Solons gewöhnlich seine Person. Für die Mehrheit der Bürger war diese Sklaverei das Bedrückendste an der Verfassung.

Aristoteles, Der Staat der Athener 2, Bearb. d. Verf.

M 7 Der Erfolg der Reformen Solons

Viele Vornehme waren Solon feindlich gesinnt geworden wegen der Schuldentilgung, und jede der Parteien hatte ihre Gesinnung ihm gegenüber verändert, weil die neue Verfassung ganz anders war, als sie erwartet hatten. Das Volk hatte gemeint, er würde den ganzen Besitz aufteilen, und der Adel, er würde die bisherigen Verhältnisse beibehalten oder doch nur wenig ändern. Solon aber stellte sich beiden entgegen.

Aristoteles, Der Staat der Athener 8, Bearb. d. Verf.

M 8 Das Scherbengericht

Kleisthenes führte das Scherbengericht ein, um eine Tyrannis zu verhindern.

Am jährlichen Gerichtstag nahm jeder Bürger eine Tonscherbe, darauf schrieb er den Namen des Mannes, den er verbannen wollte. Dann brachte er die Scherbe an einen Ort auf dem Markt, der rings mit Schranken umschlossen war. Die Beamten zählten zunächst die gesamten abgelieferten Scherben; wenn weniger als 6 000 abgegeben worden waren, war die Abstimmung ungültig. Wer (bei gültiger Abstimmung) von der Mehrzahl aufgeschrieben worden war, den verbannten sie auf zehn Jahre. Sein Vermögen blieb ihm erhalten.

Plutarch, Aristeides 7, Übers. d. Verf.

M 9 Tonscherben als Stimmzettel

Die obere nennt „Themistokles (aus dem Wohnbezirk) Phrearhioi“, die untere „Arissteides, Sohn des Lysimacho(s)“.

Aristokratie

Für „Aristoi“, die Besten und Tüchtigsten, hielten sich diejenigen Griechen, die wegen kriegerischen Erfolgs, vornehmer Herkunft und Besitz eine bevorzugte Stellung in der Polis besaßen. Aristokratie bezeichnet sowohl die entsprechende führende Schicht, den Adel, als auch die entsprechende Staatsform, die Adelsherrschaft.

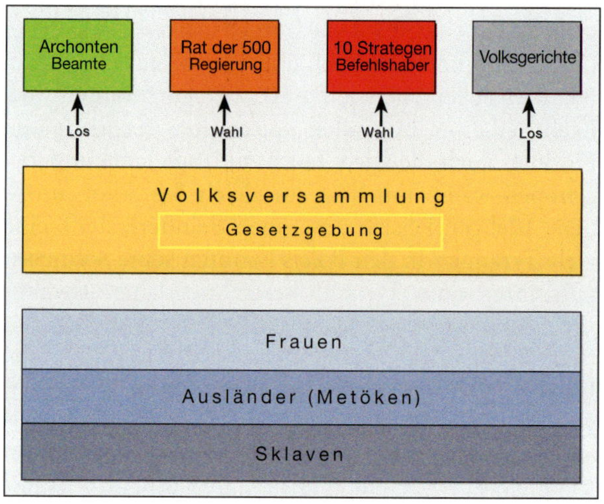

M 10 Die Verfassung des Kleisthenes

Fragen und Anregungen

1. Stelle in einer Tabelle die verschiedenen Herrschaftsformen zusammen. Zeige auf, wer regierte. Überlege Vor- und Nachteile.
2. Stelle die Ursachen für die Unzufriedenheit der Athener zusammen. Warum konnte Solon wohl keine Einigung herbeiführen?
3. Der Staatsaufbau des Kleisthenes war kompliziert. Warum führte er die Phylen ein?
4. Wichtige Staatsämter in Athen wurden durch Los und Wahl nur für begrenzte Zeit vergeben. Diskutiert Vor- und Nachteile dieses Verfahrens.

4. Die Athener verteidigen ihre Freiheit

Seit 550 v. Chr.	Die Perser errichten ein Großreich in Asien.
490 v. Chr.	Die Athener besiegen das persiche Heer bei Marathon.
480 v. Chr.	Die athenische Flotte siegt über die persische Flotte bei Salamis.
479 v. Chr.	Athen wird die Vormacht im Attischen Seebund.

M 1 Griechen und Perser im Kampf (Schale, 5. Jh. v. Chr.)

Kaum hatten die Athener die Volksherrschaft in ihrer Polis eingeführt, standen sie einer sehr großen Gefahr für deren Bestand gegenüber – dem persischen Großreich. Warum sandte dessen König Dareios sein Heer gegen den Stadtstaat?

Das persische Großreich

Innerhalb einiger Jahrzehnte hatten die Perser, ein Reitervolk aus dem Iran, ein Reich erobert, das sich von Indien bis nach Ägypten und der heutigenTürkei erstreckte. Die Perser beließen den unterworfenen Völkern ihre Religion und Sitten, verlangten aber die Entrichtung von Abgaben und Tributen und die Anerkennung des persischen Königs. Das Reich teilte Dareios in 20 große Verwaltungsbezirke (Satrapien), die wiederum von Statthaltern (Satrapen) recht unabhängig verwaltet wurden. Sie waren für die Rechtsprechung verantwortlich, mussten die jährlichen Abgaben eintreiben und eigene Truppen aufstellen. Um den Satrapen seine Befehle schneller zukommen zu lassen und um sie auch überwachen zu können, schickte der Großkönig seine Königsboten aus. Die rund 2 700 km lange Königsstraße von Sardes nach Susa verband die entfernten Reichsteile miteinander und ermöglichte den Boten mit den mehr als 1 000 Pferde- und Raststätten ein schnelles Reisen. 300 km konnten die „Augen und Ohren“ des Königs an einem Tage zurücklegen.

Das Bürgerheer bewährt sich

Einige griechische Stadtstaaten in Kleinasien, die unter persische Oberhoheit geraten waren, hatten vergeblich um ihre Freiheit gekämpft und waren dabei von Athen unterstützt worden. 490 v. Chr. schickte Dareios deshalb eine Armee auf Schiffen über das Meer nach Atttika. Sie landeten an dessen Westküste beim Strand von Marathon. Das kleinere Aufgebot der Athener Bürger konnte unter dem Anführer Miltiades die persische Armee überraschend besiegen. Ein Bote lief die Strecke von rund 41 km nach Athen, um den besorgten Bürgern die Siegesnachricht zu überbringen.

M 2 Der Perserkönig Dareios (Relief aus dem Palast des Großkönigs in Persepolis, den dieser sich als neuen Mittelpunkt des Reiches erbauen ließ) Dareios hält in seinen Händen die Herrschaftszeichen und sitzt auf dem Thron; davor stehen Räuchergefäße. Hinter dem Thron: sein Sohn Xerxes und die königlichen Waffen- und Lanzenträger. Rechts: der erste Minister, ein Schreiber und der Oberste der Leibgarde.

Sparta – Kampf bis zum letzten Mann

Selbstverständlich wollte der Großkönig die Schmach nicht auf sich sitzen lassen. So plante Xerxes, der Nachfolger des Dareios, durch einen Angriff mit einer großen Flotte und einer überlegenen Armee die griechischen Staaten zu unterwerfen. Die Athener fanden vor allem in den Spartanern Bundesgenossen, die mit ihnen die Freiheit der Griechen verteidigen wollten. Die Spartaner dienten ihrer Polis als Berufskrieger. Ihre Stadt Sparta stellte damals die stärkste Militärmacht in Griechenland dar. An einem Engpass, den Thermopylen, erwartete ein griechisches Heer, darunter 300 Spartaner, den zahlenmäßig weit überlegenen Angreifer. Durch Verrat konnten diese über Bergpfade den Spartanern in den Rücken fallen. Während sich die übrigen Griechen zurückzogen, kämpften die Spartaner bis zum letzten Mann.

Der Sieg der athenischen Flotte

Der Weg nach Athen war frei, doch die Athener waren vorbereitet. Dem Feldherrn Themistokles war es gelungen, die Athener auf eine besondere Verteidigung einzuschwören. Sie hatten eine Flotte von leichten und beweglichen Kriegsschiffen gebaut. Alle Bewohner sollten die Stadt verlassen, die man gegen das große Perserheer nicht verteidigen konnte, und auf der nahe gelegenen Insel Salamis Schutz suchen. Tatsächlich rückte Xerxes mit seinem Heer in Athen ein und ließ die Tempel auf der Akropolis niederbrennen. Am nächsten Morgen wollte er auf einem Thron an der Küste sitzend den Sieg seiner Flotte beobachten. Er musste jedoch sehen, dass die großen persischen Schiffe in der Meerenge von Salamis sich nicht bewegen konnten. Die persische Flotte verlor die Seeschlacht und ein Jahr später erlitt auch das Landheer eine entscheidende Niederlage. Die kleinasiatischen Griechenstädte wurden im Gegenangriff befreit. Athen gründete mit den befreiten Städten den Attischen Seebund, um sich vor der persischen Weltmacht zu schützen. Athen wurde zur griechischen Vormacht.

M 3 Perserkriege – die Feldzüge 480/479 v. Chr.

M 4 Wer rettete die Freiheit der Griechen?

a) *Ein persischer Feldherr zu Spartanern, die sich freiwillig ausgeliefert hatten, um für den Tod persischer Gesandter zu büßen:*

Perser: Da der persische König euch als tapfere Krieger schätzt, könnte jeder von euch, wenn ihr euch dem König ergäbet, griechisches Land beherrschen durch die Gunst des Königs.
Spartaner: Dein Rat kommt aus einer anderen Welt und geht uns nichts an. Denn du rätst uns so, weil du das eine kennst, vom anderen aber keine Ahnung hast: Knecht sein verstehst du; Freiheit aber hast du nie erfahren, nie, ob sie süß ist oder nicht. Wenn du sie nämlich erlebt hättest, dann lautete dein Rat an uns wohl, nicht bloß mit Speeren für sie zu kämpfen, sondern sogar mit Beilen.

Herodot, Historien VII, 135, Bearb. d. Verf.

b) *Der griechische Geschichtsschreiber Herodot (ca. 485–425 v. Chr.) meint:*

Wären die Athener aus Furcht vor der Gefahr geflüchtet oder hätten sie sich Xerxes ergeben, so würde niemand gewagt haben, dem König zur See mit einer Flotte entgegenzutreten. Hätte es aber zur See niemand mit Xerxes aufgenommen, was wäre zu Lande geschehen? Griechenland wäre unter persische Herrschaft geraten. Also, wer behauptet, die Athener hätten Griechenland gerettet, gibt damit nur der Wahrheit die Ehre. Indem sie sich für die Freiheit der Griechen entschieden, waren sie es, die den übrigen Griechen neuen Mut machten.

Herodot, Historien VII, 139, Bearb. d. Verf.

M 5 Der Athenische Flottenbau

Themistokles setzt den Flottenbau in der Volksversammlung durch:

Themistokles jedoch sah in der Schlacht von Marathon nur das Vorspiel zu größeren Kämpfen. Er trat mit einem Vorschlag vor die Volksversammlung, wie ihn sonst niemand gesagt hätte: Die Athener sollten die Einkünfte aus den Silberbergwerken in Laurion nicht wie bisher unter sich verteilen, sondern zum Bau von Trieren (vgl. M6) für den Krieg gegen Aigina verwenden. Dieser wurde zu jener Zeit in Griechenland mit größter Heftigkeit geführt, und die Aigineten beherrschten mit ihrer mächtigen Flotte das Meer. Er drohte den Athenern nicht mit dem Schreckgespenst des Dareios und der Perser, denn diese waren weit weg, und die Furcht, sie könnten wieder kommen, saß gar nicht tief; vielmehr benutzte er im richtigen Augenblick den Hass und die Eifersucht seiner Mitbürger gegen die Aigineten, um seine Rüstungspläne durchzuführen. Von nun an führte Themistokles seine Vaterstadt Schritt für Schritt dem Meere zu.

Plutarch, Themistokles 3 f., Bearb. d. Verf.

M 6 Attischer Dreiruderer (Triere)

Mit diesen Schiffen besiegten die Athener die persische Flotte. Arme Athener bewegten sie als Ruderer in drei Reihen übereinander. Der Rammsporn durchbohrte unter dem Wasser das gegnerische Schiff. 200 dieser beweglichen Schiffe bauten die Athener für die Schlacht bei Salamis.

Fragen und Anregungen

1. Untersuche, wie es Themistokles gelang, den Flottenbau durchzusetzen. (M5)
2. Vergleiche die beiden Krieg führenden Seiten. Welche Staatsformen vertraten sie? Warum führten sie Krieg? (VT, M4a, M4b)
3. Beurteile die Meinung Herodots über das Verdienst der Athener im Krieg gegen die Perser! Formuliere die Gegenposition der Spartaner. (M4b)

5. Die Zeit des Perikles – die Blütezeit Athens

462 v. Chr.	Die Volksherrschaft wird in Athen völlig durchgesetzt.
461–429 v. Chr.	Perikles nimmt in Athen eine führende Stellung ein. Unter seiner Herrschaft erlebt Athen seine Blütezeit.

M 1 Der Pnyx
Das Foto zeigt den halbrunden Versammlungsplatz Pnyx, der im 5. Jh. rund 2 500 m² umfasste.
Wie viele Menschen passen auf einen Quadratmeter? Rechnet aus, wie viele Athener zusammenkommen konnten. Konnten sich hier alle Athener versammeln?

Ungleichheit in der Volksherrschaft

Seit 510 bestimmten die Bürger Athens, die erwachsenen Männer, die athenische Eltern hatten und frei waren, gemeinsam in allen wichtigen Fragen. Frauen, Fremde und Sklaven blieben ohne politische Rechte. Sich für die Angelegenheiten der Polis, für Politik, zu interessieren, galt für die Bürger als selbstverständlich. Man informierte sich auf dem Markt, der Agora, über Neuigkeiten und beim Rat der 500 über Gesetzesvorhaben für die nächste Volksversammlung. Allerdings brachten ärmere Bürger kaum die Zeit auf, unbezahlte Ehrenämter wahrzunehmen und an der Volksversammlung teilzunehmen, denn sie mussten ihre Familien ernähren. Für viele Bauern und Fischer aus Attika war auch die Anreise zu weit.

Tagegelder schaffen Gleichheit

Die Unzufriedenheit der Armen wuchs. Hatten nicht sie, die Ruderer und Matrosen auf den Kriegsschiffen, die Macht ihrer Stadt begründet? Brachten nicht sie mit den Handelsschiffen Waren von weither in den Hafen von Piräus? Der Adelige Perikles schlug vor, allen Bürgern für die Teilnahme an Volksversammlungen und Volksgerichten Tagegelder, „Diäten“ genannt, zu bezahlen. Jetzt mussten Bauern und Handwerker nicht mehr wegen wirtschaftlicher Nachteile zu Hause bleiben. Die Athener erhielten oft Diäten, denn nicht nur in der Volksversammlung, sondern auch in den Volksgerichten bestimmten sie durch Mehrheitsentscheid. Durch Auslosen wurden jährlich 6 000 Bürger in 10 Gerichtshöfe gewählt. Kläger und Angeklagte versuchten in den Gerichtssitzungen in wohl gesetzter Rede die Angehörigen des Gerichtshofs von ihrer Sache zu überzeugen. Wer sich in einer Versammlung durchsetzen wollte, musste gut reden können. Bald entstanden Rednerschulen, in denen junge Männer die „Rhetorik“, die Kunst der Rede, erlernten.

M 2 Die Rednertribüne
Im 4. Jh. wurde der Pnyx umgebaut und erhielt die heute noch teilweise erhaltene Rednertribüne.

Perikles gewann durch diesen Vorschlag viele Anhänger. Es gelang ihm über mehrere Jahrzehnte, die Politik in Athen zu lenken. Allerdings trat er nicht häufig in der Volksversammlung auf, denn die Athener waren in ihren Entscheidungen oft unberechenbar. Er wollte es vermeiden, durch das Scherbengericht in die Verbannung geschickt zu werden. Meist trugen seine Freunde in der Volksversammlung seine Pläne vor. 15 Jahre hintereinander wurde er als Stratege, als Feldherr, wiedergewählt.

Eine kulturelle Blütezeit

Perikles förderte durch seine Vorschläge das wirtschaftliche Wachstum und die kulturelle Blüte Athens. Sein anspruchsvollstes Vorhaben war der Wiederaufbau der Tempel auf der Akropolis, die von den Persern zerstört worden waren (vgl. S. 72). Vor dem Haupttempel, dem Parthenon, wurde eine mehr als 19 Meter hohe Statue der Stadtgöttin Athene aufgestellt, die der Bildhauer Phidias schuf. Wie er, kamen viele Künstler und Handwerker nach Athen, sodass die Stadt zum Mittelpunkt der griechischen Kunst wurde. Auch Gelehrte und Wissenschaftler trafen in Athen zusammen, die in der Stadt der Demokratie offen ihre Meinungen vertreten konnten. Man nannte sie Philosophen, Freunde der Weisheit. Bekannt wurde der Athener Sokrates, der viel Zeit auf dem Marktplatz und in den Sportstätten verbrachte, die jungen Männer in Gespräche verwickelte und kritische Fragen stellte, um bei ihnen Zweifel an Vorurteilen zu wecken. Seine Schüler sollten der Stimme ihres Gewissens folgen.

Wirtschaftlicher Aufschwung

Die Großbaustelle Akropolis schuf für viele Bauhandwerker und Tagelöhner in Athen eine sichere Arbeitsstelle. Perikles regte auch den Ausbau der Hafenstadt Piräus an: Drei große Hafenbecken konnten Schiffe aus aller Welt aufnehmen, in den neuen Werfthallen wurden die Handelsschiffe repariert, und in den Lagerhallen stapelten sich die eingeführten Güter. Die Handwerker und Bauern Athens spezialisierten sich auf die Herstellung von Gütern wie Vasen, Waffen, Wein und Olivenöl, die wegen ihrer Qualität im gesamten Mittelmeerraum abgesetzt wurden.

Schattenseiten

Mit dieser Politik begründete Perikles seine starke Stellung. Manche Bürger in Athen hielten ihn allerdings für zu mächtig und bezichtigten ihn der Alleinherrschaft. Die Städte des Attischen Seebundes waren wirklich benachteiligt, denn sie mussten Geldzahlungen für den Unterhalt der gemeinsamen Flotte leisten. Perikles aber verwendete das Geld nach dem Ende der Perserkriege für den Ausbau Athens und die Bezahlung der Diäten. Die Athener sahen das als ihr gutes Recht an: Solange die Flotte Athens, in der nur die Athener Kriegsdienst leisteten, die Bundesgenossen schützte, glaubten sie, über die Beiträge der verbündeten Städte frei verfügen zu dürfen. Deren Unzufriedenheit wuchs bis zum offenen Aufstand, der zum Krieg zwischen den griechischen Führungsmächten Athen und Sparta (Peloponnesischer Krieg) führte. 30 Jahre dauerten die wechselhaften Kämpfe an, bis Athen schließlich die Vormachtstellung in Griechenland verlor. Damit war auch die Blütezeit der Stadt beendet.

M 3 Perikles
Er lebte von 495 bis 429 v. Chr. Die Marmorbüste zeigt ihn als Feldherrn und weist idealisierte Gesichtszüge aus.

Demokratie

Die waffenfähigen Bürger Athens übten die Volksherrschaft direkt in der Volksversammlung aus. Allerdings bildeten sie eine Minderheit, da Frauen und Sklaven politisch rechtlos blieben. Heute verstehen wir etwas anderes unter Demokratie. Die Millionen Menschen in den großen Staaten können nicht mehr alle in einer Volksversammlung über die schwierigen Fragen des Staates entscheiden. Sie wählen Volksvertreter, Abgeordnete, in besondere Versammlungen, Parlamente, in denen die wichtigsten Beschlüsse gefasst werden. Das deutsche Parlament heißt Bundestag.

M 4 Sokrates (470–399 v. Chr.) trug wesentlich zum geistigen Leben in Athen bei. Seine kritischen Fragen und die Suche nach Wahrheit machte ihn bei vielen unbeliebt. Wegen angeblicher Verführung der Jugend wurde er zum Tode verurteilt.

M 5 Demokratie braucht Wissen

Der junge unerfahrene Glaukon will in der Volksversammlung eine Rede halten. Sokrates spricht mit ihm:

Sokrates: Mein lieber Glaukon, du willst in unserem Staate eine leitende Stellung einnehmen?

Glaukon: Jawohl, mein lieber Sokrates.

S.: Beim Zeus, das ist sehr schön. (…) Es ist dir doch klar, mein lieber Glaukon, dass du der Stadt nützlich sein musst, wenn du Einfluss gewinnen willst? Sage mir nun, aus welchen Quellen hat die Stadt Einkünfte und wie groß sind sie? Sicher hast du darüber nachgedacht, damit du sie vermehren kannst, wenn einige Einkünfte gering sind?

G.: Aber beim Zeus, das habe ich nicht bedacht.

S.: Wenn du das versäumt hast, so nenne uns wenigstens die Ausgaben der Stadt. Offensichtlich überlegst du dir schon, die überflüssigen zu streichen.

G.: Auch dafür habe ich mir noch keine Zeit genommen!

S.: Also werden wir wohl den Plan verschieben müssen, die Stadt reicher zu machen. Denn wie könnte jemand dafür sorgen, ohne die Ausgaben und Einkünfte zu kennen.

G.: Aber mein lieber Sokrates, es ist doch möglich, die Stadt auf Kosten der Feinde zu bereichern.

S.: Nenne mir also zuerst die Land- und Seemacht der Stadt (Athen), dann die der Feinde.

G.: Aber beim Zeus, ich kann sie dir doch nicht aus dem Kopf nennen.

Xenophon, Erinnerungen an Sokrates III, Bearb. d. Verf.

M 6 Die Vorzüge der Demokratie

Der Geschichtsschreiber Thukydides hat folgende Rede des Perikles für Gefallene des Peloponnesischen Krieges überliefert:

Wir leben in einer Staatsform, die die Einrichtungen anderer nicht nachahmt. Mit Namen wird sie, weil wir uns nicht auf eine Minderheit, sondern auf die Mehrheit im Volke stützen, Volksherrschaft (Demokratie) genannt. Und es genießen auch alle für ihre eigenen Angelegenheiten vor den Gesetzen gleiches Recht; in der öffentlichen Bewertung jedoch fragt man allein nach dem Ansehen, das sich jemand auf irgendeinem Felde erworben hat und nicht die Zugehörigkeit zu einem bestimmten Volksteil, sondern allein die persönliche Tüchtigkeit verleiht im öffentlichen Leben einen Vorzug. Auch wird bei Armut keiner, der doch dem Volke Gutes zu leisten vermöchte, um der Geringheit seines Standes willen ausgeschlossen. Bei uns allein heißt nämlich einer, der dem politischen Leben gänzlich fern steht, nicht „ungeschäftig", sondern „unnütz". Und selber hat unser Volk in den Fragen der Staatsführung mindestens ein Urteil, wenn nicht gar fruchtbare eigene Gedanken.

Thukydides, Der Peloponnesische Krieg II, 37 ff., Bearb. d. Verf.

M 7 Die Kritik eines Adeligen

Alle Ämter ferner, die der Gesamheit des Volkes Segen bringen, wenn sie in guten Händen sind, und Gefahr, wenn in schlechten, verlangt das Volk keineswegs für sich, weder die Feldherrenstellen noch die Stellen der Reiterobersten. Alle Ämter aber, die dazu da sind, Sold einzutragen und Nutzen ins Haus zu bringen, um die bewirbt sich das Volk. Ebenso kümmern sie (die Armen) sich in den Gerichtshöfen nicht so sehr um das Recht als viel mehr um den eigenen Vorteil. Wenn aber das Volk entschieden hat, da steht es ihm frei, einem die Schuld zuzuschieben, dem Antragsteller oder dem Verhandlungsleiter (auf der Volksversammlung); die anderen können es ablehnen mit der Begründung, nicht dabei gewesen zu sein oder nicht einverstanden zu sein.

Pseudo-Xenophon, Vom Staat der Athener I, 3, 13, Bearb. d. Verf.

M 8 Die Stellung des Perikles

Perikles verdankte seinen Einfluss seinem tatsächlichen Ansehen und seiner geistigen Bedeutung, war dabei jeder Bestechung durchaus unzugänglich und konnte daher die Menge in aller Freiheit in Zucht halten; so war er nicht der von ihr Geführte, sondern führte sie vielmehr selber, weil er eben seinen Einfluss nicht mit verwerflichen Mitteln geltend machte. Er redete den Athenern nicht nach dem Mund, sondern konnte auf Grund der Achtung, die er genoss, ihnen sogar schroff und zornig entgegentreten. So bildete sich ein Zustand heraus, der nur dem Namen nach eine Demokratie, in Wirklichkeit die Herrschaft eines ersten Mannes war.

Thukydides, Der Peloponnesische Krieg II, 65, Bearb. d. Verf.

M 9 Diskuswerfer
Die römische Kopie einer Statue des Myron um 450 v. Chr. zeigt einen unbekleideten jungen Athleten. So übten junge Athener diese Disziplin im Gymnasion, der Sportstätte. Die Athener legten Wert auf sportliche Leistung und einen sportlichen, aber auch schönen Körper. Körperliche und geistige Bildung gehörten für sie zusammen. Ein schöner jugendlicher Körper sollte auch einen schönen Geist ausdrücken, was Bildhauer wie Myron verdeutlichen wollten.

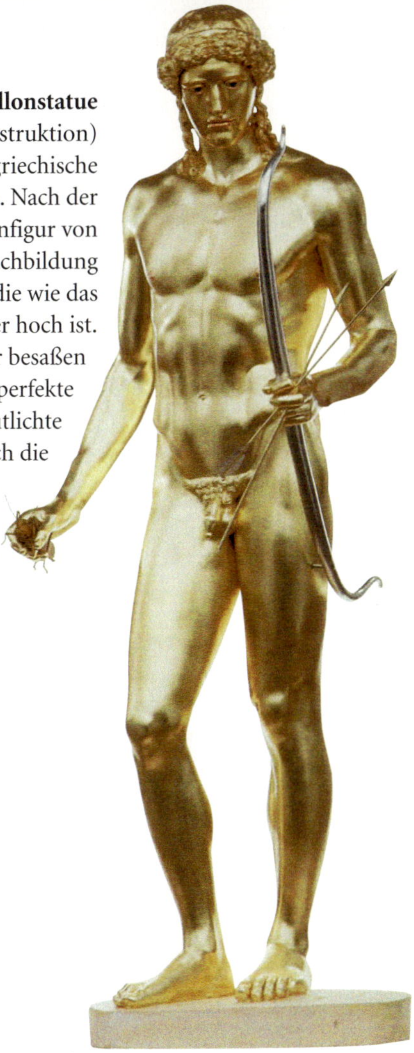

M 10 Apollonstatue (Rekonstruktion)
Nur selten sind griechische Bronzestatuen erhalten. Nach der Steinkopie einer Apollonfigur von 450 v. Chr. ist diese Nachbildung aus Bronze entstanden, die wie das Original fast zwei Meter hoch ist. Die griechischen Götter besaßen ewige Jugend und perfekte Schönheit. Dies verdeutlichte der Künstler durch die Nacktheit. So konnte er auch seine Kunstfertigkeit beweisen.

M 11 Niketempel
Mit dem kleinen Tempel des Siegers (griech. Nike) auf der Akropolis dankten die Athener ihrer Stadtgöttin für die militärischen Erfolge.
Suche den Tempel auf dem Bild der Akropolis auf den Seiten 56 und 57. Welche Teile und Räume eines Tempels zeigt das Bild? Beschreibe den Weg auf die Akropolis, die Gebäude und ihre Bedeutung.

Fragen und Anregungen

1. Vergleiche die gegensätzlichen Meinungen, die Perikles und ein adeliger Gegner über das Verhalten der Bürger in der Demokratie äußerten. (M6, M7)

2. Ist die Stellung des Perikles mit einer Volksherrschaft vereinbar? Begründe deine Meinung. Bereitet in der Klasse ein kleines Gerichtsspiel vor: Perikles soll im Scherbengericht verbannt werden, weil er zu viel Einfluss besitzt. Bestimmt einen Versammlungsleiter, bildet Gruppen für und gegen Perikles. Ein Redner soll eure Gründe vortragen. Stimmt schließlich über die Verbannung ab. (VT, M8)

3. Weise anhand des Gesprächs zwischen Sokrates und Glaukon (M5) folgenden Satz nach: Wissen brauch Macht.

4. Stelle Gründe zusammen, warum man die Zeit des Perikles als Blütezeit Athens bezeichnet.

6. Freiheit für eine Minderheit: Alltag in Athen

M 1 **Athenische Schiffe**
Handelsschiffe wie das linke mit dem großen Stauraum brachten den Reichtum nach Piräus, Kriegsschiffe wie das rechte sicherten die Handelswege und Athens Vorherrschaft.

Der Handel und die Metöken

Im 5. Jahrhundert zählte Athen, die größte und reichste Stadt in Griechenland, mehr als 100 000 Einwohner. In ganz Attika lebten wohl um die 300 000 Menschen. 700 000 Tonnen Getreide mussten jährlich von Ägypten und den Küsten des Schwarzen Meeres nach Piräus, dem Hafen von Athen, geliefert werden, um die Bevölkerung zu ernähren. 400 Schiffe konnten gleichzeitig im Hafen ankern. Schon von weitem sahen die ankommenden Seefahrer die goldene Lanzenspitze der großen Athenestatue auf der Akropolis in der Sonne blinken. Mit Vasen, Waffen, Wein und Olivenöl brachen sie wieder zu fernen Regionen auf. Den Fernhandel betrieben meist Griechen, die aus anderen griechischen Städten nach Athen eingewandert waren. Besonders wegen des Baus der Tempel auf der Akropolis und des Ausbaus von Piräus kamen viele Künstler und Handwerker in die Stadt. So förderten die rund 10 000 bis 15 000 erwachsenen Metöken, d. h. Mitbewohner, den Wohlstand Athens. Die Metöken waren durchaus willkommen. Sie zahlten Steuern, leisteten Kriegsdienste, hatten aber keine politischen Rechte.

Nur die Bürger waren frei

Der Alltag der athenischen Männer fand auf der Straße und dem Marktplatz statt. Sie allein durften in der Politik mitentscheiden. Der Tagesablauf eines Mannes, der sich Sklaven hielt und nicht als Handwerker selbst hart arbeiten musste, verlief ungefähr in folgender Weise: Am Morgen ging er auf den Marktplatz, traf sich mit anderen Männern zu Gesprächen und Geschäften. Nach der Mittagspause diskutierte man über politische Fragen, übte seinen Körper im Gymnasion, der Sportstätte, oder sah anderen bei Wettkämpfen zu. Zum Abendessen kehrte der Mann in sein Haus zurück. Oft hielt er am Abend einen geselligen Umtrunk oder ein Gelage, ein Symposion, ab, wozu er seine Freunde einlud, oder er wurde zu einem Gastmahl eingeladen. Die Ehefrauen hatten sich dann zurückzuziehen. Von Sokrates erzählt man sich, dass sich seine Frau Xanthippe maßlos über ihn ärgerte, weil er, der einfache Bildhauer, lieber diskutierte als arbeitete. So kam natürlich nicht genügend Geld ins Haus. Obwohl die Mehrheit der Athener als Handwerker tätig war, zählte die körperliche Arbeit in der öffentlichen Meinung wenig. Solche Tätigkeiten überließ man lieber den Sklaven. Die mit Sklaven betriebenen Großbetriebe allerdings erschwerten den kleinen Handwerkern und Bauern das Leben. Trotz Diäten blieb ihr Einkommen schmal. Besonders die Töpfer geben mit ihren Vasen und deren Bildern, die man im ganzen Mittelmeerraum kaufte, noch heute ein Beispiel für die Qualität des athenischen Handwerks.

M 2 Frau mit Kleinkind (Innenbild einer Schale, Durchmesser 4,38 cm, um 450 v. Chr.)

Frauen lebten im Verborgenen

Die vornehmen und wohlhabenden Frauen blieben auf das Haus und die Familie beschränkt. Sie wohnten in den nach hinten gelegenen Frauengemächern, die nur Männer der Familie betreten durften. Die Tätigkeiten der Frauen waren auf das Familienleben bezogen: Sie organisierten den Haushalt, kochten die Mahlzeiten und beschäftigten die Haussklaven. Sie erzogen die Kinder, zunächst auch die Söhne, die jedoch ab dem siebten Lebensjahr von Privatlehrern unterrichtet wurden. Dort lernten sie lesen, schreiben und rechnen, aber auch Musik und Dichtung, v. a. die Epen Homers. Den Töchtern, die oft schon im Alter von 15 Jahren vom Vater verheiratet wurden, brachten die Mütter zur Führung eines Haushalts Kochen, Spinnen und Weben bei. Viele vornehme Athenerinnen konnten lesen und schreiben. Die Frauen in den ärmeren Familien allerdings mussten auf dem Bauernhof oder im Handwerksbetrieb hart mitarbeiten. Auch als Hebammen und Marktfrauen verdienten sich Frauen ihren Lebensunterhalt. Die Kinder lernten in der Regel den Beruf der Eltern.

Sklaven galten nicht als Menschen

Die Anzahl der Sklaven in Athen ist nicht bekannt, nach manchen Schätzungen machten sie aber die Hälfte der Bevölkerung aus. Teilweise waren sie Kriegsgefangene, oft wurden sie von Sklavenhändlern nach Athen verkauft. Am schlechtesten ging es den Sklaven in den Silberbergwerken des Laurion. In den sehr engen Stollen brachen sie unter Lebensgefahr das Silber haltige Erz, von dem die Staatskasse ihre Einkünfte bezog. Genauso schlimm war die Arbeit in den Steinbrüchen. Große handwerkliche und landwirtschaftliche Betriebe kamen ohne Sklaven nicht aus. Am besten erging es noch Sklaven und Sklavinnen, die im Haushalt lebten und vielleicht sogar eine gewisse Vertrauensstellung erwerben konnten. Jedenfalls beruhte Athens wirtschaftliche Stellung wesentlich auf der Ausbeutung der Sklaven. Unabhängig von ihrer Behandlung und Tätigkeit galten sie rechtlich nicht als Menschen, sondern als Sachen.

M 3 Stadtplan von Athen

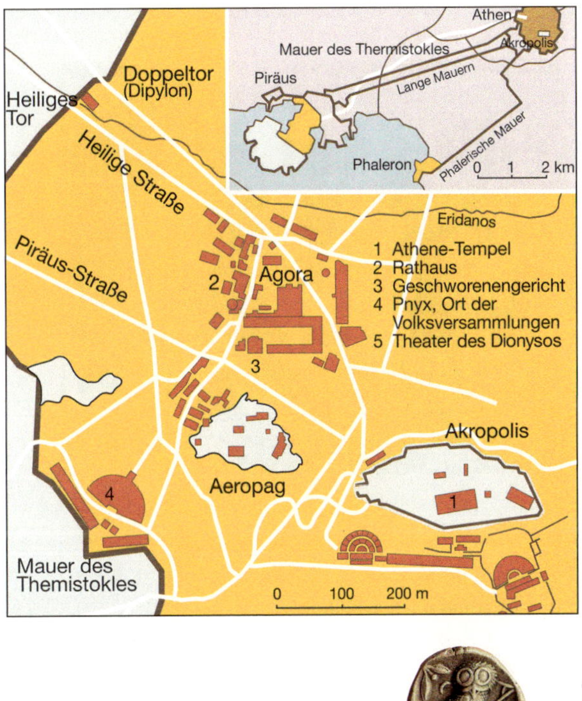

Sklaventum

In den Staaten der Antike lebten Menschen, die unfrei und Eigentum anderer Menschen waren. Die Griechen hielten sich Sklaven meist aus Ländern außerhalb Griechenlands, die sie auf Sklavenmärkten kaufen konnten. Kriegsgefangene, Bewohner von eroberten Städten wurden versklavt, und die Kinder von Sklaven blieben Sklaven. Sie besaßen fast keine Rechte und mussten allen Anordnungen folgen. Sie arbeiteten im Haus, in der Landwirtschaft, im Handwerk und im Handel.

So lebten die Athener

Die Vasenmaler Athens wählten zur Verzierung der Vasen auch Themen des Alltagslebens. Sie verlegten ihre Kunstfertigkeit darauf, Menschen bei der Arbeit, in ihrer Freizeit und in ihrem Familienkreis darzustellen. Der Alltag der „durchschnittlichen" Menschen war es wert, vereinfacht, aber wirklichkeitsgetreu dargestellt zu werden. Die hier zusammengestellten Darstellungen ergeben eine Art Bildreportage für das Alltagsleben in Athen.

M 4 Unterricht (Schale aus Athen, Durchmesser 28,5 cm, um 480 v. Chr.)
Rechts auf dem Schemel sitzt ein „Paidagogos", ein Erzieher. Meist war er ein Haussklave, der die Söhne aus vornehmen Familien erziehen und in die Schule begleiten musste.
Beschreibe genau, wie der Unterricht verläuft (Einrichtung des Raumes, Gegenstände an der Wand).

M 5 Arbeit im Bergwerk (Terrakotta, um 650 v. Chr.)
Zu sehen sind Sklaven oder Tagelöhner, die möglicherweise in Tongruben arbeiten.

M 6 Schmiedewerkstatt (Amphore, 6. Jh. v. Chr.)
Oft waren in solchen Werkstätten auch Sklaven als Fachleute beschäftigt.

M 7 Frauen bei der Stoffherstellung (Vasenmalerei, 6. Jh. v. Chr.) *Beschreibe die Tätigkeiten und ihren Zweck.*

M 8 Frauen am Brunnen (Wasserkrug, um 500 v. Chr.) Den gesamten Wasservorrat für den Haushalt mussten Mädchen oder Mägde von den öffentlichen Brunnen nach Hause schleppen – eine mühsame Arbeit.

M 9 Kochunterricht (Tonfigur, 5. Jh. v. Chr.) Auf einfachen Herden bereiteten die Frauen das Essen. Dieses Mädchen wird von einer Frau, vielleicht seiner Mutter, unterrichtet.

M 10 Händler (Amphore, um 550 v. Chr.)

M 11 Schuhmacherwerkstatt (Amphore, 6. Jh. v. Chr.)

Fragen und Anregungen

Bildet Gruppen und untersucht die Bilder genauer. Achtet dabei auf die Haltung, Tätigkeit und Kleidung der Menschen, Umfeld und Räume mit Einrichtungsgegenständen, Werkzeugen, Arbeitsmitteln, Möbeln. Fasst das Geschehen in eure eigenen Worte und versucht eine Reportage zum Alltag der Athener. Folgende Themen sind möglich:

1. Das Leben der Kinder und Jugendlichen (M2, M4, M9).
2. Das Leben der Frauen (M2, M7, M8, M9, M11).
3. Das Leben der Handwerker (M6, M10, M11).

M 12 Hochzeitszug (Vasenmalerei, 6. Jh. v. Chr.)
Im Hause des Brautvaters fanden am Hochzeitstag das Festmahl und Opfer für die Götter statt. Abends bringt der Bräutigam seine junge Frau im Wagen zusammen mit der Festgesellschaft in sein Haus. Er nimmt sie in die Arme, täuscht eine Entführung seiner kreischenden Braut vor, was die anwesenden Frauen zum Schein verhindern. Schließlich trägt er seine Gattin über die Hausschwelle.

M 13 Die Einstellung zur körperlichen Arbeit

Denn die so genannten handwerklichen Beschäftigungen sind verschrien und werden aus Staatsinteresse und mit Recht sehr verachtet. Sie schwächen den Körper des Arbeiters, da sie ihn zu einer sitzenden Lebensweise und zum Stubenhocken zwingen. Wenn aber der Körper verweichlicht wird, leidet auch die Seele.

Xenophon, Gespräch über die Hauswirtschaft IV, 2, Bearb. d. Verf.

M 14 Die Ursachen der Sklaverei

Der Philosoph Aristoteles (384–322 v. Chr.) *meint dazu:*
Die Sklaverei ist nicht gegen die Natur. Denn überall gibt es Herrschendes und Beherrschtes. Die Seele regiert über den Körper, der Mensch beherrscht das Tier, der Herr den Sklaven. Der Sklave hat keinen Verstand. Es ist klar, dass es von Natur aus Freie und Unfreie gibt und dass das Dienen für Sklaven zuträglich und gerecht ist.

Aristoteles, Politik 1253 b, Bearb. d. Verf.

M 15 Die Ungleichheit von Mann und Frau

a) *Die Meinung eines Ehemanns*
Xenophon, ein Schüler Sokrates', lässt einen Ehemann im Gespräch mit Sokrates über seine Ehefrau Folgendes sagen:
Sie war noch nicht 15 Jahre alt, als ich sie heiratete. Die Zeit vorher hatte man fürsorglich auf sie aufgepasst, dass sie möglichst wenig sah, hörte und fragte. Ich war bei ihrem Kommen schon damit zufrieden, dass sie verstand, mit Wolle umzugehen und ein Gewand anzufertigen, und dass sie auch schon bei der Spinnarbeit der Dienerinnen zugesehen hatte. Außerdem war sie in der Magenfrage ganz vorzüglich erzogen, was mir die wichtigste Erziehungsfrage scheint. Da beide Arten von Arbeiten nötig sind, die draußen und drinnen, schuf Gott die Natur der Frau für die Arbeiten im Hause, die des Mannes für die Arbeiten außerhalb des Hauses. Denn der Mann ist mehr dazu geschaffen, Kälte und Wärme, Märsche und Feldzüge zu ertragen. Der Körper der Frau ist weniger widerstandsfähig, deswegen ist sie besser für Arbeiten im Hause geeignet.

Xenophon, Gespräch über die Hauswirtschaft VII, Bearb. d. Verf.

b) *Die Meinung des Aristoteles*
Der Philosoph Aristoteles, ein Schüler Platons, fasste das gesamte Wissen seiner Zeit zusammen und überlieferte es so der Nachwelt. Die Ungleichheit von Mann und Frau sieht er unter anderem folgendermaßen:
Es steht nämlich dem Manne zu, sowohl die Frau wie die Kinder zu regieren. Denn der Mann ist von Natur mehr zur Leitung geschickt als die Frau, das Alter und die Reife mehr als die Jugend und Unreife. Die Frau besitzt die Fähigkeit zur Überlegung, aber ohne Entschiedenheit. Die Besonnenheit des Mannes und der Frau sind nicht dieselben und auch nicht die Tapferkeit und Gerechtigkeit.

Aristoteles, Politik 1259 b–1260 a, Bearb. d. Verf.

Fragen und Anregungen

1. Stelle die verschiedenen Gruppen von Menschen Athens nach ihrem Ansehen in eine Rangfolge und begründe diese. (VT, M13, M14, M15)
2. Nenne die Gründe der Athener für: a) die Ablehnung der körperlichen Arbeit; b) das Bestehen der Sklaverei; c) die Unterordnung der Frauen. Verfasse einen Brief an eine Person aus dem antiken Athen mit deiner Meinung zu einem dieser Themen. (VT, M13, M14, M15)

7. Vom Weltreich zur Weltkultur

336–323 v. Chr.	Alexander der Große regiert als König der Makedonen und erobert ein Weltreich.
333 v. Chr.	Mit dem Sieg von Issos hat Alexander das westliche Perserreich errungen.
331 v. Chr.	Nach der Schlacht von Gaugamela unterwirft Alexander das gesamte Perserreich und führt sein Heer bis zum Indus.

M 1 Münze Alexanders des Großen
Sie zeigt den Halbgott Herakles, einen Sohn des Zeus, erkennbar am Löwenfell. Alexander sah sich stets im Wettstreit mit ihm um den größeren Ruhm.

M 2 Alexandermosaik aus Pompeji
Das fast 6 Meter breite (beschädigte) Mosaik wurde nach einem Gemälde um 300 v. Chr. gefertigt. Alexander (links) greift Dareios (Mitte) an. Im Hintergrund siehst du die langen Lanzen der makedonischen Krieger.

Alexander von Makedonien

Auf Dauer konnten die Athener ihre Vorherrschaft in Griechenland nicht bewahren. In einem mehr als 30 Jahre währenden Krieg verloren sie gegen Sparta, das seinerseits die Führungsstellung nicht lange halten konnte. Mitte des 4. Jahrhunderts baute König Philipp von Makedonien sein Reich zur Großmacht aus und konnte Griechenland durch Kriege und Bündnisse teilweise gewaltsam unter seiner Herrschaft vereinigen. Sein Sohn Alexander wurde nach der Ermordung des Vaters als Zwanzigjähriger König und führte den Plan des Vaters durch – den Feldzug gegen das Persische Reich.

Sieg über die Perser

Mit 35 000 Mann setzte Alexander nach Kleinasien über. In den nächsten zehn Jahren legte er mit seinen Soldaten mehr als 20 000 km zurück. Der Weg Alexanders durch fruchtbare Ebenen, Wüsten und über hohe Gebirge ist auf der Karte (M3) dargestellt. Bei Granikos, Issos und Gaugamela gelangen Alexander oft auch wegen seines persönlichen Vorpreschens Siege über die zahlenmäßig überlegenen persischen Armeen. In der ägyptischen Oase Siwa begrüßten ihn die Priester wie einen Pharao als Gottkönig. Als der letzte Perserkönig ermordet wurde, betrachtete er sich als dessen Nachfolger und Herr über Asien.

Alexander will die Welt beherrschen

Zwar hatte Alexander sein Ziel erreicht, doch nun wollte er bis an den Rand des Weltmeeres (Okeanos) ziehen, das nach den Vorstellungen der Griechen alle Länder umgab. Viele griechische Wissenschaftler zogen im makedonischen Heer mit, vermaßen die unbekannten Länder und lernten deren Pflanzen- und Tierwelt kennen. Da Alexander von neuen Ländern mit großem Reichtum hörte, führte er sein Heer zuerst bis nach Afghanistan, dann in das Tal des Indus. Zwar besiegte er auch das Heer des indischen Königs Poros, seine Soldaten verweigerten dann aber den Weitermarsch. Nach einem entbehrungsreichen Rückzug zu Wasser und zu Lande wollte der König sein Riesenreich neu ordnen.

Alexander verbindet Makedonen und Perser

Er war überzeugt, dass eine Verbindung von Makedonen und Persern dem Reich eine sichere Basis bieten würde. Deswegen ließ er in der persischen Stadt Susa eine Massenhochzeit von Makedonen und Perserinnen durchführen. Er selbst heiratete eine Tochter des letzten Perserkönigs. Obwohl Alexander persische Beamte einsetzte, sollte das Griechische Amtssprache werden. Auf den Feldzügen gründete er viele neue Städte, in denen sich auch Griechen ansiedelten, die auf diese Weise ihre Kultur weit in den Orient verbreiteten.

Statt Weltreich eine Weltkultur

Inmitten neuer Kriegsvorbereitungen starb Alexander 323 v. Chr. in Babylon. In den Nachfolgekriegen zerfiel sein Reich, und neue Staaten entstanden. Deren Könige stammten aus griechischen und makedonischen Familien und ließen sich aber wie Gottkönige verehren. Erhalten blieb jedoch ein großer Wirtschafts- und Kulturraum von Indien bis zum Mittelmeer, den griechische Händler durchzogen. In den Städten vemischten sich griechische und orientalische Lebensformen und Sitten. Griechisch wurde zur Weltsprache. Wir bezeichnen diese Kultur und die Zeit nach 300 v. Chr. als „Hellenismus“, weil sie stark von den Griechen bestimmt wurde.

Alexandria – eine Weltstadt der Antike

Den Mittelpunkt dieser Welt bildete Alexandria, die Hauptstadt Ägyptens, die vermutlich 500 000 Einwohner zählte. Nach dem Vorbild von Milet und Piräus war sie auf einem regelmäßigen Straßengrundriss angelegt und besaß drei Häfen. Sie vermittelte den Fernhandel vom Mittelmeer bis Indien: Gold und Silber kamen aus Spanien, Syrien und Arabien, Getreide aus Ägypten, vom Schwarzen Meer und von Sizilien, Leinen und Wolle aus Ägypten, Syrien und Kleinasien, Weihrauch und Edelsteine aus Arabien, Elfenbein aus Indien und Ostafrika.

Techniker und Wissenschaftler

Die großartigen Bauwerke Alexandrias erregten das Staunen der Besucher: 30 Meter breite Prachtstraßen, gesäumt von Säulengängen, Geschäftshäuser, eine gut funktionierende Wasserversorgung und Kanalisation, der Leuchtturm von Pharos. Er ragte mehr als 90 Meter in die Höhe und sendete sein Leuchtfeuer über 50 km weit.

Die hellenistischen Ingenieure und Baumeister besaßen ein großes technisches Wissen, das man am Museion erwerben konnte. An dieser Hochschule, nach der heute unser Museum benannt ist, studierten Gelehrte von überall her, denen die größte damalige Bücherei mit mehr als 700 000 Papyrusrollen zur Verfügung stand. Sie sammelten das Wissen der Zeit, auch die Werke der griechischen Philosophen. Diese, die „Freunde der Weisheit“, hatten bereits 300 Jahre vorher begonnen, sich die natürlichen Ursachen des Lebens und der Welt zu überlegen. Sie glaubten nicht mehr an die alten Göttersagen und suchten nach vernünftigen Erklärungen. In Athen hatte nach Sokrates dessen Schüler Platon (427–347 v. Chr.) die Fragen der Moral und der Politik weiter diskutiert. Platons Schüler Aristoteles, der auch Lehrer des Alexander war, versuchte das Wissen seiner Zeit zu sammeln und in einem großen Zusammenhang zu sehen.

Am Museion arbeitete auch der Erfinder Archimedes (287–212 v. Chr.) aus der sizilianischen Stadt Syrakus. Er fand viele neue Berechnungsarten, so zum Beispiel für den Umfang und den Inhalt eines Kreises. Griechische Wissenschaftler bewiesen sogar, dass die Erde eine Kugelgestalt besitzt und um die Sonne kreist. Den Erdumfang berechneten sie mit 40 000 km. So verfügten die Gelehrten des Hellenismus schon über ein erstaunliches Wissen.

M 3 Alexander erobert das Perserreich

Alexanders Heer landet bei Troja (Ilion). Der König opfert der Athene und besucht das Grab des Achilles. Mit 400 Schiffen ist die persische Flotte Alexander stark überlegen. Am Fluss Granikos erleiden die Perser 334 v. Chr. die erste Niederlage.
Die Griechenstädte schließen sich Alexander an.
In der Burg von Gordion zerteilt Alexander mit dem Schwert den komplizierten Knoten einer Wagendeichsel. Einer alten Sage nach sollte derjenige, der diesen Knoten lösen konnte, Herr über Asien werden.
Bei Issos schlägt das Heer Alexanders 333 v. Chr. das Heer des Perserkönigs.
Als Alexander Ägypten erobert, gründet er die Stadt Alexandria am Mittelmeer. Die Priester der Oase Siwa begrüßen Alexander als den Sohn ihres Gottes, des Zeus-Amun.
Bei Gaugamela besiegt Alexander 331 v. Chr. das persische Heer entscheidend.
Alexander nennt sich König von Asien.
Auf der Flucht wird der persische König Dareios III. ermordet. Alexander lässt ihn mit königlichen Ehren bestatten.
Der Königspalast von Persepolis brennt nieder, vielleicht aus Rache für die Zerstörung der Akropolis. Alexander will den Ostteil des Perserreiches erobern.
Bis ins Hindukuschgebirge marschiert Alexanders Heer. Als man Fichten am Fluss Oxos sieht, glaubt man wieder in Europa zu sein. Nun nimmt Alexander auch Perser in sein Heer auf.
Um zum Ende der damals bekannten Erde zu gelangen, stößt Alexander mit seinem Heer nach Indien vor. König Poros führt in seinem Heer gegen die Makedonen und Griechen Kriegselefanten. Wegen der Krokodile am Indus glaubt Alexander sich am Oberlauf des Nils. Die Soldaten zwingen ihn 326 v. Chr. zur Umkehr, weil Asien viel größer als erwartet und nicht zu erobern ist.
Auf Flößen fährt das Heer zum Indischen Ozean, wo es erstmals Ebbe und Flut erlebt.
Die Rückkehr zu Wasser und zu Lande ist mit großen Schwierigkeiten und Mühen verbunden. In der Wüste sterben viele Soldaten. 323 v. Chr. stirbt Alexander in Babylon an einem Fieber.

M 4 Alexanders Soldaten streiken

Der Geschichtsschreiber Arrian (2. Jh. n. Chr.) erzählt, wie die makedonischen Soldaten am Indus Alexander zur Umkehr zwangen:

„Wenn aber einer zu hören wünscht, was denn das Endziel unserer Kriege ist, so mag er wissen, dass wir nicht mehr viel Land bis zum Gangesstrom und zum Weltmeer im Osten zu unterwerfen brauchen. (...) Das große Weltmeer umfasst ja die ganze Erde. Und ich werde euch Makedonen und auch unseren Bundesgenossen zeigen, dass der Indische Meerbusen mit dem Persischen zusammenfließt. (...) Vom Persischen Golf aus wird unsere Flotte Libyen (in Afrika) umsegeln bis zu den Säulen des Herakles (Gibraltar in Spanien). Und von dort an wird ganz Libyen und so auch ganz Asien unser Eigentum. Dann erst werden die Grenzen dieses Reiches die sein, die die Gottheit als Ende der Erde überhaupt gesetzt hat."

Diese Worte Alexanders wurden mit tiefem Schweigen aufgenommen. (...) Schließlich fasste sich Koinos ein Herz und sagte: „Du siehst ja selber, wie viele Makedonen und Griechen zusammen mit dir ausgezogen und wie wenige von uns noch übrig sind. (...) Von den übrigen Griechen sind die einen in den von dir gegründeten Städten angesiedelt, und nicht einmal diese bleiben alle gern dort. Die andern aber, die noch mit dir Strapazen und Gefahren bestehen, sie und das makedonische Heer, haben viele in den Schlachten verloren, viele von ihnen sind durch ihre Verwundungen zu Invaliden geworden. Aber die Mehrzahl ist durch Krankheit umgekommen. Nur wenige von den vielen sind noch da. Und alle diese haben Heimweh nach ihren Eltern, wenn sie noch welche haben, und Heimweh nach Frau und Kindern, ja Heimweh nach der Heimaterde selber."

Arrianos, Anabasis 5, 26, 27, Bearb. d. Verf.

M 5 Erfindungen aus der Zeit des Hellenismus

„Wunderaltar" des Heron. Wenn das Altarfeuer angezündet wurde, öffnete sich die Tempeltür: Eine Göttin zeigte sich. Das Brennmaterial (z. B. „heiliges" Öl) konnten die Gläubigen von den Priestern kaufen.

M 6 Das Menschenbild eines griechischen Gelehrten

Strabon schrieb um Christi Geburt über die Ansichten des Geographen Eratosthenes aus Alexandria:

Eratosthenes wendete sich scharf gegen jene Männer, die die ganze Menschheit in Hellenen und Barbaren aufteilten und Alexander rieten, die Hellenen als Freunde zu behandeln und die Barbaren als Feinde. Besser sei es, die Teilung nach der inneren Tüchtigkeit und Schlechtigkeit vorzunehmen. Denn viele unter den Hellenen seien schlechte und viele unter den Barbaren sehr anständige Leute, wie etwa die Inder und die Arier (Perser) und auch die Römer und Karthager, die so bewundernswerte Staatswesen hätten.

Strabon, Geographiká 1, 4, 9, Bearb. d. Verf.

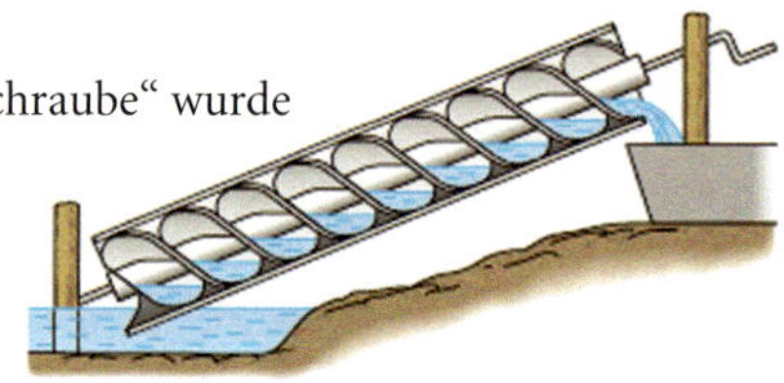

Die „archimedische Schraube" wurde zur Entwässerung in Bergwerken oder zur Bewässerung auf Feldern eingesetzt.

Hellenismus

Der Begriff, abgeleitet von „Hellenen" (= Griechen), bezeichnet die Zeit vom Tode Alexanders bis etwa 30 v. Chr., der römischen Kaiserzeit. In dieser Zeit breitete sich die griechische Kultur im gesamten östlichen Mittelmeerraum aus und verschmolz teilweise mit den einheimischen Kulturen.

Griechische Künstler schufen beeindruckende Kunstwerke (Laokoongruppe, vgl. S. 56), beschäftigten sich mit Städte- und Festungsbau, Wissenschaftler und Techniker machten beachtliche Erfindungen. Die hellenistische Kultur beeinflusste sehr stark die römische Kunst.

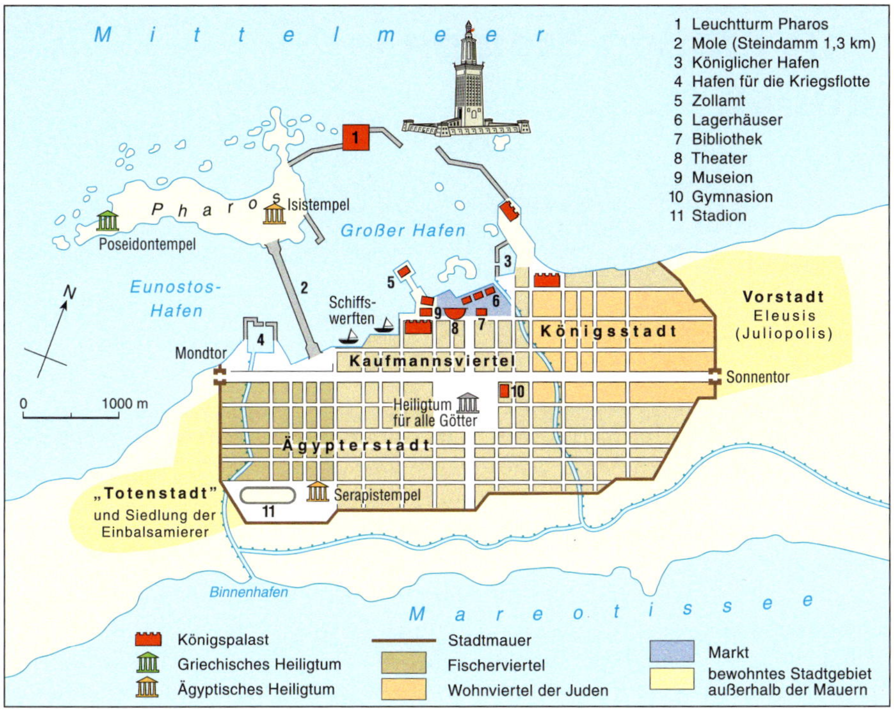

M 7 Stadtplan von Alexandria
Alexander gründete 331 v. Chr. diese nach ihm benannte Handelsstadt. Die Stadt war auf den großen Hafen als Mittelpunkt ausgerichtet. Die Hauptstadt Ägyptens konnte durch die reichen Ernten des Landes gut versorgt werden. Die Lage am Meer und die geraden Straßen sorgten für kühle Winde in den heißen Sommern.
Woran kann man erkennen, dass Alexandria keine „gewachsene", sondern eine „geplante" Stadt ist?

M 8 Reisebericht über Alexandria
Geschrieben vom Griechen Strabon um Chr. Geb.:
Zwar ist die ganze Stadt von Straßen durchschnitten, die für Reiter und Wagen benutzbar sind, zwei aber, die sich auf mehr als hundert Fuß (30 m) öffnen und einander im rechten Winkel schneiden, sind die breitesten. Die Stadt enthält die schönsten öffentlichen Plätze und Paläste, die ein Viertel oder sogar ein Drittel des gesamten Umfangs einnehmen. Denn wie jeder der Könige zu den öffentlichen Baudenkmälern aus Prachtliebe noch irgendein neues hinzufügte, so erbaute auch jeder für sich zu den schon vorhandenen Palästen noch einen neuen.
Zu den königlichen Gebäuden gehört das Museion mit einer Wandelhalle, einer Halle zum Sitzen und einem großen Bau, worin sich der Speisesaal der hier angestellten Gelehrten befindet. (...)
Einen anderen Teil der königlichen Gebäude bilden die Gräber der Könige und Alexanders. Am großen Hafen liegen rechts neben der Einfahrt die Insel und der Turm Pharos. Der Wohlstand der Stadt ist vor allem darin begründet, dass von Ägypten allein dieser Platz zu beidem geschaffen ist: zum Seehandel wegen der guten Hafenverhältnisse und zum Binnenhandel, da der Strom (Nil) wie ein bequemer Fährmann alles transportiert und an einem Platze zusammenführt, der der größte Handelsplatz der Welt ist. Heute werden gewaltige Flotten bis zum Indischen Meere und zum Äthiopischen Vorgebirge ausgesandt, von wo die wertvollsten Frachten bis nach Ägypten geschafft und von da auch weiter zu den anderen Handelsplätzen versandt werden; so kommen doppelt Zölle ein, von der Einfuhr wie von der Ausfuhr.
Strabon, Geographiká 17, 1, 7 ff., Bearb. d. Verf.

Fragen und Anregungen

1. Erstelle Schlagzeilen zu den Feldzügen Alexanders des Großen: Suche auch heraus, durch welche heutigen Länder er seine Heere führte. (M3)
2. Erläutere den Gegensatz , der sich zwischen Alexanders Plänen und den Wünschen seiner Soldaten am Indus ergab. (M4)
3. Zeige auf, wie sich die Kultur und die Einstellungen der Griechen in der Zeit des Hellenismus veränderten. (VT, M5, M6)
4. Entwirf einen Reiseprospekt für die Weltstadt Alexandria, in dem du die Stadt und ihre Vorzüge vorstellst. Male auch passende Bilder dazu. (VT, M7, M8)

8. Sie bauten mit großen Steinen – Megalithkulturen

2600 v. Chr.	Die Cheopspyramide in Ägypten wird errichtet.
1848 v. Chr.	Die Kultstätte von Stonehenge entsteht.
1500 v. Chr.	In Mykene bildet das Löwentor den Zugang zur Burg.

Außerirdische und die Pyramiden

Vergangenheit und Geschichte boten Rätsel und Geheimnisse, die die Neugierde der Menschen erregten. Dazu gehörten die größten Steinbauten der Antike, die ägyptischen Pyramiden. Wie und warum Pyramiden entstanden, kannst du auf den Seiten 46 f. nachlesen. Allerdings glaubte vor zwei Jahrzehnten ein Schriftsteller, dass Außerirdische die Grabbauten errichteten, weil kein Mensch vor 4 500 Jahren die technischen Kenntnisse für einen solchen Bau besessen habe. In die Cheopspyramide, die 147 m hoch und an den Seiten 230 m lang ist, wurden 2,5 Millionen große Steinblöcke verbaut. Zehn Jahre dauerte es, bis alle Steine zum Bauplatz gebracht waren, und mindestens zwanzig Jahre, bis tausende Arbeiter die Pyramiden errichtet hatten.

Mit modernsten Mitteln rücken auch heute Wissenschaftler der Pyramide zu Leibe, um die Geheimnisse der Baumeister zu enthüllen, aber noch lange nicht sind alle Rätsel des Pyramidenbaus geklärt. Wie konnten die schweren Steinblöcke auf die Höhe von fast 150 m geschafft werden?

M 1 Wohnen in einer Pyramide?
In Las Vegas, der Vergnügungsstadt der USA, ist das Hotel Luxor in Pyramidenform errichtet worden. Es fasst 2 566 Zimmer in 30 Stockwerken, mit schrägen Außenwänden und einem viel gerühmten Rundblick.

Auch in Mittel-, Nord- und Westeuropa findet man rätselhafte Gräber und Kultstätten, errichtet mit großen Steinen. Man rechnet sie der Megalithkultur zu. Der Begriff „Megalith“ leitet sich aus der griechischen Sprache ab und heißt „großer Stein“(„megas lithos“). Wie konnten die Menschen vor vielen tausend Jahren die tonnenschweren Steine zum Bauplatz transportieren und aufeinander schichten? Vermutlich machten sie es ähnlich wie die Ägypter beim Pyramidenbau, zogen die großen Steine auf Holzbalken, schichteten Erdhügel und Rampen auf, um die großen Decksteine, die bis zu 20 Tonnen wiegen, auf die Tragsteine zu setzen. Nur wenn viele Menschen zusammenhalfen, konnten die Europäer vor 4 000 Jahren solche Bauwerke errichten, die allerdings immer einem besonderen Zwecke dienten.

Große Steine als Herausforderung

M 2 Megalith-Transport
Das Bild zeigt Menschen der Gegenwart, die das Leben vor 4 000 Jahren nachgestellt haben. Beschreibe, wie sie versuchen, den großen Stein zum Bauplatz im Hintergrund zu bringen.

Hünengräber

Als älteste Megalith-Denkmäler hat man die langen Reihen von aufgerichteten großen Steinen, die Menhire in der Bretagne, eingeordnet, deren religiöser Zweck vermutet wird, aber doch weit gehend unbekannt bleibt. Die steinernen Grabkammern, die Dolmen, bargen die Toten einer fürstlichen Sippe mit den kostbaren Grabbeigaben, wie du es bei den Kelten auch kennen lernen wirst. Über der Grabkammer wurde ein großer Erdhügel aufgetragen. Die Grabhügel dienten den Stämmen auch als Versammlungsplatz und Kultstätten. Die Reste solcher Gräber nennt man in Norddeutschland „Hünengräber“, weil man früher glaubte, dass nur „Hünen“, sagenhafte Riesen, sie errichten konnten. In Frankreich hat man 5000, auf den britischen Inseln 2000 und in Dänemark 3000 solcher Steinkammern gefunden.

M 4 Stonehenge, Südengland
Diese größte bekannte Anlage von Megalithen besteht aus vier ineinander gebauten Steinringen, von denen der größte einen Durchmesser von 30 m und 30 aufgerichtete Sandsteine aufweist. Die schwersten Steine wiegen 50 Tonnen; die so genannten Blausteine aus dem inneren Kreis wurden über eine Strecke von 200 km auf Schlitten herbeigeführt. 250 Menschen zogen auf ebener Strecke, rund 1 000 an Berghängen.

Kultplätze

Das bekannteste Bauwerk der steinzeitlichen Kultur steht in England: die Kultstätte von Stonehenge. 42 von 100 Steinen, die zu zwei großen Ringen verbunden waren, stehen noch und sind durch einen Deckstein verbunden. Man vermutet, dass es sich hierbei nicht nur um eine Kultstätte, sondern auch um eine Einrichtung zur Beobachtung der Gestirne und der Sonne – einem Observatorium gleich – gehandelt hat. Die Anlage ist auf die Stelle ausgerichtet, wo die Sonne am 21. Juni, dem Tag der Sommersonnenwende, aufgeht. Hier konnten Zeitberechnungen vorgenommen werden, aber auch die Sonne als Gottheit verehrt werden.

Zyklopenmauern

Dass Mauern, die Burgen und Städte schützten, nicht von Menschenhand geschaffen seien, begegnet uns auch in der griechischen Sagenwelt. Die Mauern Trojas, die die Griechen in zehn Jahren Krieg nicht stürmen konnten, hatte der Gott Poseidon errichtet. Aber auch die Befestigungen der griechischen Königsburg Tyrins sollen nicht von Menschen, sondern von wilden Riesen, den Zyklopen, aufgetürmt worden sein. Nach der bedeutendsten dieser Burgen, nach Mykene, benannte man das Zeitalter bis 1200 v. Chr., als kriegerische Fürsten die griechischen Kleinstaaten von solchen Burgen aus beherrschten. Ihre Macht beruhte auf einem umfangreichen Landbesitz und der Arbeit der Bauern. Einen von ihnen hat der Dichter Homer mit Namen überliefert: Es handelt sich um Agamemnon, der das griechische Heer vor Troja anführte.

Lernten sie von den Ägyptern?

Früher glaubte man, dass die westeuropäischen Völker von den überlegenen Ägyptern ihre Techniken im Bau von Megalithkulturen gelernt hätten. Heute nimmt man jedoch an, dass die Megalithkultur durch die lebhaften Verbindungen zwischen den verschiedenen Stämmen entstand. Die Menschen verbreiteten auf Wanderungen die handwerklichen Fähigkeiten und die religiösen Vorstellungen in ganz Westeuropa.

M 5 Goldene Totenmaske (um 1550 v. Chr.)
Die aus Gold getriebene Gesichtsmaske eines Fürsten, die Heinrich Schliemann bei seinen Ausgrabungen in Mykene 1876/77 fand, hielt er für die Maske des Agamemnon.

M 6 Hügelgrab in Newgrange, Irland
Das wiederhergestellte Grab weist einen Durchmesser von 70 m und eine Höhe von 14 m auf. Einst umgaben 35 behauene Steinzeilen den Hügel, von denen noch einige stehen. Zu der Grabkammer, die 6,5 m hoch ist, gelangt man durch einen 18 m langen Gang.

M 7 Das Burgtor von Mykene
Das Burgtor aus dem 16. Jh. v. Chr. zeigt über dem Tor zwei Löwen an einer Säule. Sie verdeutlichen die Macht der Könige von Mykene. Vielleicht dienten sie auch als heiliges Zeichen zum Schutze der Burg. Das Tor ist 3 auf 3 m groß, der Querpfosten 4,5 m lang, 2 m dick und 1 m hoch. Der dreieckige Stein mit der Löwenplastik wiegt etwa 20 Tonnen.
Noch heute sieht man Wagenspuren auf der Torschwelle. Die Steine in der Burgmauer wurden sorgfältig behauen, sodass sie gut ineinander passen.

Fragen und Anregungen

1. Zeichne einen Comic, in dem du den Bau eines Hünengrabes und die entstehenden Schwierigkeiten darstellst.
2. Informiert euch im Internet oder in Sachbüchern genauer über den Bau der Pyramiden oder die Anlage von Stonehenge. Welche Rätsel sind noch ungelöst? Diskutiert, warum Rätsel und Geheimnisse gerade in der Geschichte besonders reizvoll sind.
3. Stellt zusammen, warum man Außerirdische, Götter und Riesen für die großen Steinbauten verantwortlich gemacht hat.

Schaubilder erklären

Methodische Arbeitsschritte:

Ein Schaubild kann im Geschichtsunterricht Informationen übersichtlich darstellen.Wenn du ein Schaubild verstehen und wichtige Informationen gewinnen willst, solltest du folgendermaßen verfahren:

1. Kläre das im Schaubild dargestellte Thema aus Überschrift und Bildunterschrift. Handelt es sich um eine politische oder gesellschaftliche Ordnung?
2. Unterscheide genau die einzelnen Teile des Schaubilds, ihre farbliche Fassung, Größe und Beschriftung.
3. Beschreibe in deinen Worten die verschiedenen Beziehungen, die durch Linien, Pfeile und andere Symbole verdeutlicht werden.
4. Berücksichtige, dass auch die gewählte Form, z. B. die Pyramide, dir Informationen über den dargestellten Sachverhalt mitteilen kann.

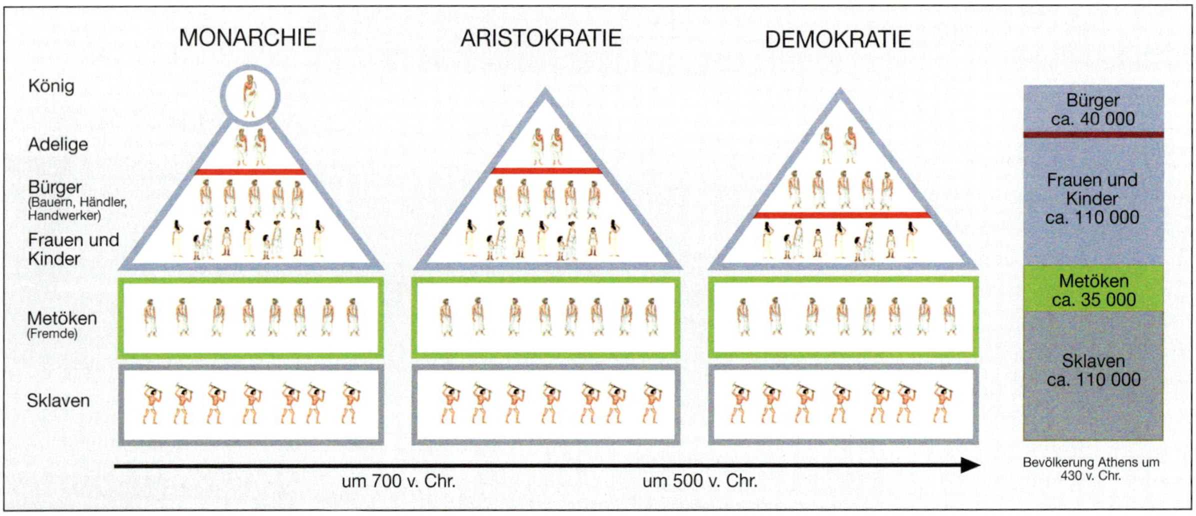

M 1 Verfassungswandel in Athen
Dem Schaubild kannst du entnehmen, wer in Athen zu verschiedenen Zeiten die Herrschaft ausgeübt hat, zu wessen Gunsten sich die Herrschaftsverhältnisse verändert haben und wer keinen Vorteil von dem Wandel hatte. Wiederhole den Wandel der politischen Ordnung im 6. und 5. Jahrhundert in Athen anhand des Schaubilds und zeige auf, wer an der Regierung beteiligt war. Was erfährst du über die politischen Einrichtungen und die verschiedenen Bevölkerungsgruppen? Was sagt die Pyramidenform über die Zahlenstärke der einzelnen Gruppen aus?

Gebet für den Tyrannen

In Griechenland bestanden viele Stadtstaaten, die selbstständig waren und ihre eigene innere Ordnung aufwiesen. Fast in allen Städten regierten irgendwann die Adeligen, die den König gestürzt hatten. Dann rebellierte das Volk gegen die Adeligen. In vielen Städten eroberten Tyrannen die Macht. In Syrakus z. B., der größten und reichsten griechischen Stadt in Sizilien, regierten hintereinander mehrere Gewaltherrscher, die sich nur mit Grausamkeit und Unterdrückung an der Macht hielten. Dem schlimmsten von ihnen, Dionysios, kam zu Ohren, dass eine alte Frau für ihn und seine lange Regierung im Tempel bete. Er ließ sie zu sich kommen und befragte sie. Ihre Antwort: „Ach, dein Großvater war ein schlimmer Herrscher, um dessen Tod ich bat; als er starb, kam dein Vater an die Macht und war noch schlimmer. Auch um seinen Tod bat ich, und dann kamst du an die Macht. Deinen Nachfolger will ich nicht mehr erleben."

Sparta – ein Kriegerstaat

Die griechischen Philosophen überlegten sich, wie der perfekte Stadtstaat aussehen sollte. Platon, der Schüler des Sokrates, reiste eigens von Athen nach Syrakus, um dort seine Vorstellungen umzusetzen. Er meinte: An der Spitze des Staates sollten Gelehrte, die Philosophen stehen, die gemeinsam über das Leben der Menschen wachten. Sie wüssten am ehesten, was gut für die Menschen ist, und könnten so das Allgemeinwohl durchsetzen. Schrittweise sollte so ein vollkommener Staat entstehen, in dem die Fähigkeiten des Einzelnen der Gesamtheit untergeordnet würden und ihr dienten. An der Demokratie kritisierte er nämlich, dass die Dümmsten zu viel Einfluss besäßen und von unlauteren Rednern und Politikern manipuliert würden. Das Volk sei in seinen Entscheidungen zu wankelmütig. Beim Tyrannen von Syrakus hoffte er auf Unterstützung.

Das Schaubild verdeutlicht allerdings nicht, wer am meisten Macht in Sparta besaß. Das Amt der zwei Könige wurde in zwei angesehen Familien vererbt; sie hatten den Oberbefehl und waren auch in der Gerusia vertreten. Die Oberaufsicht über alle Angelegenheiten im Staat hatten jedoch die von der Volksversammlung gewählten fünf Ephoren, die allerdings nur ein Jahr im Amt blieben.

Viele Griechen sahen in dem Kriegerstaat Sparta ihr Vorbild. Rund 10 000 spartanische Krieger beherrschten in dem südlichen Peleponnes 250 000 Menschen. Die Mehrzahl, die Heloten, arbeiteten als unfreie und rechtlose Bauern auf den Feldern der Spartaner. Die Periöken trieben Handel, arbeiteten als Handwerker, dienten im Heer, zahlten Steuern und waren persönlich frei. Auf die Entscheidungen im Staat allerdings hatten sie keinen Einfluss. Den behielten sich die spartanischen Männer vor.

M 2 Platon (427–347 v. Chr.)

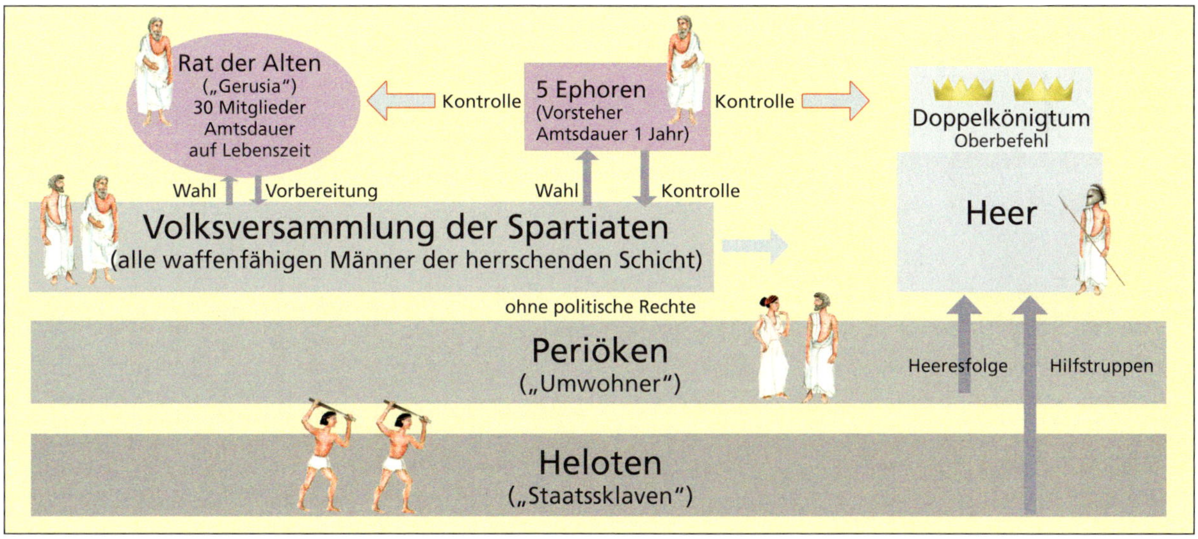

M 3 Die Verfassung Spartas

Beschreibe die politische Ordnung in Sparta. Welche politischen und gesellschaftlichen Zusammenhänge werden deutlich. Warum kann man bei Sparta von einer gemischten Verfassung sprechen?

Überlege: Welche Fragen bleiben bei diesem Schaubild offen?

Vergleiche es mit dem Schaubild „Verfassungswandel in Athen" S. 92. Beide Schaubilder geben die Beziehungen zwischen den politischen Einrichtungen und Machtgruppen wieder. Vergleiche auch die Verfassungen der beiden Stadtstaaten Athen und Sparta.

9. Die Menschen entwickeln die Schrift

Hochkulturen und Schrift

Ein Kennzeichen von Hochkultur ist die Schrift, die für die Speicherung von Information, die sichere Aufbewahrung von Wissen unentbehrlich ist. Von der Erfindung der Schrift zum Internet besteht ein direkter Zusammenhang.
Warum haben die Menschen angefangen zu schreiben? Auf diese Frage geben die Schriftzeichen der Sumerer aus dem Zweistromland, dem heutigen Irak, Auskunft. Dieses Volk hatte vor den Ägyptern die Schrift erfunden. Es bestand eine Gesellschaftsform, in der es nicht mehr reichte, einen Tausch nur noch mündlich abzuschließen und nachzuweisen. Man musste z. B. auch ein einfaches System entwickeln, das die Größe einer Viehherde ausdrückte.

Keilschrift

Vor 5000 Jahren ritzte man einfache Bilder, Piktogramme, in einen Tonklumpen. Sie dienten als Zählsteine: Vor und nach der Weidezeit zum Beispiel wurden die Herden gezählt, und für jedes Tier wurde ein Zählstein in ein Tongefäß geworfen.
Später fügten die Sumerer neue Zeichen für Zahlen und Maße hinzu, die mit einem beschnittenen Schilfrohr oder Griffel in weichen Ton gedrückt wurden. Die entsprechende Verdickung am Anfang der Linien gab der Schrift den Namen „Keilschrift".
85 Prozent der erhaltenen Tontafeln, die in den Tempeln und Palästen der Sumerer aufbewahrt und von Archäologen gefunden wurden, sind Wirtschaftstexte. Sie informieren über den Reichtum der Herrscher, die in den Städten Mesopotamiens ähnlich wie der ägyptische König regierten.

M 2 Gesetzessäule des Königs Hammurabi von Babylon
Der König steht in der Haltung des Beters vor dem Sonnengott Schamasch, der dem König symbolisch mit Zepter und Stab (als Zeichen der Macht) gleichsam die Gesetze übergibt, die unter dem Bild in Keilschrift aus dem Stein gehauen sind.

M 1 Die Entwicklung der Keilschrift

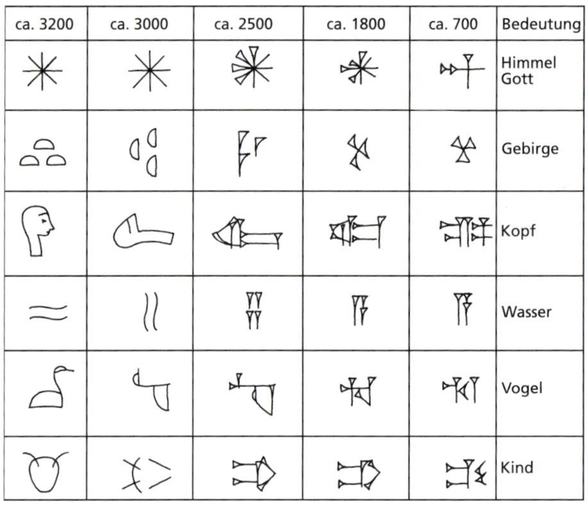

M 3 Auszug aus dem Gesetzestext des Hammurabi
Der entrechtete Bürger, der in einen Rechtshandel gerät, trete vor mein Bildnis als König der Gerechtigkeit und lese dann meinen Schriftstein, und er höre meine köstlichen Worte, und mein Denkstein kläre ihm seinen Rechtshandel.
§ 53: Wenn ein Bürger (…) seinen Deich nicht befestigt hat und in seinem Deich eine Öffnung entsteht und die Flur vom Wasser weggeschwemmt wird, so ersetzt der Bürger, in dessen Deich die Öffnung entstanden ist, das Getreide, das er dadurch vernichtet.
§ 200: Wenn ein Bürger den Zahn eines ihm ebenbürtigen Bürgers ausschlägt, so zerstört man sein Auge.

Die Schrift wird einfacher

Die Schrift der Sumerer und der Ägypter hatte sich aus Bildzeichen entwickelt, die Wörter und später Silben bezeichneten. Damit konnte man große Wandflächen mit den Berichten über die großen Taten der Herrscher füllen, die deren Ruhm der Nachwelt erhalten sollten. Das Händlervolk der Phönizier erfand eine neue Schrift mit Buchstaben, die den einzelnen Laut der Sprache vertraten. Die Griechen übernahmen dieses Schriftsystem, fügten jedoch zu den Konsonantenzeichen noch die Vokalzeichen hinzu. Jetzt war die sinnvollste Schriftform entwickelt, die in Grundzügen noch heute besteht. Allerdings wussten die Griechen anfangs nicht, ob sie nach rechts oder nach links schreiben sollten. In einer kretischen Stadt sind Gesetzestafeln enthalten, in denen die Zeilenführung abwechselnd links und rechtsläufig ist. Sie folgte damit den Blickrichtungen. Schließlich entschieden sich die Griechen für das rechtsläufige System, das wir heute noch verwenden.

M 4 Das griechische Alphabet

In griechischen Buchstaben kannst du deinen Namen von links nach rechts schreiben.

Vergleiche das griechische Alphabet mit unserer heutigen Schrift und fasse deine Beobachtungen zusammen.

Das griechische Alphabet

Α	α	a	Alpha
Β	β	b	Beta
Γ	γ	g	Gamma
Δ	δ	d	Delta
Ε	ε	e	Epsilon
Ζ	ζ	z	Zeta
Η	η	e	Eta
Θ	θ	th	Theta
Ι	ι	i	Iota
Κ	κ	k	Kappa
Λ	λ	l	Lambda
Μ	μ	m	My
Ν	ν	n	Ny
Ξ	ξ	x	Xi
Ο	ο	o	Omikron
Π	π	p	Pi
Ρ	ρ	r	Rho
Σ	σ, ς	s	Sigma
Τ	τ	t	Tau
Υ	υ	y	Ypsilon
Φ	φ	ph	Phi
Χ	χ	ch	Chi
Ψ	ψ	ps	Psi
Ω	ω	o	Omega

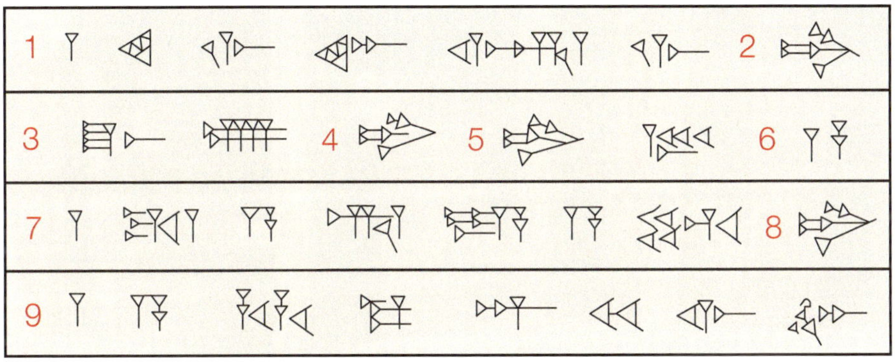

M 5 Babylonische Inschrift des Xerxes

Die Keilschrift blieb immer eine Silbenschrift. Der senkrechte Keil nach den Ziffern 1, 7 und 9 dient als Deutungszeichen für die nachfolgenden männlichen Eigennamen.

(1) Xerxes, der (2) König (3) große, (4) König der (5) Könige, der (6) Sohn des (7) Dareios, des (8) Königs, der (9) Achaimenide

Vergleiche die Keilschrift mit den ägyptischen Hieroglyphen.

Fragen und Anregungen

1. Erläutere die Gründe, warum die Schrift entstand und welche Möglichkeiten sie den Menschen bot. Untersuche auch die jeweiligen gesellschaftlichen und wirtschaftlichen Bedingungen. (VT, M1, M2)
2. Suche im Internet, in einem Sachbuch oder im Lexikon, in welchen Teilen der Erde Schriftsysteme vor 3 000 Jahren bestanden.
3. Zeige auf, wie die Schrift entwickelt und verbessert wurde. (VT, M1, M9 S. 39, M4, M5)
4. Du kannst in verschiedenen Schriften deinen Namen schreiben. Nimm auf S. 39 die ägyptischen Hieroglyphen, zeichne mit einem dünnen Pinsel die Kartusche und arbeite von rechts nach links die Bildzeichen aus. In griechischen Buchstaben kannst du deinen Namen leichter erkennen. Oder setze unsere modernen Buchstaben in Keilschrift um.

10. Theater für das Volk

M 1 Szene aus einer Tragödie (Krater aus Tarent, um 350 v. Chr.)
Das Bild zeigt die Bühne mit der Bühnenwand: Ein tempelartiges Gebäude und eine Säulenhalle bestimmten den Bühnen- und Spielraum, die verschiedenen Türen ermöglichten ein vielseitiges Spielgeschehen.
Beschreibe Bühnenbild, Figuren und entwirf eine vollständige Bühnenwand.

M 2 *Im folgenden erfundenen Brief berichtet der ägyptische Händler Narmer an den Priester Snefru 441 v. Chr. über einen Theaterbesuch in Athen.*

O Snefru, edler Priester des großen Gottes Ammon, lass dir berichten von einer höchst seltsamen Einrichtung dieser Stadt, dem Theater am Felsen der Akropolis. Im Halbkreis sind viele Stufen übereinander aus dem Felsen gehauen, sodass tausende Menschen auf ihnen sitzen können. Sie blicken auf einen runden Platz, die Orchestra, wo sich während der Aufführung, von der ich erzählen will, zwei Chöre bewegten. Auf der erhöhten Bühne spielten die Schauspieler. Eine große Wand, versehen mit Säulenhallen und Balkonen, Fassaden, hinter denen aber keine Häuser stehen, ragt hinter der Bühne auf.

Zu Ehren des Dionysos fand in diesem Theater ein mehrtägiges Fest statt. Am ersten Tag gab es einen feierlichen Umzug, am zweiten den Wettkampf der Chöre, die begleitet von der Leier sangen und tanzten, am dritten Tage wurden drei heitere Stücke aufgeführt, die mich sehr lachen machten. Die Athener nennen sie Komödie. Mancher boshafte Witz über den großen Perikles fand sich dabei. Solche Freiheit des Geistes habe ich sonst nirgends gefunden. An den nächsten beiden Tagen wurden je drei sehr ernste Schauspiele aufgeführt, die man hier Tragödien, Trauerspiele, nennt.

Es leben hier zwei Dichter, die berühmte Tragödien schreiben, Euripides und Sophokles. Von Letzterem stammt das Stück „Antigone", über das ich dir etwas erzählen will. Anfangs zog ein Chor feierlich mit Flötenmusik ein. Auf der Bühne erschien ein Schauspieler mit lang wallendem weißen Gewand, unter dem er erhöhte Schuhe, die Kothurn, trägt, weswegen er größer als die Menschen erschien. Vor dem Gesicht tragen die Schauspieler Masken, die einen König, eine Frau oder einen Priester darstellen. Durch die Mundöffnung klingt die Stimme der Spieler lauter.

Ich will kurz die Handlung erzählen: Die Heldin heißt Antigone. Ihre beiden Brüder sind im Krieg um die Königswürde der Stadt Theben gefallen. Jetzt regiert ihr Onkel Kreon als König, der es verbietet, den gefallenen Bruder, der sich gegen die rechtmäßige Herrschaft aufgelehnt hat, zu begraben. So kann der Gefallene nicht ins Totenreich eingehen. Antigone, die mit dem Sohn Kreons verlobt ist, begräbt diesen Bruder entgegen dem königlichen Verbot. Voller Zorn lässt Kreon Antigone einmauern. Der Chor unterbricht und erklärt den Zuschauern die Handlung durch seine Gesänge, lobt den Mut der Antigone, warnt vor Hochmut und rät dem zweifelnden Kreon vom Todesurteil ab. Zu spät, denn Antigone hat sich getötet, was auch ihr verzweifelter Verlobter und dessen Mutter tun. Edler Snefru, ich war tief erschüttert, zum Schluss den vereinsamten und anfangs so hochmütigen Kreon zu sehen.

Am Abend traf ich den Dichter Sophokles bei einem Gastmahl. Er berichtete mir, dass die Besucher ein Tagegeld erhalten, weil man in Athen den Besuch der Schauspiele für eine allgemeine Pflicht hält. Die höchsten Beamten in Athen, die gewählt werden, bereiten die Festspiele vor und leiten sie. Reiche Bürger spenden Geld, um die Chöre und die Schauspieler zu bezahlen. Sie rechnen sich das als Ehre an. Sophokles war sehr stolz: Er hatte den Preis für das beste Stück gewonnen, den die Priester des Dionysos als Schiedsrichter vergeben. Inzwischen ist Sophokles, der schon als Schatzmeister des Attischen Seebundes Ansehen erworben hat, wegen des Stücks Antigone zusammen mit Perikles zum Strategen, zum Feldherrn, gewählt worden.

Ich frage dich: Ist es gut, dass der Staat die Menschen in das Theater schickt? Darf ein Stück gezeigt werden, das das Gebot des Königs öffentlich kritisiert? Ich verstehe auch nicht, warum die Bürger einen Dichter wegen seines Stücks in politische Ämter wählen. O edler Snefru, gib mir Antwort, denn ich bin verwirrt.

M 3 Dionysos-Theater
Das Dionysos-Theater wurde im 4. Jh. v. Chr. in den Hang der Akropolis gebaut; später gestalteten die Römer es um: (1) Marmorsitze für die Vornehmen; (2) Platz für den Chor; (3) Platz für die Schauspieler (Bühne); (4) Bühnenwand. Die Schauspieler waren Männer, die mit Masken auftraten. Das erzeugte eine beeindruckende Wirkung, die durch die Gesänge des Chors noch verstärkt wurde.

M 4 Schauspieler bereiten eine Aufführung vor (Vasenmalerei, um 400 v. Chr.)

M 5 In dem Stück wird die gefangene Antigone vor Kreon geführt:

Kreon: Dich frag ich nun, du senkst den Blick zu Boden: Gestehst du oder leugnest du die Tat?
Antigone: Ich wusste es, allerdings, es war doch klar.
Kreon: Und wagtest mein Gesetz zu übertreten?
Antigone: Der das verkündete, war ja nicht Zeus! (...)
So groß schien dein Befehl mir nicht, der sterbliche,
dass er die ungeschriebnen Gottesgebote,
die wandellosen, konnte übertreffen.
Sie stammten nicht von heute, nicht von gestern,
sie leben immer, keiner weiß seit wann.
An ihnen wollt ich nicht, weil Menschenstolz
mich schreckte, schuldig werden vor den Göttern.

Sophokles, Antigone. Übers. v. Wilhelm Kuchenmüller. Stuttgart 2000, Verse 446–450, 453–460.

M 6 Ein Schauspieler nach dem Auftritt (Vasenbild, 4. Jh. v. Chr.)
Der ältere, unrasierte Schauspieler ist erschöpft vom Auftritt und nimmt die Maske ab. Sie stellt einen Heros, Helden, dar, mit langen blonden Locken und gepflegtem Bart. In der linken Hand hält der Schauspieler ein Theaterschwert. Sein Kostüm mit den Reiterstiefeln verweist auf einen kriegerischen Helden.
Was erzählt das Bild über den Schauspieler und seine Rolle?

Fragen und Anregungen

1. Versucht ein Rollenspiel: Athener diskutieren auf dem Marktplatz oder zu Hause darüber, dass der Theaterbesuch sogar vom Staat bezahlt werden soll. Ein reicher Mann beklagt sich, dass er die Aufführungen finanzieren muss. Ein Dichter möchte mehr beachtet werden.
2. Verfasse den Brief eines Atheners der Antike, der eine heutige Theateraufführung, z. B. im Stadttheater, in eurer Schule, oder ein Musical besucht und nun seinen Freunden berichtet.
3. Untersuche die Haltung der Antigone. Hat sie richtig gehandelt? Sind Menschen heute vor vergleichbare schwere Entscheidungen gestellt?
4. Verfasse einen Antwortbrief des Snofru, der auf die Fragen des Narmer eingeht.

11. Wir entwerfen und spielen eine antike Szene: Glaukon in der Politik

Ihr habt selbst schon einmal bei einer Theateraufführung in der Schule mitgewirkt oder zumindest eine gesehen. Eine antike Szene, vielleicht aber auch eine selbst verfasste Szenenfolge wie die Griechen zu inszenieren ist sicherlich etwas Neues.

Es können alle in der Klasse mitwirken, weil sich Szenen, in denen Chöre auftreten, mit solchen abwechseln, in denen drei bis fünf Schauspieler die eigentliche Spielhandlung zeigen. Die Chöre unterbrechen die Handlung durch Gesänge oder Texte, in denen sie die Verhaltensweise der Figuren bewerten und kritisieren, den Zuschauern eine Lehre vermitteln oder auch als eine beteiligte Gruppe, zum Beispiel die Bewohner der Stadt, die Ratgeber des Königs, sprechen.

Die Schauspieler sind als Personen überhaupt nicht mehr erkennbar, weil sie völlig verkleidet sind. Sicherlich sind die Masken der wichtigste Bestandteil, weil so kein Schauspieler eine besondere Mimik zeigt, also durch den Gesichtsausdruck Freude, Schmerz oder andere Gefühle vermittelt. Die Griechen kannten sehr viele Maskentypen: den Vater mit den stark betonten, strengen Brauen, die freundliche oder ernste Frau, den heiteren Jüngling mit einer Girlande, der vom Gastmahl kommt. In der Komödie gab es viel mehr Masken und Figuren als in der Tragödie, zum Beispiel den Soldaten oder den Schmarotzer. Dagegen traten in der Tragödie auch Götter auf. Göttervater Zeus oder einen Herrscher erkannte man an der Maske mit dem mächtigen Bart und dem gelockten Haupthaar. Die alten Griechen fertigten die Masken aus Leinwand, bestrichen sie mit Kitt und malten sie bunt an. Ihr könnt solche Masken auch aus Gips oder Pappe basteln. Wichtig ist, dass man eine große Mundöffnung belässt, die früher als Tonverstärker wirkte.

M 1 Tonstatue einer Komödienfigur
Zum Kostüm der alten Frau gehören der mit Kissen ausgestopfte Bauch und Buckel und eine große Maske.

Die Schauspieler gingen auf Kothurnen, einer Art Plateauschuhe. Man kann die gleiche Wirkung erzielen, wenn man Holzklötze unter Turnschuhen befestigt. Natürlich wird man sich so nur sehr gemessen und langsam bewegen. Die Gewänder der Schauspieler waren bodenlang und verdeckten die Kothurne. Man kann zwei alte Bettlaken zusammennähen, so ähnlich wie für eine Verkleidung als Gespenst. Auch eine ausgehöhlte Kürbismaske ließe sich für eine griechische Theateraufführung einsetzen. Für die langen Gewänder könnt ihr aber auch alte, ausgediente Nachthemden verwenden.

Das Wichtigste ist natürlich das Stück oder die Szene. Eure Lehrer kennen vielleicht eine Szene. Ihr könntet natürlich auch selbst eine kleine Szenenfolge schreiben, ausgehend von dem Dialog des Sokrates mit dem jungen Glaukon, der auf der Volksversammlung auftreten will, um Einfluss und Ruhm zu gewinnen. Seine Familie ist entsetzt, seine Freunde raten ihm zu, Sokrates will ihn daran hindern. Gelingt es ihm? Schließlich hält er doch seine Rede. Wie kommt er bei den Zuhörern an? Als Chöre könnt ihr seine Freunde, die ihm zuraten, die Athener in der Volksversammlung, die ihn ablehnen, die Schüler des Sokrates, die Glaukon abraten, auftreten lassen. Denkt nur daran: Zuerst, vor dem Stück, zieht der Chor feierlich ein und trägt vor, worum es in dem Stück geht; zum Schluss zieht er feierlich aus, wobei er den Zuschauern die Lehre des Schauspiels vorstellt. Ob das Stück ein Trauerspiel oder ein Lustspiel wird, das müsst ihr selber entscheiden. Ein Schulfest oder ein Klassenelternabend wird auf diese Weise gut aufgelockert.

DAS WELTREICH DER RÖMER

Der Name Rom steht für eine Stadt in Mittelitalien – die heutige italienische Hauptstadt. Er steht aber auch für ein großes Reich, das für viele Menschen jahrhundertelang gleichbedeutend war mit der Vorstellung von staatlicher Macht. Die Römer glaubten, die Welt zu beherrschen. Damit waren sie freilich nicht die Einzigen: Auch die Chinesen z. B. hielten zur gleichen Zeit ihr Reich für die Mitte der Welt und alle anderen für Barbaren. Damals wusste niemand so recht, wie groß und vielfältig unsere Erde ist.

Die Macht der Römer gründete zunächst auf der Stärke ihrer Armee. Das Feldzeichen einer römischen Heeresabteilung ist reich geschmückt mit den Plaketten, die an die Unterstützung der Götter erinnern sollen – und auch an die vielen erfochtenen Siege.

Die Römer haben nicht nur überall großartige Bauwerke hinterlassen, wie etwa den Pont du Gard, eine riesige Wasserleitungs-Brücke, deren Bild den 5-Euro-Schein ziert.

Vor allem haben sie in ihrem Reich Menschen verschiedenster Herkunft zusammengebracht, die sich schließlich alle als Bürger eines Staates fühlen konnten.

Das Gebiet des Römischen Reiches im Jahr 117 n. Chr.

Die Statue eines römischen Rechtsanwalts oder Staatsmannes erinnert uns daran, wie viel mehr es braucht, ein solches Riesenreich auf Dauer aufrechtzuerhalten. Die Römer waren Vermittler von Bildung und Wissenschaft. Auch dieses Buch ist ja in lateinischen Buchstaben, also in der Schrift der Römer gedruckt.

Die kleine Pyramide lässt an Ägypten denken, aber sie steht in Rom. Die Statue des Priesters in römischem Gewand wurde in Weißenburg gefunden.

Der Opferaltar für Mithras, einen persischen Lichtgott, stammt aus einer römischen Kaserne im heutigen Hessen.

1. „Auch Rom wurde nicht an einem Tag erbaut …"

M 1 Rom um 700 v. Chr. und um 300 n. Chr. Es war ein weiter Weg von einer ärmlichen Siedlung irgendwo in Mittelitalien bis zum Häusermeer, das im Dunst der Millionenstadt verschwindet.

753 v. Chr. Sagenhafte Gründung der Stadt Rom

Die Redewendung „Auch Rom wurde nicht an einem Tag erbaut …" gebrauchen wir, wenn wir sagen wollen, dass eine bedeutende Angelegenheit ihre Zeit braucht. So war es auch mit der Stadt, die zum Ausgangspunkt und Mittelpunkt eines Weltreiches wurde. Verschiedene Umstände haben dazu beigetragen, dass eine zunächst ganz unbedeutende Siedlung einen solchen Aufstieg nehmen konnte: die geographische Lage, die Konkurrenz zu überlegenen Nachbarn, bei denen man vieles lernen konnte, und schließlich – so wollten es natürlich vor allem die Römer selbst sehen – die eigene Tüchtigkeit und auch die Hilfe der Götter.

Der Ort

Schon in alter Zeit hoben griechische und römische Schriftsteller die günstige Lage Roms hervor. Es liegt am Tiber, einem Fluss, der das ganze Jahr über Wasser führt und auf dem man Waren transportieren konnte. Das Meer ist nur etwa 25 km weit entfernt, nahe genug für Handel und Verkehr, aber doch so weit weg, dass man nicht Angst vor plötzlichen Überfällen der Seeräuber haben musste. Mehrere Hügel boten Sicherheit vor Angreifern und auch vor Überschwemmungen. Im Tiber liegt eine Insel, daneben eine Furt, welche die Überquerung des Flusses ermöglichte. Das machte die Stelle wichtig für die Viehzüchter, die hier ihre Herden vorbeitreiben konnten.

Von Norden und Süden trafen bei Rom auch zwei Straßen aufeinander, auf denen Salz transportiert wurde, eines der wichtigsten Handelsgüter früherer Zeiten.

Die umgebenden Berge schaffen ein mildes und angenehmes Klima, und die Gegend ist auch reich an Quellen, was besonders in einem südlichen Land eine ganz wichtige Voraussetzung für eine gute Entwicklung darstellt.

M 2 Die Lage Roms

M 3 Fest mit Tänzern und Flötenspielern
Dieses Bild stammt aus einer Grabkammer der alten Stadt Tarquinii (heute Tarquinia). Die Kunst der Etrusker war für die Römer vorbildlich. Auch das berühmte Bronzestandbild der römischen Wölfin ist etruskisch.

Die Nachbarn

Von Anfang an hatten die Römer mit mächtigen und oft auch überlegenen Nachbarn zu tun. Im südlichen Italien hatten die Griechen ihre Kolonien gegründet, z. B. Neapel. Auf dem Nordufer des Tiber begann das Gebiet der Etrusker, die für die Anfänge Roms von entscheidender Bedeutung waren.
Die Etrusker traten im 9. Jh. v. Chr. ins Licht der Geschichte. Sie bauten ihre Städte auf Hügelkuppen und schlossen sich zu mächtigen Städtebünden zusammen. Als sie nach Süditalien vorstießen, kamen sie mit den griechischen Kolonisten in Berührung. So haben die Römer viele Errungenschaften der Griechen zunächst über die Etrusker kennen gelernt. Doch die Etrusker waren nicht nur Vermittler. Im staatlichen und religiösen Leben der Römer zeigt sich ihr starker Einfluss schon in Äußerlichkeiten: Römische Könige und Beamte übernahmen etruskische Kleidung und Gebräuche wie die Purpurtoga oder die Ruten und Beile der Amtsdiener.
Vor wichtigen Entscheidungen befragten die römischen Priester wie die Etrusker das Orakel: Der Flug der Vögel oder die Eingeweide geschlachteter Tiere sollten Aufschluss geben über die Zukunft. Auch beim Bau von Städten und Tempeln, in Kunst und Technik waren die Etrusker die Lehrmeister der Römer.

Nach unseren heutigen Kenntnissen sind auf dem Palatinhügel schon vor dem 9. Jh. v. Chr. befestigte Siedlungen von Leuten aus Latium angelegt worden. Nördlich davon, auf dem Quirinal und dem Esquilin, haben sich im 8. Jh. v. Chr. Ansiedler aus dem Sabinerland festgesetzt. Irgendwann einmal schlossen sich die Anwohner zu einer einzigen Stadtgemeinde zusammen, möglicherweise unter der Herrschaft eines etruskischen Königs. Bald entwässerte man die sumpfige Niederung zwischen den Hügeln durch den Bau eines großen unterirdischen Abflusskanals, der so genannten Cloaca Maxima. Die Senke zwischen Kapitol und Palatin wurde zum Zentrum der Stadt, dem Forum Romanum.

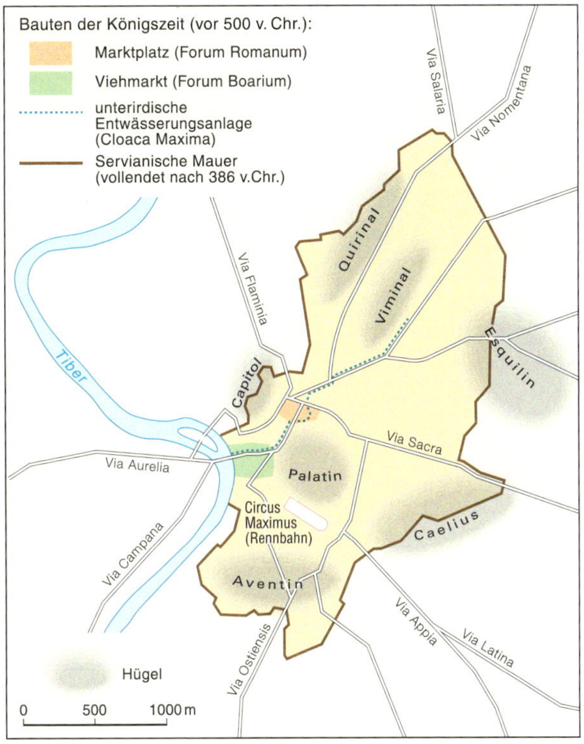

M 4 Karte von Rom um 350 v. Chr.
Suche die im Darstellungstext genannten Orte auf! Bestimme den Blickwinkel der Ansichten auf der vorhergehenden Seite.

Die Zeit der Gründung

In vielen Büchern steht, dass die Stadt Rom am 21. April des Jahres 753 v. Chr. gegründet wurde. Vor etwa 2000 Jahren hat ein römischer Gelehrter dieses Datum errechnet. Die Römer zählten die Jahre von der Gründung ihrer Stadt an. Für einen Römer war Jesus Christus also im Jahr 753 geboren. Aus seiner Sicht wären die ersten Menschen im Jahre 2721 auf dem Mond gelandet, und wir lebten jetzt im 28. Jh. „Roma", die lateinische Bezeichnung der Stadt, geht vielleicht auf den Namen einer etruskischen Königsfamilie zurück. Die Bedeutung ist unklar. Für die griechisch redenden Völker, die von den Römern unterworfen wurden, war es ein sprechender Name, denn in der griechischen Form „Rhomé" bedeutet das Wort auch: die Macht.

Die Sage von Romulus und Remus

„Seit Gründung der Stadt" heißt das Geschichtswerk des römischen Historikers Livius, der in 142 Büchern berichtet, wie sich die Stadt Rom entwickelte. Über die Gründung erzählt Livius Folgendes: In der kleinen Stadt Alba in Latium lebte die Königstochter Rhea Silvia. Ihre Familie stammte angeblich von dem trojanischen Helden Aeneas ab, der ein Sohn der Göttin Venus war. Nach der Zerstörung Trojas durch die Griechen war er aus Kleinasien geflohen und hatte eine neue Heimat in Italien gefunden. Rhea Silvia begegnete eines Tages dem Kriegsgott Mars, und sie empfing von ihm die Zwillinge Romulus und Remus. Als Priesterin hatte sie aber gelobt, ehelos zu bleiben und sich mit keinem Mann einzulassen. So wurde sie von ihrer Familie verstoßen. Ihre neugeborenen Knaben setzte man in einem Weidenkorb im Tiberfluss aus. Der Korb wurde unter einem Feigenbaum am Fuße des Palatinhügels ans Ufer geschwemmt. Eine Wölfin kam, die die Säuglinge ableckte und nährte. Ein Hirte, der dies beobachtete, nahm dann die beiden zu sich und zog sie auf. Man merkte Romulus und Remus aber bald an, dass sie zu Höherem als zum Viehhüten bestimmt waren. Als sie von ihrer edlen Abkunft erfuhren, beschlossen sie, am Tiber, dort wo die Wölfin sie gerettet hatte, eine eigene Stadt zu gründen.

M 5 Die Wölfin
war das heilige Tier des Kriegsgottes Mars und das Wahrzeichen der Stadt Rom. Es steht auf dem Kapitol. Die Figuren von Romulus und Remus wurden aber erst später hinzugefügt.
In mündlich überlieferten Erzählungen versuchten sich die frühen Völker klar zu machen, wie die Welt gebaut ist, wie die Naturkräfte wirken und woher sie selbst stammten. Dabei konnten sie Beobachtetes oder Erlebtes oft nicht von wunderbaren Vorstellungen trennen. Der Versuch, wahr und falsch in der Überlieferung zu trennen, war ein Schritt zur Wissenschaft.

Ein Vogelorakel entschied darüber, wo der Kern der neuen Ansiedlung liegen sollte: Am Palatinhügel, wo Romulus saß, flogen zwölf Geier vorbei, bei Remus auf dem Hügel gegenüber waren es nur sechs. Romulus zog gleich mit dem Pflug eine Furche um das Gebiet der zukünftigen Stadt. Remus verspottete ihn, indem er über die kümmerlich aussehende Begrenzung sprang. Romulus geriet in Zorn und erschlug den Bruder: „So ergeht es jedem, der über diese Mauern steigt!"
Um seine Stadt zu besiedeln, machte Romulus den Kapitolhügel zu einer Zufluchtsstätte: Jeder, der Schwierigkeiten hatte, konnte hier Unterschlupf finden. So sammelten sich in kurzer Zeit alle möglichen Leute: Verfolgte, Abenteurer, ja sogar Verbrecher. Aber Frauen gab es keine. Denn die Nachbargemeinden wollten mit diesen zwielichtigen Gestalten nichts zu tun haben und schon gar nicht mit ihnen verwandt oder verschwägert sein. Romulus griff zu einer List: Er lud die benachbarten Sabiner zu einem Fest in die Stadt ein. Auf ein Zeichen hin stürzten die Römer hervor, schleppten die sabinischen Frauen und Mädchen hinweg und vertrieben ihre Männer. Die Sabiner kehrten bewaffnet zurück, um ihre Frauen und Töchter wieder zu befreien. Viele Sabinerinnen hatten aber inzwischen Gefallen an den rauen Römern gefunden. Sie stellten sich zwischen die Haufen der Krieger und erzwangen den Frieden. Auch die Sabiner entschlossen sich, innerhalb der Stadt zu wohnen.

M 6 Ein Ölbaum und ein Feigenbaum auf dem Forum Romanum

Der Ölbaum steht, wic schon in Athen, für den Wohlstand und die Lebenskraft der Stadt. An der Stelle des Feigenbaums ist angeblich der Weidenkorb mit Romulus und Remus von dem über die Ufer getretenen Tiber angeschwemmt worden.

Überlege: Warum stand hier über Jahrhunderte hinweg immer ein Feigenbaum?

M 7 Livius über die Anfänge der Stadt

Livius wusste natürlich, dass vieles von dem, was er über die Anfänge Roms berichtete, nicht dem Anspruch genügte, nur das zu berichten, was wirklich war. Aber er gibt eine Rechtfertigung dafür:

Was über die Zeit vor der Gründung der Stadt und über die Umstände der Gründung überliefert ist, mehr in Form dichterisch ausgeschmückter Sagen als in unverdorbenen geschichtlichen Zeugnissen, das beabsichtige ich weder zu bestätigen noch zu widerlegen. (...) Wenn überhaupt einem Volk gestattet ist, seine Anfänge zu religiös zu verklären und auf göttliche Stifter zurückzuführen, so besitzt das römische Volk solchen Kriegsruhm, dass alle Völker, wenn es gerade den Kriegsgott Mars als seinen und seines Stifters Vater ausgibt, dies ebenso ruhigen Gemüts gelten lassen, wie sie seine Herrschaft dulden.

Livius, Ab urbe condita libri CXLII, praefatio 6 f., Bearb. d. Verf.

M 8 Beweise für Romulus?

Wirklich sichere Grundlagen über die frühe Geschichte Roms gewinnen wir da, wo die Überlieferung der Sage oder Geschichtsschreibung durch die Ergebnisse der Archäologen bestätigt wird. Hat es einen Mann namens Romulus wirklich gegeben? Oder wenigstens einen anderen Gründer der Stadt? Seit 1988 glaubt man, der Lösung dieser Frage ein bisschen näher gekommen zu sein.

Die „Augsburger Allgemeine" vom 11. August 1988 berichtete davon, dass Archäologen dem Stadtgründer auf der Spur seien:

Neue Ausgrabungen auf dem Palatin lassen die sagenhafte Überlieferung (von der Gründung Roms) der historischen Wahrheit etwas näher rücken. Ein internationales Archäologenteam unter der Leitung von Prof. Andrea Carandini (Universität Pisa) hat auf dem Hügel am Rande des Forums Romanum, der schon von dem lateinischen Historiker Tacitus als Ort der Rom-Gründung benannt worden war, so Erstaunliches zu Tage gefördert, dass manche bereits Romulus als historische Gestalt annehmen. Für die These (Behauptung) Carandinis, dass es sich bei dem Fund um Reste des von Romulus gebauten Mauerrings handeln könnte, spricht, dass in der Nähe der Mauer keine anderen Bauwerke entdeckt wurden. Es muss sich also um eine bewusst unbebaute Fläche handeln. Der Schluss liegt nahe, dass das Pomerium gefunden wurde, jenes von den Göttern bestimmte heilige Gebiet entlang der Stadtmauer, das nicht bebaut werden und wo es keine militärischen Einrichtungen geben durfte. „Wir haben das Zusammentreffen von Archäologie und Mythologie freigelegt", sagt Carandini und fügt hinzu: „Es ist nur eine Hypothese (Annahme), und ich kann auf ihre Richtigkeit nicht schwören. Es gibt aber bislang keine überzeugendere."

Die Palatin-Ausgrabungen sind wegen ihrer spektakulären Folgen für die Geschichtsschreibung sicherlich herausragend. „Die Sage von Romulus ist Geschichte", wurde in Italien bereits geschrieben.

Frank Rafalski, Augsburger Allgemeine, 11. August 1988

Fragen und Anregungen

1. Welche Begründung gibt Livius dafür, dass er teilweise Märchenhaftes berichtet? (M7)
2. Stelle die sagenhaften Züge in der Überlieferung zur Gründung Roms zusammen. (VT, M7)
3. Vergleiche die Ergebnisse der Ausgrabungen mit der Sage von der Gründung. (VT, M8)

2. „Auf Tradition ist der römische Staat gebaut – und auf Männer …“

M 1 Aeneas und Anchises
Für die Römer war der trojanische Held, der seinen alten Vater aus der brennenden Stadt getragen hatte, das Vorbild eines frommen Mannes. Er hatte seine Pflicht gegenüber Göttern und Menschen erfüllt. Die Sage von Aeneas hat der Dichter Vergil zu einem Epos ausgestaltet.

So brachte ein römischer Dichter die Grundlagen des römischen Gemeinwesens auf den Punkt. Die Römer haben gerade auf dem Gebiet von Recht und Gesetz den anderen Völkern ein großes Beispiel gegeben. Eine geschriebene Verfassung wie unser Grundgesetz, in dem die Spielregeln von Staat und Gesellschaft festgelegt sind, kannten sie aber nicht.

Unterordnung unter die „Vätersitte“

Die Römer hielten sich selbst für „die frömmsten der Menschen“. Sie waren peinlich auf die Erfüllung religiöser Vorschriften und Gebote bedacht. „Frömmigkeit“ bedeutete für die Römer aber nicht nur Verehrung der Götter. Gleiche Ehrerbietung war gegenüber den Eltern gefordert, vor allem gegenüber dem Vater. Diese Haltung bestimmte das ganze öffentliche Leben: Wie es die Väter und Vorväter gemacht hatten, war es richtig. Bei Begräbnissen führte man die Abbilder der Vorfahren mit. So wurden die Römer immer daran erinnert, dass sie nur Glieder in einer langen Kette von Generationen waren. Der Gehorsam gegenüber dem Vater setzte sich fort im Gehorsam gegenüber dem Staat, dem Vaterland. Diese „disciplina“ führte aber auch zu schrecklichen Vorfällen: Den Titus Manlius z. B. ließ sein eigener Vater hinrichten, weil er entgegen einem Befehl einen Feind getötet hatte. Solch unmenschliche Strenge wurde von vielen Römern getadelt. Aber die nahezu unbeschränkte Gewalt des Familienvaters nicht nur gegenüber seinen Sklaven, sondern auch gegenüber den Kindern und seiner Frau war eine der Grundlagen der römischen Ordnung.

Ungleiche Rechte für Männer und Frauen

Erwachsene freie Männer hatten es nicht schlecht. Wer sagen konnte: „Ich bin ein römischer Bürger“, der konnte den vollen Schutz der Gesetze einklagen. Als römischer Bürger war er für seine Person geschützt: Er durfte nicht ausgepeitscht werden. Wenn er vom Gericht zum Tode verurteilt wurde, durfte er seinen Fall der Volksversammlung vortragen.
„Vor dem Gesetz sind alle gleich.“ – Diesen Grundsatz gab es. Nur galt er nicht für alle: Sklaven hatten überhaupt keine Rechte; eine Frau unterstand der Vormundschaft von Vater oder Ehegatten. Rechtlich gesehen war sie nur die Tochter ihres Mannes. Dabei hatten Frauen in Rom durchaus mehr Freiheiten als etwa in Griechenland. Aber ihre Tätigkeit war von vornherein auf den Bereich des Hauses eingeschränkt. Freilich machte es einen Unterschied, ob man einer vornehmen Familie angehörte oder nicht.
Dass Frauen im Grunde nicht ganz selbstständig waren, das zeigte sich schon an der Namengebung: Die männlichen Römer hatten neben dem Familiennamen einen Vornamen wie Marcus oder Titus. Die Frauen trugen in der Regel nur den Familiennamen in weiblicher Form: Cornelia, Claudia oder Julia – wie wenn wir heute von einer Frau nur als von „der Huberin“ oder „der Meierin“ redeten.

M 2 Bildnis einer vornehmen jungen Frau
Dem Gesetz nach hatten Frauen in Rom eine schwächere Stellung als Männer. Sie wurden dazu erzogen, sich dieser Vorherrschaft zu fügen. Den Töchtern vornehmer Familien wurde aber doch meist eine höhere Bildung zugestanden. Sie errangen dadurch oft einen hohen Grad von Unabhängigkeit für sich selbst und großen Einfluss in der Politik. Die Regel aber war das nicht.

Rechtlose Werkzeuge: die Sklaven

Den untersten Platz in der römischen Gesellschaft nahmen die Sklaven ein. Der römische Schriftsteller Varro teilte das Zubehör eines Landwirtschaftsbetriebs folgendermaßen ein: Pflug und Wagen waren das „stumme Gerät", Pferd und Kuh „stimmbegabtes Gerät", die Sklaven schließlich das „sprechende Gerät". Sklaven galten nämlich nicht als Menschen; sie waren rechtlos. Wer den Sklaven eines anderen verletzte oder tötete, musste dem Herrn Schadensersatz leisten – wegen Sachbeschädigung. In späterer Zeit gab es zwar Schutzbestimmungen für Sklaven, sie entsprangen aber selten der Erkenntnis, dass man es mit Menschen zu tun hatte. Als keine fremden Völker mehr unterworfen wurden, kam auch weniger Nachschub auf die Sklavenmärkte, wo Kriegsgefangene als Sklaven verkauft wurden: Die Ware Mensch war teurer und kostbarer geworden.
Sklaven und Sklavinnen leisteten Arbeit in allen Bereichen des Lebens: als Arbeiter auf den Feldern oder im Bergwerk, als Handwerker, Schauspieler und Gladiatoren, als Ärzte, Kindererzieher oder Sekretäre der vornehmen Leute. Auch in der kaiserlichen Verwaltung waren sie als Sachbearbeiter tätig und hatten da oft mehr zu entscheiden als mancher freie römische Bürger.

So lebten die Sklaven

Für einen Sklaven war es von ausschlaggebender Bedeutung, an wen er verkauft oder in welchen Haushalt er hineingeboren wurde. Das schlimmste Los hatten wohl die Sklaven im Bergwerk oder auch die Arbeiter auf den großen Landgütern, die angekettet arbeiten mussten und auf dem freien Feld oder in eigenen Sklavenzwingern schliefen. Andere mit mehr Glück wurden zu persönlichen Helfern und echten Freunden ihrer Herren. Sie konnten sich mit zusätzlicher Arbeit Geld ver-

M 3 Halsband und Besitzermarke
Sklaven mussten Kennzeichen tragen, wie sie bei uns für Hunde üblich sind. Auf der Marke steht: „TENE ME NE FUGIA(M) ET REVOCA ME AD DOMINUM" (Halte mich fest, damit ich nicht flüchten kann, und bring mich zu meinem Herrn zurück).

dienen und ihre Freilassung erkaufen. Sie waren dann zwar noch nicht römische Bürger, aber auch das zu werden war nicht aussichtslos. Diese Freigelassenen bildeten eine große Gruppe in der römischen Bevölkerung.

Befreiungsversuche der Sklaven scheitern

„Wie viele Sklaven – so viele Feinde.“ Dieses Sprichwort gab es in Rom. Die Sklaven machten einen großen Teil der Bevölkerung aus. Trotzdem scheiterten die wenigen Versuche von Sklaven, sich selbst aus der Knechtschaft zu befreien. Diese aus allen Ländern zusammengefangenen Menschen hatten ja nichts gemeinsam als ihr hartes Los. Auch sie selbst sahen die Sklaverei oft als eine ganz natürliche Sache an, an der nichts zu ändern war. Die Herren waren bestrebt, unter den Rechtlosen nicht allzu viel Gemeinschaftsgefühl aufkommen zu lassen. Entsetzlich waren die Strafen, wenn ein Sklave sich gegen sein Schicksal aufzulehnen wagte: Als unter dem Kaiser Nero in Rom ein Herr von einem seiner Sklaven getötet wurde, da brachte man zur Rache auch alle anderen 400 Mitsklaven um, wie Tiere, die von einer ansteckenden Krankheit befallen sind.

Der römische Staat

Der Sage nach wurde Rom in seiner Frühzeit von sieben Königen regiert. Der letzte König aus einem etruskischen Geschlecht wurde um das Jahr 500 v. Chr. vertrieben. Die Römer ordneten ihren Staat neu: Die höchste Macht verteilten sie auf zwei gewählte Beamte, die Konsuln. Diese waren mit der gleichen Macht ausgestattet wie einst der König. Auf ihren Amtsgängen trugen ihre Diener Bündel mit Ruten und einem Beil – ein Zeichen dafür, dass ein Konsul strafen und über Leben und Tod entscheiden konnte. Den Senat hatte es schon früher gegeben. Diese beratende Versammlung wurde von den erfahrenen Oberhäuptern der großen adeligen Familien, der Patrizier, gebildet. Aus ihrem Kreis wurden gewöhnlich auch die Konsuln gewählt. So fielen die wichtigen Entscheidungen meist schon hier. Für die öffentlichen Ämter musste man durch die Volksversammlung gewählt werden. Dort stimmte man entweder nach Bezirken oder nach den Hundertschaften der waffenfähigen Krieger ab.

So war der Staat aus dem Besitz eines Königs zu einer Republik geworden, d. h. zu einer Sache des Volkes, an der die Bürger teilhaben konnten. Die neue Freiheit schützten die Römer aber so: Die Beamten wurden nur auf ein Jahr gewählt, und sie durften nicht unmittelbar anschließend für das gleiche Amt kandidieren. Alle wichtigen Ämter waren doppelt besetzt. So konnten die Amtsträger durch ihren Kollegen kontrolliert werden. Eine Ausnahme gab es: In Zeiten höchster Gefahr ernannte man einen einzigen obersten Befehlshaber, den Diktator. Aber auch dessen nahezu unumschränkte Befehlsgewalt war auf ein halbes Jahr begrenzt.

Republik

Das zu Grunde liegende lateinische Wort „res publica“ bezeichnet den Staat als eine öffentliche Angelegenheit, an der alle freien Bürger teilhaben. Das Wort „Gemeinwesen“ gibt ungefähr diese Bedeutung wieder. In dieser Hinsicht war die römische Republik ein Beispiel für die modernen demokratischen Staaten. Wir verwenden das Wort heute in einer etwas anderen Bedeutung für eine Staatsform mit einem gewählten Staatsoberhaupt.

Patrizier/Plebejer

Nicht alle römischen Bürger waren gleich am politischen Geschäft beteiligt. Die „Patrizier“ (v. lat. „pater“) waren die Angehörigen der großen Adelsfamilien und beanspruchten alle Ämter für sich. Die „Plebejer“ (v. lat. „plebs“), die Masse der übrigen Bürger, waren zunächst von höheren Staatsämtern ausgeschlossen. Erst im Laufe der Jahrhunderte erstritten sie sich in den „Ständekämpfen“ die Gleichberechtigung und auch das Recht, in eine patrizische Familie einzuheiraten.

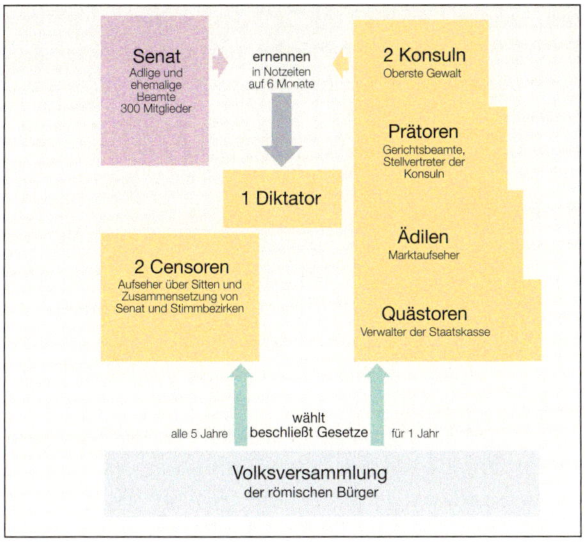

M 4 Die Ämterlaufbahn für die Beamten der römischen Republik

Wer in Rom nach oben kommen wollte, musste unten anfangen und Jahr für Jahr Erfahrung und politische Freunde sammeln. Für jedes Amt war auch ein Mindestalter vorgeschrieben. Der Zugang zu allen Ämtern für alle Bürger musste freilich erst im Laufe der Jahrhunderte erkämpft werden.

M 5 Abstimmung bei der Volksversammlung

Links zeigt die Münze aus dem 2. Jh. v. Chr. die Ausgabe der Stimmtafel; rechts wird sie in eine Urne geworfen. Der Zugang zur Urne wurde über einen besonderen Steg geregelt und kontrolliert.

M 6 Frauen in Rom

a) *Das Bild einer ehrbaren Frau.*

Aus einer alten Grabinschrift zum Lobe einer vorbildlichen Frau:

Es deckt der Grabstein eine schöne Frau,
die Eltern nannten sie Claudia;
sie liebte ihren Mann und gebar zwei Söhne.
Sie war von artiger Rede und von edlem Gang,
versah ihr Haus und spann Wolle.

Mommsen, Römische Geschichte, Abt. 1/2, Berlin 1868, S. 72.

b) *Bewegungsfreiheit*

Der Schriftsteller Cornelius Nepos schreibt über die relativ geachtete Stellung der Frauen in Rom:

Welcher Römer scheut sich denn, seine Gattin zu einem Gastmahl mitzunehmen? Wessen Gattin hat nicht Anspruch auf den ersten Platz im Hause? Wie ganz anders ist das in Griechenland. Denn keinesfalls wird sie dort zu einem Gastmahl zugelassen, es sei denn unter nächsten Verwandten; sie verbleibt auch stets im inneren Teil des Gebäudes, welcher Frauengemach genannt wird, und wohin niemand kommen darf außer ein naher Verwandter.

C. Nepos, De viris illustribus, praefatio I, 6, 7, Bearb. d. Verf.

c) *Männliche Aufsicht*

Ein Frau durfte freilich nicht alles. Der griechische Historiker Polybios weiß Folgendes zu berichten:

Bei den Römern kann eine Frau keinen Wein trinken, ohne entdeckt zu werden: Erstens hat sie nämlich keinen Zugang zum Weinkeller. Außerdem muss sie ihre eigenen Verwandten und die ihres Mannes küssen, wenn sie sie zum ersten Mal sieht. Wenn sie nur ein wenig getrunken hat, verrät sie sich von selbst.

Polybios, Fragmente aus der röm. Archäologie 11a, Bearb. d. Verf.

Konsuln

Nach der Gründung der Republik wurden jährlich zwei oberste Beamte gewählt, die in Krieg und Frieden die Staatsgeschäfte leiteten. Nach ihnen richtete sich auch die offizielle Jahreszählung. Amtlich hieß es also nicht „im Jahre 710", sondern „im Konsulatsjahr des Caesar und des Antonius".

Diktator

Im Falle höchster Gefahr wählte man einen einzigen Befehlshaber mit genau begrenzter Amtszeit. Als sich später mächtige Generäle zum Diktator auf Lebenszeit wählen ließen, war das ein Zeichen dafür, dass es mit der Freiheit der römischen Republik zu Ende ging.

Senator/Senat

„Senator" ist von dem lateinischen Wort für „alter Mann" abgeleitet. Der Senat war der mächtige „Rat der Alten". Gegen seinen Willen konnten auch die hohen Beamten wenig ausrichten. Ein griechischer Historiker nannte den Senat eine „Versammlung von Königen".
Plebejer hatten erst später Zutritt zum Senat, der ursprünglich eine Versammlung der Häupter der mächtigen Adelsfamilien war.

M7 Sklaven

a) *Menschen als Arbeitsmaschinen*
Dass Menschen auch als Arbeitsmaschinen verwendet wurden, wird deutlich an dieser Nachzeichnung eines römischen Kranes, dessen Laufrad als „Motorblock“ von Sklaven oder Sträflingen gebildet wurde.

b) *Ein Kaufvertrag*
Die Quittung stammt aus dem Jahre 142 n. Chr.:
Dasius Breucus hat gekauft und als Eigentum erworben den Knaben Aplaustus, von griechischer Geburt. Die Quittungsgebühr ist 2 Unzen (kleinere Münze). Der Kaufpreis beträgt 550 Denare. Verkäufer ist Bellicus Alexandri. Es wird garantiert, dass der Junge gesund, ohne bestehende Haftungsverpflichtung wegen Diebstahl oder Beschädigung ausgeliefert wird. Er ist kein Herumtreiber oder entflohen. Ausgestellt im Lager der Legio XIII am 16. Mai im Konsulatsjahr von Rufinus und Torquatus.

Nach: CIL, Tab. cer. 94

c) *Eine menschliche Stimme*
Um 50 n. Chr. machte der Philosoph Seneca auf die Unmenschlichkeit des Verhaltens der meisten seiner Zeitgenossen aufmerksam; er selbst war freilich auch Sklavenhalter:
„Es sind nur Sklaven.“ – Nein, vielmehr Menschen. „Es sind nur Sklaven.“ – Nein, vielmehr Hausgenossen. „Es sind nur Sklaven.“ – Nein, vielmehr Freunde geringeren Ranges. „Es sind nur Sklaven.“ – Nein, vielmehr Mitsklaven, wenn du bedenkst, dass das Schicksal über euch beide die gleiche Macht hat und der gleiche Tod beschieden ist.

Nach: Seneca, Epistulae Morales XLVII, 1, Bearb. d. Verf.

d) *Spartacus*
Unter der Führung des Spartacus gelang es in den Jahren 73–71 v. Chr. einer Gruppe von Sklaven, die römischen Herren zittern zu lassen. Spartacus gehörte zu einer Gladiatorenschule in Capua bei Neapel. Zusammen mit einigen Freunden floh er aus der Gladiatorenkaserne. Bald erhielten sie Verstärkung von entlaufenen Sklaven, sodass sein Heer bald über 90 000 Mann zählte. Unter der geschickten Führung des waffenkundigen Spartacus errangen die Sklaven sogar einige Siege über römische Heeresabteilungen. Der Senat hatte die Angelegenheit zunächst nicht ernst genommen; dann aber wurde eine ganze Armee ausgeschickt. Das Sklavenheer war trotz seiner Erfolge den römischen Legionen auf die Dauer nicht gewachsen. So gab es ein blutiges Ende und eine entsetzliche Rache. Der siegreiche Feldherr Crassus ließ 6 000 gefangene Sklaven kreuzigen. An der Straße von Capua bis Rom stand alle 300 Meter ein Kreuz – eine Warnung an jeden, der noch einmal eine Befreiung versuchen wollte.

M8 Ein Bürger der Republik als Diktator

Als Beispiel eines vorbildlichen römischen Bürgers erzählt Livius die Geschichte des Cincinnatus:
Der Mann, auf dem die Hoffnung der Römer ruhte, besaß jenseits vom Tiber vier Morgen Land, die er selbst bestellte. Dort treffen ihn die Abgesandten des Senats, wie er gerade pflügt. Er wird gebeten, die Toga anzulegen und die Botschaft des Senats anzuhören. Er ruft seine Frau, ihm die Toga zu bringen. Nachdem er sich Staub und Schweiß abgewischt hat und feierlich gekleidet hervortritt, begrüßen ihn die Abgesandten huldigend als Diktator. (C. besiegt dann an der Spitze eines Heeres die Feinde. Begeistert wird er vom Volk gefeiert. Zum Schluss heißt es:) Cincinnatus legte nach sechzehn Tagen die Diktatur nieder, die er für sechs Monate zugesprochen bekommen hatte.

Livius, Ab urbe cordita libri, CXLII, III, 26, 5 ff., 29, Bearb. d. Verf.

Frage und Anregung

„Stolz darauf, ein Römer zu sein!“ – Arbeitet in Gruppen ein Streitgespräch dazu aus! Wortführer sind: ein römischer Bürger – eine Römerin – ein römischer Sklave. Sie können jeweils noch Zeugen aufrufen, die klar machen, wie gut oder schlecht die Lebensbedingungen und Aufstiegsmöglichkeiten sind. (Die Materialien 2–7 sollten dafür genügend Beweismaterial liefern.)

3. Die Herren des Mittelmeeres

Bis 270 v. Chr.	Die Römer erringen die Vorherrschaft auf der italienischen Halbinsel.
264–146 v. Chr.	In den drei „Punischen Kriegen" vernichten die Römer die Stadt Karthago.
216 v. Chr.	Die Niederlage von Cannae bringt beinahe das Ende des römischen Staates.
168 v. Chr.	Bei Pydna in Nordgriechenland besiegen die Römer die Makedonen.
146 v. Chr.	Die Zerstörung von Karthago und Korinth zeigt die Macht der Römer im ganzen Mittelmeerraum.

M 1 Hannibal
Der karthagische Feldherr brachte den römischen Staat an den Rand des Abgrunds. Nach ihrem Sieg verfolgten ihn die Römer gnadenlos, bis er 183 v. Chr. Selbstmord beging.

Die Stadt Karthago in der Nähe des heutigen Tunis in Nordafrika war von Phönikern aus dem östlichen Mittelmeerraum gegründet worden. Die Karthager waren ausgezeichnete Seefahrer und gute Händler. Sie pflegten weit gespannte Handelsbeziehungen, vor allem im westlichen Teil des Mittelmeeres. Besonders auf der Insel Sizilien stießen sie dabei auf die Interessen der Griechen. Solange Rom unbedeutend war, unterstützten sie deshalb die Römer gegen die Griechen in Unteritalien, die sie mehr fürchteten. Die Römer verpflichteten sich ihrerseits durch Verträge, den Handel der „Punier" – so nannten sie die Karthager – nicht zu stören. Als Rom aber die Herrschaft über die ganze italienische Halbinsel errungen hatte, standen sich Römer und Karthager plötzlich als Konkurrenten gegenüber.

Der Erste Punische Krieg

Der Anlass zum Streit ergab sich auf Sizilien. Die reichen griechischen Städte hatten dort Söldner aus Italien angeworben. Im Jahre 264 v. Chr. meuterten diese Krieger und besetzten die Stadt Messina. Zuerst baten sie die Karthager, dann aber die Römer um Hilfe. Nach einigem Zögern folgten die Römer dem Hilferuf und überquerten die Meerenge zwischen dem Festland und Sizilien.

M 2 Rekonstruktion eines Kriegsschiffs
Für den Krieg mit Karthago mussten die Römer eine Flotte bauen und zur See kämpfen lernen. Die Erfindung der Enterbrücke sicherte ihnen sogar die Überlegenheit. Anstatt den Gegner mit dem Rammsporn (links) zu versenken, hakten sich die Römer am feindlichen Schiff fest. Soldaten stürmten hinüber und kämpften wie zu Lande.

Damit drangen sie in ein Gebiet ein, wo die Karthager niemand neben sich dulden wollten: Der Krieg war da. Bis dahin hatten die Römer nur zu Lande gekämpft. Gegen Karthago mussten sie schnell eine eigene Seemacht aufbauen. Aber sie waren schließlich erfolgreich: In verlustreichen Seeschlachten besiegten sie die Karthager.

Hannibal und der Zweite Punische Krieg

Am Ende des langwierigen und wechselvollen Ersten Punischen Krieges musste Karthago die römische Oberhoheit über Sizilien und die beiden anderen Inseln Korsika und Sardinien anerkennen.
Unter der Führung des Feldherrn Hamilkar Barkas bauten die Karthager nun ihre Siedlungen in Spanien aus, das wegen reicher Silber- und Zinnvorkommen wichtig war. In Hamilkars Sohn Hannibal erwuchs den Römern ein Todfeind, der sie beinahe zu Grunde gerichtet hätte. Der Anlass zum zweiten Krieg war ein Bündnisfall. Laut einem Vertrag sollte der Fluss Ebro in Spanien die Grenze zwischen den Gebieten der Römer und Karthager bilden. Die Stadt Sagunt lag im Gebiet der Karthager, war aber mit den Römern verbündet. Als Hannibal die Stadt 218 v. Chr. eroberte, schritten die Römer ein.
Hannibal wollte die Feinde in ihrem eigenen Land schlagen. So unternahm er etwas Unerhörtes: Er führte 50 000 Mann, 9 000 Reiter und 37 Elefanten über die Alpen nach Italien. In mehreren Schlachten wurden die Römer geschlagen. Die größte Niederlage erlitten sie im Jahre 216 bei Cannae, wo über 50 000 ihrer Soldaten fielen. Schon sah man die Punier vor den Toren der Stadt: „Hannibal ad portas!" („Hannibal bei den Toren!") war der Schreckensruf.
Aber die Römer beugten sich nicht und gingen zuerst in Spanien und dann in Afrika zum Gegenangriff über. In dem Feldherrn Scipio fand Hannibal einen ebenbürtigen Gegner. Ohne sein Ziel erreicht und die Römer entscheidend geschlagen zu haben, musste der Karthager schließlich Italien aufgeben. Die Schlacht von Zama – nicht weit von Karthago entfernt – entschied im Jahre 202 auch den Zweiten Punischen Krieg für die Römer.
Die Friedensbedingungen waren sehr hart: Die Karthager mussten nicht nur den Römern hohe Abgaben zahlen und Beschränkungen für ihren Handel hinnehmen. Sie wurden auch gezwungen, die meisten Schiffe auszuliefern. Einen Krieg sollte Karthago nur noch mit Zustimmung der Römer führen dürfen.

M 3 Kriegselefanten
Zunächst verbreiteten die Riesentiere Panik unter den römischen Soldaten. Aber sie lernten den Elefanten auszuweichen und sie zu erschrecken. Dann richteten diese mehr Schaden in den eigenen Reihen als beim Gegner an.

Der Dritte Punische Krieg: das Ende Karthagos

Viele Römer hielten die besiegte Stadt nach wie vor für gefährlich, oder sie waren auch nur neidisch auf deren immer noch vorhandenen Reichtum. Der Senator Cato wiederholte bei jeder Gelegenheit seine Meinung, dass Karthago zerstört werden müsse. Im Jahre 149 war es dann so weit: Karthago widersetzte sich den Über-

M 4 Ein tragischer Zwischenfall: der Tod des Archimedes
Im Jahre 212 v. Chr. eroberten die Römer auch die mit den Karthagern verbündete Stadt Syrakus. Ein römischer Soldat tötete den größten Ingenieur der Antike – eigentlich aus Versehen: Archimedes war zu beschäftigt mit einem geometrischen Problem. Dem hereinstürmenden Römer antwortete er auf die Frage „Wer bist du?" nur: „Störe meine Kreise nicht!" Dieser stach ihn nieder. Der römische Feldherr hatte ausdrücklich befohlen, den berühmten Wissenschaftler zu schonen.

griffen der benachbarten Numider. Diese waren mit den Römern verbündet und wollten die Schwäche der Punier ausnützen. Den Versuch der Karthager sich zu wehren, legten die Römer als eine Verletzung des Friedensvertrages aus und schickten ein Heer. Unter der Führung des Scipio Aemilianus, eines Enkels des Siegers über Hannibal, belagerten und eroberten sie die Stadt.
Im Jahre 146 v. Chr. wurde Karthago dann buchstäblich dem Erdboden gleichgemacht. Die römischen Sieger töteten die Bevölkerung oder verkauften sie in die Sklaverei. Den Boden der ausgebrannten Stadt ließen sie umpflügen, in die Furchen streuten sie Salz: Es sollte dort kein Leben mehr möglich sein. Angesichts dieses Endes der einst blühenden Stadt soll auch der römische Feldherr Tränen vergossen haben.

Die Herren des Mittelmeers

Um die Römer vollständig besiegen zu können, hatte Hannibal nach der Schlacht von Cannae ein Bündnis mit dem König von Makedonien geschlossen. Auch nach dem Ende des Zweiten Punischen Krieges war Hannibal bis zu seinem Tode bemüht, die Könige in Kleinasien zum Kampf gegen die Römer aufzustacheln, freilich ohne dauernden Erfolg. Aber seine Rastlosigkeit hatte wiederum die Römer darin bestärkt, auch in Griechenland und Kleinasien ihre Macht zu zeigen und auszudehnen. Sie besiegten die Makedonen im Jahre 168 v. Chr. bei Pydna und traten damit an die Stelle der Nachfolger von Alexander dem Großen. Als sie im Jahre 146 v. Chr. die einst mächtige Stadt Korinth völlig zerstörten, war dies ein Zeichen für die Vorherrschaft Roms auch in diesem Teil der Welt. Die Römer waren nun offenkundig das mächtigste Volk im ganzen Mittelmeer.

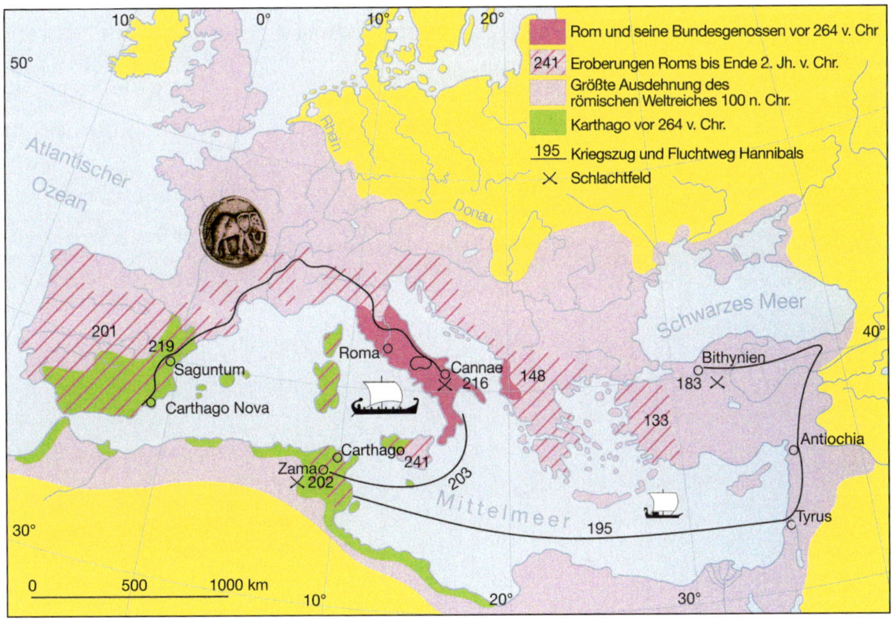

M 5 Der Schauplatz der Auseinandersetzung
Durch die Punischen Kriege erfuhr die römische Macht eine ungeheure Ausbreitung. Danach hatte Rom keinen gleichwertigen Gegner mehr. Der Weg Hannibals, des gefährlichsten Feindes der Römer, zeigt, dass der gesamte Mittelmeerraum in den Kampf einbezogen war.

Fragen und Anregungen

1. Mit welchen neuen Problemen mussten die Römer im Kampf gegen Karthago fertig werden? (M2, M3)
2. Verfolge auf der Karte den Weg Hannibals! Überlege, ob sein Verhalten nicht ungewollt zur Ausbreitung der römischen Macht beigetragen hat! (M1, M5)

Quellentexte beurteilen

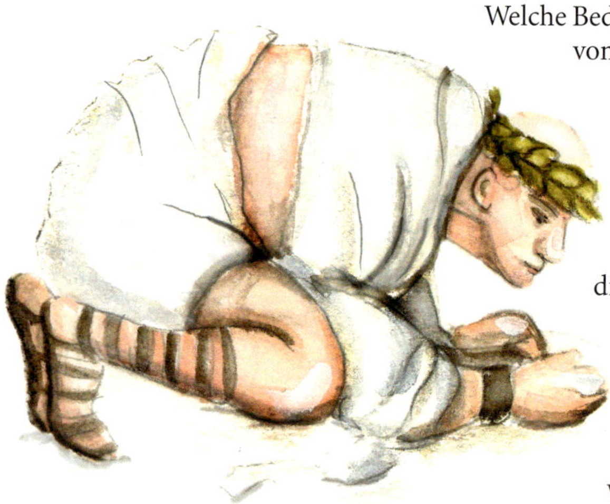

Welche Bedeutung geschichtlichen Quellen für unser Wissen von der Vergangenheit zukommt, damit haben wir uns ja schon beschäftigt. (Vgl. Kapitel S. 12–14.) Die Elfenbeinfigur aus der Altsteinzeit, die griechische Vase und der Taufschein aus dem letzten Jahrhundert auf Seite 12 – all das sind wertvolle Gegenstände oder Überlieferungen aus früherer Zeit, die dem Forscher Einblicke in die Vergangenheit ermöglichen.

Schriftliche Quellen, wie z. B. Chroniken, Tagebücher, Urkunden, Verträge, Protokolle, Verfassungstexte, Parteiprogramme, Zeitungsartikel usw., haben einen besonderen Rang. Oft geben sie uns auch schon einen Hinweis, wie wir das Aufgeschriebene zu deuten haben. Wir sind dann geneigt, das, was da schwarz auf weiß steht, schon für unbestrittene Tatsachen zu halten.

Aber die Sache ist schwieriger: Wie können wir denn annehmen, dass der Verfasser überhaupt über das, was er schrieb, genügend Bescheid wusste? Vielleicht wollte er sich nur wichtig machen. Hat er es ehrlich gemeint? Vielleicht wurde er gezwungen, ein Ereignis oder einen Sachverhalt auf eine bestimmte Art darzustellen. Möglicherweise wollte er die Leser späterer Zeit auch bewusst täuschen. Dann müssten wir Anhaltspunkte für eine Täuschung oder gar Fälschung finden. Du siehst also, so einfach ist das nicht.

Gerade Textquellen, die uns anscheinend schneller und umfassender informieren als ein ausgegrabener Gegenstand oder ein verblasstes Bild, müssen also genauer untersucht werden. Im Allgemeinen wird man folgende Fragen klären müssen:

Methodische Arbeitsschritte:

1. Wer hat den Text geschrieben?
2. Wann wurde der Text geschrieben?
3. Was ist Thema, Inhalt und wesentliche Aussage des Textes? (Hier hilft es Schlüsselwörter zu suchen; auch Überschriften können ein Anhaltspunkt sein!)
4. Werden besonders auffallende Begriffe verwendet? Was bedeuten sie heute? Was bedeuteten sie zur Zeit der Abfassung des Textes?
5. Für wen war der Text bestimmt?
6. Was für Absichten könnten mit der Abfassung des Textes verbunden gewesen sein? D. h., wird ein Sachverhalt parteiisch wiedergegeben oder wird eine Person einseitig beurteilt?
7. Findet der Text Bestätigung durch andere Texte aus der Zeit oder auch durch Quellen anderer Art?

Ihr merkt sicher schon: Nicht immer lassen sich alle Fragen leicht beantworten. Bei einigen sind wir auf Vermutungen angewiesen, andere sind nicht ohne Hilfe (Lexikon) oder überhaupt nicht zu beantworten.

Wir versuchen uns über die Darstellung der Punischen Kriege durch einen römischen Autor Klarheit zu verschaffen.

Von dem Historiker Titus Livius war schon einmal die Rede. Er hat zur Zeit des Kaisers Augustus – also zur Zeit um Christi Geburt – die Geschichte Roms seit der Gründung der Stadt verfasst. Auf Seite 113 kannst du ermitteln, wie er selbst über die Glaubwürdigkeit alter Überlieferungen dachte. Du kannst auch etwas darüber erfahren, wie er grundsätzlich zur Geschichte seines Volkes stand.
Die lange Auseinandersetzung zwischen Rom und Karthago lag auch für ihn schon mehr als 150 Jahre zurück. Aber sie interessierte ihn sehr, denn sie hätte ja für die Römer fast zur Katastrophe geführt. Besonders die Beweggründe des Eingreifens der Römer beschäftigten ihn. Bei antiken Geschichtsschreibern war es üblich, dass Feldherren und Politiker vor entscheidenden Ereignissen ihre Einstellung noch einmal in einer Rede zusammenfassten.

Titus Livius über die Punischen Kriege

Kontro vers

Der Zweite Punische Krieg – zwei Sichtweisen

M 1 Livius lässt die großen Gegner im Zweiten Punischen Krieg, den karthagischen Feldherrn Hannibal und den Römer Publius Cornelius Scipio, zu Wort kommen. Die folgenden Auszüge sind aus verschiedenen Teilen seiner Darstellung genommen, aber sie geben die jeweilige Einstellung gut wieder:

a) Hannibal meint:
Dieses so grausame und hochfahrende Volk (der Römer) nimmt alles in Besitz und unterwirft alles seiner Willkür. Mit wem wir Krieg, mit wem wir Frieden haben dürfen, das anzuordnen steht nach seiner Meinung ihm zu. Es schließt uns aufs Engste in den Grenzen von Bergen und Flüssen ein, die wir nicht überschreiten sollen, und hält die Grenzen selbst nicht ein, die es festgesetzt hat.

b) Scipio meint:
Unsere Väter haben nicht zuerst um Sizilien, noch haben wir selbst um Spanien Krieg angefangen. Damals hat uns die Gefahr für die mit Rom verbündeten italischen Söldner die Waffen auf Grund von Recht und Pflicht in die Hand gedrückt. Jetzt hat uns die Zerstörung der Stadt Sagunt durch euch Karthager zum Kampf gezwungen.

Livius, Ab urbe condita libri CXLII, XXI, 44, 5 ff; XXI, 30 f., Bearb. d. Verf.

M 2 Römische Bündnistreue
Der römische Staatsmann Cicero lebte eine Generation vor Livius. In einem Buch über den Staat lässt er eine Diskussion über die Gründe der römischen Macht führen. Einer der Gesprächsteilnehmer stellt die Behauptung auf:
Unser Volk hat durch Verteidigung der Bundesgenossen die Herrschaft über alle Länder gewonnen.
Cicero, De re publica III, 24, Bearb. d. Verf.

Fragen und Anregungen

1. Welche der Fragen auf der vorhergehenden Seite lassen sich für die Texte M1a und b beantworten?
2. Formuliere die Fragen schriftlich und beantworte sie in kurzen Sätzen.
3. Wie zuverlässig ist die Darstellung des römischen Autors für ein objektives Bild von dem, was damals geschah und aus welchen Gründen es geschah? Das lässt sich am besten in einem Streitgespräch organisieren.

4. Wem gehört der Staat?

M 1 Senatus · Populus · Que · Romanus

Senat und Volk von Rom – so lautete über Jahrhunderte hinweg der offizielle Titel des römischen Staates. Auch heute finden wir überall in der italienischen Hauptstadt diese Abkürzung. Was aber verbarg sich hinter dieser Formel? Nicht immer waren alle Römer in gleicher Weise an der Macht beteiligt. Kriege und ihre Folgen veränderten das Gleichgewicht. Und nach langen Bürgerkriegen beanspruchten die römischen Kaiser für sich allein das Recht, im Namen des römischen Volkes zu handeln.

Um 500–287 v. Chr.	Die Plebejer erringen ihre Gleichberechtigung im Staat; das Amt des Volkstribuns ist für sie ein wichtiges Mittel in diesem Kampf.
133–123 v. Chr.	Versuche zu einer gerechteren Verteilung des Ackerlandes scheitern am Widerstand der wohlhabenden Optimaten.
Um 100 v. Chr.	Gaius Marius schafft mit seiner Heeresreform eine Berufsarmee.
1. Jh. v. Chr.	Im „Jahrhundert der Bürgerkriege" kämpfen Feldherren um die Macht im Staat. Übergang von der Republik zur Monarchie.
49–46 v. Chr.	Im Bürgerkrieg gegen Pompeius erringt Caesar die Alleinherrschaft.
15. März 44 v. Chr.	Die Ermordung des Diktators Caesar führt nicht zu einer Stärkung der Republik.
31 v. Chr.	Octavianus siegt im Bürgerkrieg gegen Marcus Antonius und errichtet als Kaiser Augustus eine Alleinherrschaft.
Um Christi Geburt	Zeitalter des Augustus

Ungleicheit zwischen Patriziern und Plebejern

Ungleichheit unter den Bürgern bestimmte lange Zeit das innere Leben der römischen Republik. Zuerst war der Gegensatz im Staat aber nicht durch Besitz bestimmt, sondern durch den Stand, in den man hineingeboren war. Die Häupter der adeligen Familien, die im Senat saßen, wiesen stolz auf eine Reihe berühmter Väter hin. Davon kam auch der Name „Patrizier" (vgl. S. 108), den sie sich selbst gaben. Sie versuchten, den „Plebejern", der namenlosen Masse des Volkes, den Zugang zu den höchsten Ämtern zu verwehren. Es sollte auch keine Heirat zwischen Patriziern und Plebejern geben.

Gleichberechtigung für die Plebejer

Vor allem die Plebejer hatten aber mit Arbeit und Kriegsdienst immer die Lasten des Gemeinwesens zu tragen; sie wehrten sich gegen diese Missachtung. Mehrmals drohten sie auszuwandern und eine neue Stadt zu gründen, wenn Pflichten und Rechte nicht besser verteilt würden. Die Patrizier mussten ihren Forderungen nachgeben. Seit 287 v. Chr. hatten die „Plebiszite" sogar Gesetzeskraft: Entscheidungen, die die Plebejer nur unter sich getroffen hatten, waren für alle Römer verbindlich, auch für die Patrizier.

Das Amt des Volkstribuns

Als wichtigstes Mittel der Plebejer in den Ständekämpfen erwies sich das Amt des Volkstribuns, das schon im Jahre 494 v. Chr. geschaffen worden war. Die Plebejer wählten die Volkstribunen, die ihre Interessen vertreten sollten. Ein Volkstribun war in seiner Person unantastbar: Wer gegen ihn die Hand erhob, sollte mit dem Tod bestraft werden. Volkstribunen beriefen die Versammlungen der Plebejer ein und machten dort Vorschläge. Ihre eigentliche Macht beruhte aber auf ihrem Ein-

M 2 Römischer Bauer
„Wenn unsere Vorfahren einen guten Mann lobten, lobten sie ihn so: ein guter Landwirt und ein guter Bauer. Aus den Landwirten kommen die tapfersten Männer und die tüchtigsten Soldaten." *Der Senator Cato, der dies schrieb, lobte die alte Art, aber er war selbst schon ein Großgrundbesitzer und verdiente Geld mit Handelsgeschäften.*

Cato, De agricola 1, 2, 4, Bearb. d. Verf.

Das Marmorrelief eines Bauern stammt freilich erst aus der Zeit um Christi Geburt.

spruchsrecht. Wenn ein Volkstribun sagte: „Veto" (Ich verbiete es!), dann war es z. B. den Staatsdienern nicht mehr erlaubt, eine Verhaftung vorzunehmen. Als Vertreter der Plebejer war ein Volkstribun sozusagen der Generalstreik in Person: Er konnte alles lahm legen.

Ungleiche Verteilung der Kriegsbeute

Für die einfachen römischen Bürger in Italien hatten vor allem die Punischen Kriege schlimme Auswirkungen. Als immer weiter weg immer längere Kriege geführt wurden, konnten die Bauernsoldaten die Felder nicht bestellen. Dann mussten sie Geld aufnehmen, nur um das Saatgut zu kaufen. Wenn sie ihre Schulden nicht zurückzahlen konnten, verloren sie ihren Hof an reiche Großgrundbesitzer. Die Mächtigen profitierten andererseits umso mehr; sie konnten nun alles genießen, was gut war in den unterworfenen Ländern. Diese neue Oberschicht aus altem Adel und reich gewordenen Plebejern nannte man Nobilität. Ein Teil derselben, die „Optimaten" (d. h. die Besten), verteidigte misstrauisch ihre Vorteile gegen jenen Teil der Nobilität, der als „Popularen" (Volksfreunde) bezeichnet wurde. Auch ihr Leben änderte sich: Vor allem die Griechen wurden durch ihre überlegene Kultur zum Vorbild einer neuen und feineren Lebensart. Viele reiche Leute ahmten nun den Luxus griechischer Herrscher nach: Leute wie der Senator Cato sahen dadurch die bewährte altrömische Lebensart gefährdet; ihre Warnung vor dem Einfluss des Hellenismus war jedoch vergeblich.

M 3 Landhaus eines reichen Römers (Wandmalerei Pompeji)
Wie ein römischer Schriftsteller sagt, waren diese Landsitze oft „nach Art ganzer Städte" ausgebaut – zum Luxus des reichen Herrn, der obendrein noch ein Haus in der Hauptstadt besaß.

Provinzen entstehen

Im Laufe der Punischen Kriege veränderten die Römer ihr Verhalten gegenüber den Besiegten. Erobertes Land wurde nicht mehr als Ackerland an römische Bürger verteilt oder in ein Bündnis mit Rom aufgenommen. Die Gebiete außerhalb Italiens wurden nun als „Provinzen“ von einem Prätor verwaltet; dessen Befehlsgewalt war schwer zu kontrollieren. Das Recht, Steuern zu erheben, verkaufte der Staat an Steuerpächter. Diese plünderten das Land aus: Sie trieben mehr ein, als sie in Rom abliefern mussten, und behielten den Rest für sich.

Eine neue Art zu wirtschaften

Die Unterwerfung ganzer Völker hatte damals viele tausende zu Sklaven gemacht. Dies brachte auch eine neue Art zu wirtschaften: Durch die Arbeit von Sklaven und die Spezialisierung auf bestimmte Früchte konnten große Landgüter viel und billig produzieren.

Parteien spalten das Volk

Damit konnten die einfachen Bauern nicht konkurrieren. Ruiniert zogen sie mit Frauen und Kindern in die Stadt, wo sie elend dahinlebten. Sie bildeten die Gefolgschaft der „Popularenpartei“, der Partei der kleinen Leute, die mit den „Optimaten“, der Partei der neuen reichen Oberschicht, um die Macht im Staate kämpfte. Der Kampf ging nun nicht mehr um politische Gleichberechtigung, sondern um die Verteilung der Kriegsbeute aus den Siegen im Westen und Osten des Mittelmeeres.

Die Armee entscheidet über die Macht

Eine Aufstiegsmöglichkeit für tüchtige Leute ohne Geld bot das Berufsheer, das der beim Volke sehr beliebte General und Politiker Marius schuf. Auch dies veränderte freilich die Machtverhältnisse im Staat. Denn die Soldaten folgten nun weniger dem Senat und den gewählten Beamten als den Feldherren, die sie anstellten, bezahlten und ihnen für die Zeit nach ihrem Militärdienst als Abfindung Geld oder ein Stück Land versprachen. Die Auseinandersetzung zwischen den Parteien wurde nun nicht mehr mit Abstimmungen ausgetragen, sondern mit Waffengewalt. In den Bürgerkriegen kämpften römische Armeen gegeneinander. Schließlich bestimmten im Staat die Generäle. Sie hatten ja die Soldaten hinter sich und konnten ihren Willen mit Gewalt durchsetzen.

M 4 Römischer Soldat

Die Soldaten hießen beim Volke die „marianischen Maulesel“, weil sie so viel mit sich herumschleppten. Die römischen Soldaten waren einheitlich und zweckmäßig bewaffnet. Auf dem Marsch führten sie Lebensmittel und Kochgeschirre mit. Aus den Pfählen, von denen jeder Soldat einen trug, konnte man im Feindesland schnell einen Schanzzaun errichten.

Der General und Politiker Marius hatte die Reform des römischen Heeres durchgesetzt. Die Wehrpflicht aller Bürger wurde abgeschafft. Die Soldaten, die in weit entfernten Ländern kämpften, waren nun Berufssoldaten.

M 5 Die drei bekanntesten Römer ihrer Zeit
Gaius Julius Caesar (rechts), sein Gegner Gnaeus Pompeius Magnus (links) und – zwischen beiden – Marcus Tullius Cicero, der als Konsul des Jahres 63 v. Chr. eine Verschwörung aufgedeckt hat. Cicero war der größte römische Redner und Schriftsteller. Auch heute noch werden seine Schriften studiert. Aus seinen Reden und etwa 800 Briefen gewinnen wir einen genauen Einblick in die Ereignisse der Zeit. Caesar stammte aus einer verarmten patrizischen Familie. Er war ein vielseitig begabter Mann. Als Soldat, Staatsmann und Schriftsteller hat er Außerordentliches geleistet. Unter seiner Führung eroberten römische Armeen Gallien, das heutige Frankreich. Als Politiker wurde er zum Führer der Popularenpartei. Er ließ sich zum Diktator auf Lebenszeit ausrufen. Am 15. März des Jahres 44 v. Chr. wurde er von Verschwörern ermordet.

Von der Republik zur Monarchie: Caesar

Der erfolgreichste Politiker dieser Art war Gaius Julius Caesar. Aber er wurde von Verschwörern ermordet, die glaubten, damit die Freiheit der Bürger wiederzugewinnen und die alte Republik wiederherzustellen. Caesar hatte zuvor noch seinen neunzehnjährigen Großneffen Gaius Octavianus adoptiert und zu seinem Erben erklärt. Zusammen mit Caesars Unterfeldherrn Marcus Antonius und dem Politiker Lepidus, einem Anhänger Caesars, bildete dieser ein Bündnis, um sich an den Mördern Caesars zu rächen.
Das Bündnis zwischen Marcus Antonius und Octavianus zerbrach bald. Schließlich siegte Octavianus im Jahr 31 v. Chr. an der Westküste Griechenlands über die vereinte Flotte des Marcus Antonius und der ägyptischen Königin Kleopatra.

Augustus

Octavianus hatte aus dem Ende Caesars gelernt. Bescheiden nannte er sich „Princeps", den „ersten Bürger", und versteckte seine Macht geschickt. Den Senat und die Volksversammlung behandelte er mit Respekt. Er stellte sich zur Wahl und bat um Bestätigung seiner Maßnahmen, so als ob in Rom und Italien die Republik wiederhergestellt worden wäre. Aber die wirkliche Macht behielt er fest in der Hand: Er kommandierte das Heer. Mit der Befugnis eines Volkstribuns ausgestattet, konnte er mit seinem Einspruch andere Amtsträger blockieren. Als mächtigster Bürger übernahm er die Getreideversorgung Roms; damit hatte er die Bevölkerung in der Hand. In den kaiserlichen Provinzen herrschte er direkt durch eigene Beamte. Später ließ er sich „Augustus", den „Erhabenen", nennen. Wir bezeichnen seine überragende Machtstellung mit dem Titel „Kaiser".

Kaiserzeit

Aus dem Namen Caesars (damals wie „kaisar" gesprochen), den auch Octavianus angenommen hatte, ist ein Herrschertitel geworden. Mit „Kaiserzeit" bezeichnen wir die Jahrhunderte von Augustus bis zum Ende des Reiches im Westen 476.

Die Römer selbst nannten die von Augustus errichtete Herrschaftsform „Prinzipat"; das Wort kommt von lateinisch „Princeps" (der Erste). Nach außen hin bleibt der Staat eine Republik, in Wirklichkeit ist er aber eine Monarchie.

M 6 Die Fabel vom Magen und den Gliedern

Als die Plebejer auf den Heiligen Berg bei Rom gewandert waren und drohten, eine eigene Stadt zu gründen, erzählte ihnen der Senator Menenius Agrippa eine Fabel und bewegte sie damit zur Rückkehr:

Einst verschworen sich alle Glieder des Körpers gegen den Magen. Sie wollten nicht länger immer nur arbeiten, während der Magen nichts anderes tat, als sich mit den herangebrachten Speisen zu sättigen. Die Hände griffen also keine Nahrung mehr auf, und auch Mund und Zähne streikten. Aber da geschah es, dass nicht nur der Magen schrumpfte, sondern dass der ganze Körper völlig schwach und elend wurde. Da merkten die Glieder, dass eines vom andern abhängt und auch der Magen das Seine zum Wohlbefinden des Körpers beiträgt. So sei das auch im Staat mit Senat und einfachem Volk.

Die Plebejer verstanden den Sinn der Geschichte und versöhnten sich wieder mit den Patriziern.

Livius, Ab urbe condita libri CXLII, II, 32, 5 ff., Bearb. d. Verf.

M 7 Schlechte Zeiten für die Bauern Italiens

Der griechische Historiker Appian berichtet über die Veränderung der Verhältnisse in Italien durch die Kriege:

So wurden die Reichen noch reicher, und die Sklaven nahmen auf dem Land überhand. Die Bauern dagegen wurden durch Armut, Abgaben und Kriegsdienste aufgerieben. Auch wenn sie einmal davor Ruhe hatten, waren sie zur Untätigkeit verurteilt, weil die Reichen im Besitz von Grund und Boden waren und Sklaven statt freier Tagelöhner zur Landarbeit gebrauchten.

Appian, Bürgerkriege I, 7, Bearb. d. Verf.

M 8 Ein Mann aus dem Volke

Der populäre Feldherr Marius spricht in einer Rede vor dem Volk selbstbewusst über sich und tadelt seine adeligen Gegner:

Nicht feingefügt sind meine Worte – darauf leg' ich keinen Wert. Verdienst zeigt sich genügend durch sich selbst. Auch Griechisch habe ich nicht gelernt: Ich hatte keine rechte Freude, es zu lernen. Denn ihnen, die es konnten, hat's zur Tapferkeit nichts beigetragen. Was aber für den Staat das Allerbeste ist, habe ich gelernt: einen Feind erschlagen, Posten stehen, nichts zu fürchten als den üblen Ruf. Das sind meine Grundsätze.

Sallust, Bellum Iugurthinum 85, 31, Bearb. d. Verf.

M 9 Die Persönlichkeit Caesars

Nach dem Tode des Diktators Caesar gibt Cicero folgende Einschätzung seines Charakters und seiner Handlungsweise:

Er besaß Geist, einen scharfen Verstand, ein gutes Gedächtnis, wissenschaftliche Bildung, Arbeitskraft, Scharfsinn und Umsicht. Seine Kriegstaten waren zwar ein Unglück für den Staat; sie waren aber dennoch bedeutend. Viele Jahre hat er auf die Errichtung einer Zwangsherrschaft hingearbeitet. Seine Anhänger hat er durch Belohnungen, seine Gegner durch den Schein der Milde an sich gefesselt. Er hat eine freie Bürgerschaft teils durch Einschüchterung, teils durch Nachgiebigkeit an das Sklavenjoch gewöhnt.

Cicero, 2. Philippische Rede, 116, Bearb. d. Verf.

M 10 Die Gründe für den Sieg des Octavianus

Der Historiker Tacitus erklärt das Ende des Bürgerkrieges so:

Er (Octavianus) schob sich allmählich empor und zog die Befugnisse des Senats, der Behörden, des Gesetzgebers an sich, ohne dass sich jemand widersetzte. Denn die mutigsten Männer waren den Kämpfen oder der Ächtung zum Opfer gefallen. Die übrigen Adeligen zogen als Nutznießer der neuen Verhältnisse die Sicherheit der Gegenwart den Gefahren der Vergangenheit vor.

Tacitus, Annales I, 2, Bearb. d. Verf.

Fragen und Anregungen

1. Diskutiert, ob man mit der Fabel des Menenius Agrippa auch den Zustand des römischen Staates nach 146 v. Chr. beschreiben könnte! (M6, M7, M8)
2. Was waren für Cato die guten Eigenschaften der alten Römer? Was verursachte das Ende des Bauernstandes in Italien? Wie veränderte sich das Leben der römischen Oberschicht durch den Sieg? (M2, M3)
3. Kannst du eine Erklärung dafür finden, warum Caesar ermordet wurde, sein Nachfolger Octavianus/Augustus aber die Herrschaft auf Dauer festigen konnte? (M9, M10)

Standbilder deuten

Die Bildnisse von Herrschern – Gemälde, Standbilder oder auch auf Münzen – dienen nicht nur der Verschönerung. Die Kunst soll auch den Herrscher und seine Absichten im Volke bekannt und beliebt machen. Gerade in der Zeit des Augustus wird das sehr deutlich. Eine der bekanntesten Darstellungen ist die lebensgroße Statue (ganz rechts), die bei Primaporta an der Stadtgrenze von Rom gefunden wurde. Wir fragen uns: Welches Bild des Herrschers sollte das Standbild vermitteln? Dazu müssen wir klären:

Die Augustus-Statue

Methodische Arbeitsschritte:

1. Welche bekannten Darstellungen konnte der Künstler als Muster benutzen? Wie hat er sie verändert?
2. Welche Einzelheiten fallen auf? Kann man dahinter eine Aussage erkennen, die die dargestellte Person in ein besonderes Licht rückt?
3. Passt das zu dem, was wir sonst noch über die dargestellte Person wissen?

M 1 Die Statue des Speerträgers ist ein weithin bekanntes Werk des griechischen Bildhauers Polyklet. Der kleine geflügelte Knabe am Bein des Augustus stellt den Gott Amor dar und soll an die Abstammung der kaiserlichen Familie von der Göttin Venus erinnern. Der Herrscher ist in Rüstung und Soldatenmantel gekleidet. Die Statue war ursprünglich auch bemalt. Auf der Rekonstruktion sehen wir v. a. die Verzierungen auf dem Brustpanzer deutlicher:

- Oben die schützenden Himmelsgötter mit dem Sonnenwagen.
- In der Mitte werden einem römischen Gesandten Feldzeichen wiedergegeben, die in einem früheren Krieg verloren worden waren.
- Unten sitzt die Göttin des Friedens mit dem Füllhorn.

Betrachte die Statue und die Rekonstruktion mit den Eräuterungen und stelle zusammen :

1. Welchen Eindruck gewinnt man von Augustus als Mensch?
2. Was sind die Grundlagen seiner Herrschaft? Wie übt er sie aus?
3. Wie erfolgreich ist er als Soldat?
4. Vergleiche die Körperhaltungen der Statuen.

Verfasse davon ausgehend eine Inschrift zum Standbild!

5. Im Römischen Reich entsteht eine neue Religion: das Christentum

Ca. 30 n. Chr.	Jesus von Nazareth wird in Jerusalem (Provinz Judäa) am Kreuz hingerichtet.
64 n. Chr.	Unter Kaiser Nero beginnen die Christenverfolgungen.
312 n. Chr.	Konstantin gewinnt mit dem Christuszeichen die Macht in Rom.
313 n. Chr.	Kaiser Konstantin erklärt das Christentum zur gleichberechtigten Religion.
391/92 n. Chr.	Kaiser Theodosius I. erklärt das Christentum zur einzigen erlaubten Religion.

Jesus Christus wird gekreuzigt

Um das Jahr 30 wurde in der Provinz Judäa der Jude Jesus von Nazareth von römischen Soldaten verhaftet und durch Kreuzigung hingerichtet. Jesus hatte von sich behauptet, der Sohn Gottes, der „Gesalbte", also „Christus" zu sein. Mit seinen Predigten gewann er viele Anhänger vor allem bei den Armen, den Sklaven und den Frauen, aber mehr und mehr auch bei reichen römischen Bürgern.
Jüdische Schriftgelehrte hatten ihn daraufhin angeklagt, mit seiner Lehre falsche Vorstellungen von Gott zu verbreiten und die Menschen damit in die Irre zu führen.

Die Apostel gründen christliche Gemeinden

Die Anhänger und Schüler (Apostel) Jesu ließen sich nach dessen Hinrichtung nicht davon abhalten, seine Lehre vor allem von einem einzigen Gott und von der Nächstenliebe zu verbreiten. Bald entstanden in Judäa und dann auch außerhalb, z. B. in Rom, christliche Gemeinden.

M 1 Die Ausbreitung der christlichen Religion bis 1054

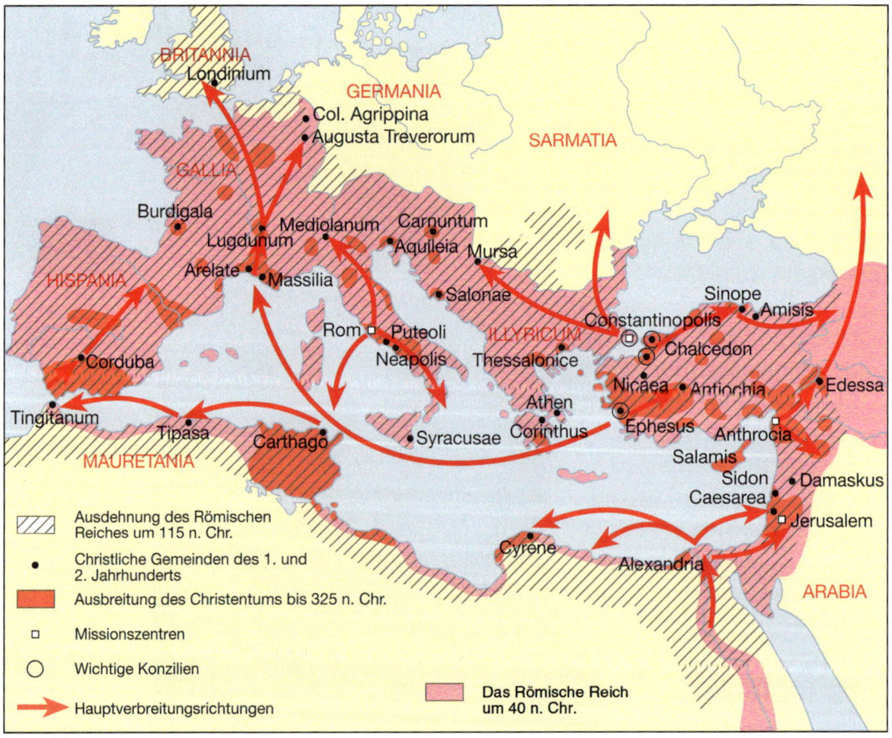

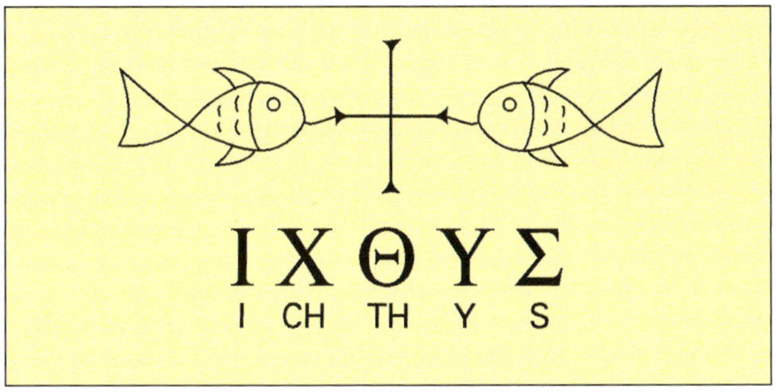

M 2 Christliche Geheimsprache
Fisch und Guter Hirte sind Beispiele für Wandbilder aus der Zeit der Christenverfolgung in Rom. Die Christen tauschten damit Botschaften aus. Die Einzelbuchstaben des griechischen Wortes für Fisch ergeben die Anfangsbuchstaben für fünf Wörter, die eine Kurzformel des christlichen Glaubensbekenntnisses bilden. In deutscher Sprache bedeuten sie „Jesus Christus, Sohn Gottes (und) Erlöser".

Opferbefehle werden verweigert

Der römische Staat duldete anfangs den Glauben der Christen, wie er es auch mit vielen anderen Religionen im Römischen Reich tat. Doch bald gerieten die Christen in einen schweren Konflikt mit dem Kaiser.
Auf Befehl des Kaisers hatte nämlich jeder Bürger die Pflicht, dem Staatsgott Jupiter und dem Kaiser, der sich seit dem 3. Jahrhundert auch als Gott verehren ließ, Opfergaben darzubringen. Für die Christen war dies aber ein heidnisches Opfer und ein Verrat an ihrem Gott. Viele Christen, die den Opferbefehl verweigerten, wurden nun als Staatsfeinde verfolgt. Sie mussten ihren christlichen Glauben geheim halten oder verleugnen, sonst verloren sie ihr Vermögen, wurden zu Zwangsarbeiten in Bergwerken und Steinbrüchen verurteilt oder den Löwen im römischen Zirkus ausgeliefert. Wer für seinen Glauben den Tod auf sich nahm, galt den Christen als Märtyrer (griech. martyros, d. h. Zeuge). Die Standhaftigkeit und Glaubenstreue beeindruckte aber auch viele Nichtchristen. Trotz der Verfolgungen nahm daher die Zahl der Christen weiter zu.

Von der Minderheit zur Mehrheit

Noch waren die Christen aber eine verfolgte Minderheit. Das änderte sich schlagartig, als im Römischen Reich gleichzeitig Konstantin und Maxentius zum Kaiser erhoben wurden und im Jahre 312 um die Macht kämpften. Vor der entscheidenden Schlacht war es damals üblich, die Götter um Hilfe anzurufen. Maxentius wandte sich an die alten römischen Götter; Konstantin aber entschied sich für Christus, nachdem ihm angeblich im Traum der Auftrag gegeben worden war, das Kreuzeszeichen an die Schilder seiner Soldaten anbringen zu lassen. Konstantin gewann die Schlacht vor den Toren Roms. Von nun an war das Christentum im Römischen Reich eine geduldete Religion, die vom Kaiser sogar besonders gefördert wurde.

Das Christentum wird Staatsreligion

Der Kaiser gliederte nach dem Vorbild des Römischen Reiches die christlichen Gemeinden in Diözesen und Provinzen und gründete für das Christentum ein neues Zentrum: „Roma Nova", das neue Rom, später Konstantinopel, dann Byzanz und heute Istanbul genannt. Auch Konstantins Nachfolger unterstützten das Christentum: Kaiser Theodosius I. verbot schließlich alle anderen Religionen, das Christentum war zur Staatsreligion geworden.

M 3 Ältester bekannter Sarkophag (Steinsarg) mit christlichem Thema
(Marmor, 2,18 m lang, 59 cm hoch, 3. Jh., Santa Maria Antica, Rom)
Die „Beterin" symbolisiert den gottesfürchtigen Menschen, der „Philosoph" mit der Schriftrolle Jesus als Lehrer der Menschheit.

M 4 Von der Katakombe zur Basilika
Blick in den Gang einer Katakombe. Die Katakomben waren kilometerlange unterirdische Friedhöfe, in denen die Christen während ihrer Verfolgung Zuflucht fanden. Hier feierten sie vor allem ihre Gottesdienste und hielten Versammlungen ab. Das Bild zeigt den Gang einer Katakombe, der an Wandgräbern vorbeiführt, die mit Steinplatten verschlossen und mit Wandmalereien versehen waren.

M 5 Basilika Santa Sabina in Rom
Nach der Zeit der Verfolgungen wurde die römische Markt- und Gerichtshalle, die Basilika genannt wurde, zum Vorbild für den Kirchenbau. In der vorchristlichen Zeit thronte in der Mauernische der Frontseite der Kaiser, heute steht dort der Altar.

M 6 Die Christen – eine Verschwörerbande?

Ein Heide greift das Christentum an:

Es sind die Leute, die aus der untersten Hefe des Volkes Unwissende und leichtgläubige Weiber, die ja schon wegen der Schwäche ihres Geschlechtes leicht zu gewinnen sind, sammeln und eine ruchlose Verschwörerbande bilden. Sie verbrüdert sich in nächtlichen Zusammenkünften und bei feierlichem Fasten und unmenschlichen Gelagen nicht etwa durch eine heilige Zeremonie, sondern durch ein unsühnbares Verbrechen, ein duckmäuserisches und lichtscheues Volk, stumm in der Öffentlichkeit, nur in den Winkeln gesprächig. Die Tempel verachten sie als Grabmäler, vor den Göttern speien sie aus, über die Opfer lachen sie. Und wie das Böse stets besonders üppig wuchert, so werden die so abscheulichen Heiligtümer (Versammlungsorte) einer ruchlosen Gesellschaft bei der täglich zunehmenden Sittenverderbnis bereits auf der ganzen Erde immer häufiger. Sie erkennen sich an geheimen Merkmalen und Zeichen und lieben sich gegenseitig fast, bevor sie sich kennen.

Minucius Felix, Octavius, um 200 n. Chr. Zit. nach: Geschichte in Quellen, Bd. 1. München 1965, S. 716.

M 7 Christenprozess in Karthago

Am 17. Juli 180 wurden Christen im Gerichtssaal von Karthago vorgeführt:

Der römische Statthalter Saturninus (der sie verhörte) sagte: „Unser Herr, der Kaiser, wird mit euch nachsichtig sein, wenn ihr wieder zur rechten Religion zurückkehren wollt."

Speratus: „Wir haben niemals etwas Ungesetzliches getan. Wir sind gute Untertanen des Kaisers."

Saturninus: „Auch wir sind fromme Menschen. Wir schwören beim (...) Schutzgeist des Kaisers und beten für sein Wohlergehen. Und das müsst ihr auch tun."

Speratus: „Ein Kaisertum über diese Welt kann ich niemals anerkennen. Ich diene mehr jenem Gott, welchen keiner von den Menschen sehen kann. (Dem Kaiser) aber zahle ich die Steuer."

Donata: „Ehre dem Kaiser, weil er Kaiser ist."

Vestia: „Ich bin eine Christin!"

Saturninus verlas von einer Wachstafel das Urteil: „Alle, welche bekannt haben, Christen zu sein, sollen enthauptet werden, weil sie, obwohl ihnen die Möglichkeit angeboten wurde, zur rechten Religion zurückzukehren, hartnäckig geblieben sind."

Bericht über den Prozess der Märtyrer von Scili. Gekürzt nach: Geschichte in Quellen, Bd. 1, 2. Aufl. München 1975, S. 713.

Christentum

Mit dem Begriff werden alle christlichen Konfessionen bezeichnet, die sich auf Jesus Christus als Stifter berufen. Als religiöse Überzeugung aller Christen gilt der Glaube an einen persönlichen, dreieinigen (Gott Vater, Gott Sohn, Heiliger Geist) Gott als Schöpfer der Welt, an die Sündhaftigkeit der Menschen und die Erlösung durch Christus. Die Weltreligion des Christentums umfasst mehr als 1,5 Milliarden Mitglieder: etwa 800 Mio. Katholiken, 310 Mio. Protestanten, rund 170 Mio. Orthodoxe und verschiedene kleinere Kirchen.

Staatsreligion

Eine Staatsreligion ist die von einem Staat in seinem Territorium ausschließlich anerkannte oder zumindest bevorzugte Religion beziehungsweise Konfession. Im Unterschied zu einer Staatskirche, wie z. B. der Kirche von England, ist die Staatsreligion jedoch nicht vom Staat (z. B. über das Parlament, ein eigenes Kirchenministerium oder staatliche Gesetze) direkt beeinflusst oder geleitet.

Fragen und Anregungen

1. Unterscheide, welche Vorstellungen von einem guten römischen Bürger der römische Statthalter und die Christen haben. Nenne den Grund für die Verurteilung der Christen. (M7)
2. Beschreibe anhand M1 den Ausgangspunkt sowie Tempo und Verbreitung der christlichen Religion. Informiere dich im Internet oder in einem Lexikon nach der heutigen Verbreitung des Christentums im Verhältnis zu anderen Weltreligionen.
3. Beschreibe die Eigenschaften des Guten Hirten, die das Wandbild in einer Katakombe (M2, rechts) zum Ausdruck bringt. Erkläre, warum sich dieses Motiv besonders für die Zeit der Christenverfolgung eignete?
4. Erarbeite aus dem Text M6 die Eigenschaften christlichen Lebens, die von dem Heiden bewusst oder unbewusst falsch dargestellt werden.

6. Die Hauptstadt der Welt

Zentrum und Vorbild

Der Dichter Ovid wurde von Kaiser Augustus weit weg von Rom ans Schwarze Meer im heutigen Rumänien verbannt. Er verglich sein Leid mit dem Unglück des Odysseus. Ja, er sei noch viel schlechter dran, „denn", so sagte er, „schließlich sehne ich mich nicht nach Ithaka oder einer anderen unbedeutenden Insel. Meine Heimat ist Rom, das von sieben Hügeln aus den ganzen Erdkreis überblickt". Rom war also nicht nur der Sitz der Macht, sondern eine Weltstadt wie für uns etwa New York, Paris oder London – gleichbedeutend mit der Vorstellung von modernem, elegantem, interessantem Leben. „Urbs – die Stadt", das war eben Rom: Feine, „urbane" Umgangsformen und Moden, wie wir auch heute noch sagen, hatten dort ihr Vorbild und Muster. Und wer nicht als beschränkt oder altmodisch gelten wollte, der bemühte sich, an dem Leben der Millionenstadt Anteil zu haben oder es wenigstens aus der Ferne nachzuahmen.

M 1 Modell der Stadt Rom zur Kaiserzeit

Das berühmte Modell wurde um 1930 geschaffen. Es zeigt die Stadt um 300 n. Chr. Manches, wie z. B. das bekannte Colosseum (8), entstand erst in der Zeit nach Augustus. Wie Augustus selbst bemühten sich die späteren Kaiser, sich durch immer prächtigere Bauten zu verewigen. Aber die wichtigsten Stätten waren schon zur Zeit des Augustus da:
Die „Heilige Straße" durch das Forum Romanum (1); der Palatinhügel mit den Palästen (2); der Kapitolhügel mit den Tempeln der Staatsgötter (3) – unmittelbar darunter standen Tempel und Triumphbögen; ein vergoldeter Meilenstein zeigte die Entfernungen der Fernstraßen an, etwa der Via Flaminia (5), die nach Norden führte. Nahe am Tiber (4) war das Marcellustheater für Schauspiele (6). Der Circus Maximus (7) war für Wagenrennen bestimmt; in Amphitheatern wie dem späteren „Colosseum" (8) gab es Tierhetzen und Gladiatorenkämpfe; Bäderanlagen, „Thermen" und Wasserleitungen (10) dienten dem körperlichen Wohlbefinden.

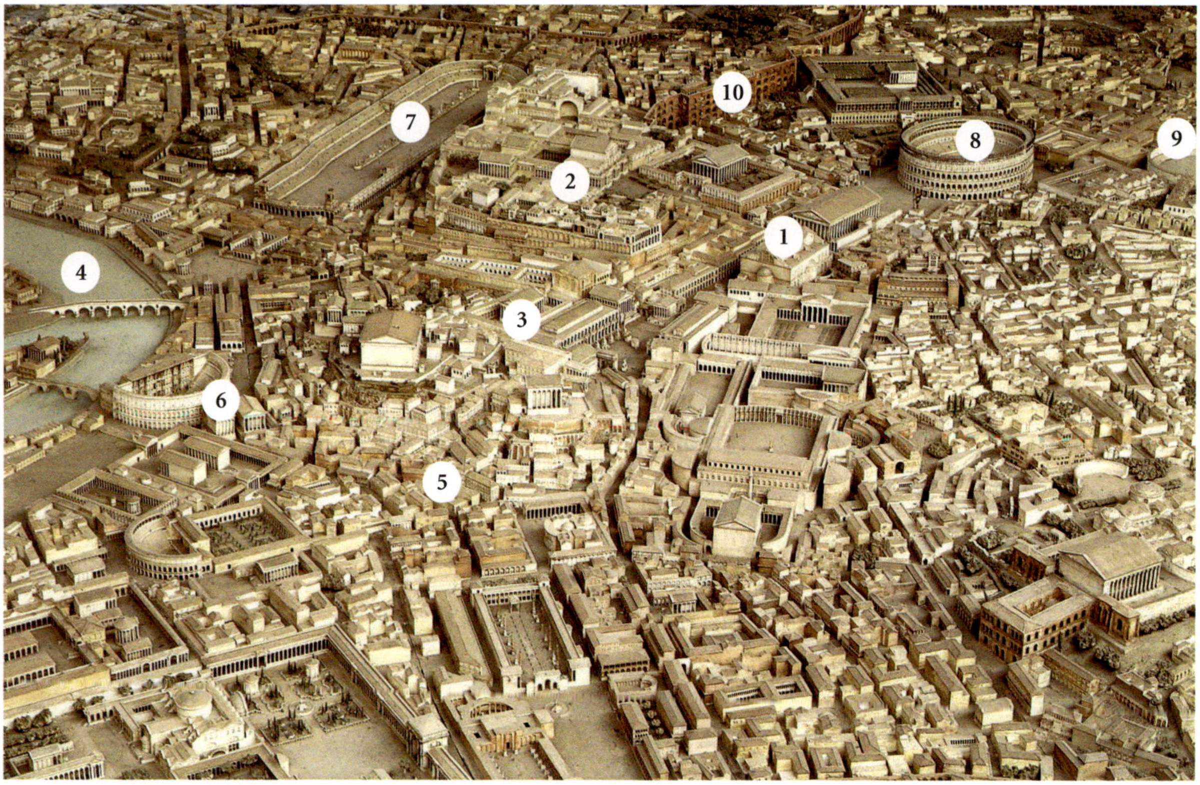

M 2 Das Leben der Weltstadt
Stadtbewohner, Händler aus fremden Ländern, Gesandtschaften fremder Völker, aber auch Touristen bevölkerten Rom. Das Bild aus einem modernen Spielfilm vermittelt uns eine Ahnung vom Leben und Treiben im antiken Rom. Die typischen Großstadtprobleme – Lärm, Verkehr, hektische Hetze, Probleme der Umwelt – kannten die Römer freilich schon ganz gut.

Unter den Kaisern wurde die Weltstadt glanzvoll ausgebaut – zum Zeichen kaiserlicher Macht, aber auch des Wohlstands. Augustus sagte: „Ich habe eine Stadt aus Ziegeln angetroffen und eine Marmorstadt hinterlassen.“ Seine Nachfolger wollten es ihm gleichtun. Die Bauaufträge zogen Handwerker und Künstler von überall her nach Rom. Nicht nur Straßen, Tempel und staatliche Gebäude wurden errichtet. Elf große Wasserleitungen versorgten öffentliche Brunnen, Privathäuser und Bäder mit Wasser aus den nahe gelegenen Bergen. Die großen Bäderanlagen der „Thermen“ waren nicht nur wichtig für die Körperpflege, sondern sie boten auch beliebte Treffpunkte. Dem Vergnügen der Bevölkerung dienten mächtige Theater und Stadien. Um mit dem Problem des Großstadtverkehrs fertig zu werden, hatte schon Julius Caesar eine einschneidende Regelung erlassen: Von Sonnenaufgang bis Sonnenuntergang durften in Rom keine Fuhrwerke und Wagen verkehren. Tagsüber war die Stadt also den Fußgängern überlassen. Vornehme Leute ließen sich in einer Sänfte tragen. Alle Lieferungen und Transporte zur Versorgung der Millionenstadt mussten nachts vor sich gehen. Die Nächte in Rom waren deshalb laut und nicht ungefährlich, denn eine Straßenbeleuchtung gab es nicht.
Die Wohnhäuser für die Bevölkerung in den ärmeren Stadtvierteln waren meist schnell errichtet worden. Die enge Bauweise dieser Massenquartiere ließ wenig Raum für Licht und Luft; Brände konnten sich schnell ausbreiten, denn zur Beleuchtung gab es ja nur Öllampen und Fackeln. Unser moderner Komfort mit fließendem Wasser und einem Klosett in jeder Wohnung war damals unvorstellbar. Öffentliche Bäder und Toiletten schufen einen gewissen Ausgleich. So hatten es die Römer in dieser Hinsicht besser als die Bewohner anderer Städte.

M 3 So genannte „Insula“ – ein Wohnblock
In Rom gab es etwa 1 000 Luxusvillen mit überwältigendem Komfort. Der Großteil der Millionenbevölkerung hauste aber zur Miete in mehr als 45 000 Wohnblocks mit sehr bescheidenen Ansprüchen an Raum und Bequemlichkeit. Ein großer Teil des Alltagslebens fand deshalb auch im Freien statt.

M 4 Ein Wagenlenker der roten Circuspartei
Wagenrennen waren ein beliebter und gefährlicher Sport. Die Rennfahrer und ihre Fans waren in vier Klubs – „Parteien" – organisiert, die sich durch ihre Farben unterschieden: Weiß, Rot, Grün und Blau. Es gab auch eigene Clublokale und natürlich auch so etwas wie eine Fankurve. Wer als Wagenlenker den gefährlichen Sport überlebte, konnte Millionär werden.

„Brot und Spiele" für die Armen

Schätzungsweise ein Viertel der Einwohner des kaiserlichen Roms waren Sklaven, die einen Großteil der Arbeit verrichteten. Seit der Ausweitung der Herrschaft zur Zeit der Punischen Kriege hatte es in der Stadt auch immer eine Masse von Bürgern gegeben, die zwar frei waren, aber nichts zu arbeiten hatten und sozusagen von der Hand in den Mund lebten. Ihre Unzufriedenheit konnte jederzeit in Gewalt und Aufruhr umschlagen. Schon in der Republik waren die Politiker darauf gekommen, die Masse der Bevölkerung mit „Brot und Spielen" friedlich zu halten; die Kaiser setzten diese Politik fort. Kostenlose Getreidezuweisungen sicherten das Überleben der Ärmsten. Für ihre Zerstreuung sorgten Massenveranstaltungen.

Die Vergnügungen der Masse

Im Marcellustheater waren z. B. Theaterstücke zu sehen. Besonders beliebt waren dabei Komödien oder Sketche mit oft recht derben Scherzen. Das um das Jahr 70 erbaute Amphitheater des „Colosseum" fasste über 80 000 Zuschauer. Dort gab es Kämpfe mit Tieren aus Afrika und Asien und blutige Gladiatorenspiele. Das Colosseum und andere solche Stadien konnten geflutet werden. Das Publikum erlebte dann das erregende Schauspiel von Seeschlachten mit wirklichen Schiffen und echten Toten. Außer Sklaven waren es oft Schwerverbrecher, später auch die als Staatsfeinde geltenden Christen, die so vor den Zuschauern um ihr Leben kämpfen mussten. Die Vorstellung wurde meist von Orgelmusik untermalt. Eine große Attraktion waren die Wagenrennen vor den 200 000 Zuschauern des Circus Maximus. Die Pferdegespanne mussten sechs Runden um die engen Kurven des lang gestreckten Stadions fahren.

Die politische Bedeutung der Spiele

Es war üblich, dass der Kaiser bei großen Veranstaltungen anwesend war. Da konnte nun das Volk seine Meinung ausdrücken, indem es Beifall klatschte oder den Herrscher auspfiff. Gerade mit der Einrichtung der Spiele und den dazugehörigen Bauten hat das Vorbild der Hauptstadt sichtbar auf das Leben in den Provinzstädten gewirkt.

M 5 Gladiatoren beim Kampf
Gladiatoren – „Schwertkämpfer" – mussten schwer bewaffnet gegeneinander auf Leben und Tod kämpfen. Man konnte sich aber auch freiwillig dazu verpflichten und viel Geld machen – wenn man überlebte. In ihrer Attraktion und Wirkung sind die Gladiatorenspiele wohl am ehesten mit den Stierkämpfen in Spanien und Lateinamerika vergleichbar.

M 6 Das blutige Vergnügen der Arena

Der Philosoph Seneca schildert, wie es im Amphitheater zuging:

Zufällig geriet ich in die Mittagsvorstellung. Ich erwartete um diese Tageszeit Ablenkung, Witz und Erholung, etwas, was den Menschen ausruhen lässt vom Blut ihrer Mitmenschen. Das Gegenteil ist der Fall: Am Morgen werden die Menschen den Löwen und Bären vorgeworfen, am Mittag ihren Zuschauern. Die siegreichen Mörder werden für die aufgehoben, die sie ermorden sollen. Das Ende für die Kämpfenden ist der Tod: „Schlag ihn tot, peitsche ihn, verbrenne ihn!", rufen die Zuschauer den Kämpfern zu, „Warum schlägt er nicht kühn zu? Warum stirbt er so ohne Begeisterung?" Und das ist nur die Mittagspause beim Gladiatorenspiel.

Seneca, Epistulae Morales VII, 3 ff., Bearb. d. Verf.

M 7 Die Großstadt bei Nacht

Der Dichter Juvenal beschreibt das nächtliche Rom der Kaiserzeit:

Wen lässt die Mietswohnung schlafen? Viel Geld kostet der Schlaf in der Hauptstadt: Allnächtlich rollen die Reisewagen durch enger Gassen Gewinkel, wo Herden sich stauen und die Flüche der Treiber hallen; der Lärm weckt Erzschlafmützen auf. Mir Eiligem hemmt die vor mir flutende Menge den Schritt, und hinter mir drückt das Volk in Scharen nach. Der stößt mir den Arm in die Seite, jener ein hartes Brett; bald trifft mich ein Balken am Schädel, bald ein Ölfass, Kot bespritzt meine Waden, von allen Seiten bekomme ich Tritte von mächtigen Sohlen.

Es drohen aber noch echte Gefahren für Leib und Leben: Himmelhoch über der Straße sind Dächer, von denen – wie oft! – ein Ziegel herabkracht, uns auf den Schädel. Da sind die Fenster: Wie oft wirft man altes, zerbrochenes Geschirr herunter, mit einer Wucht, dass Spur und Loch im Pflaster zurückbleibt. Machst du kein Testament, bevor du zum nächtlichen Mahl gehst, giltst du als blind einem plötzlichen Unglück gegenüber.

Iuvenal, Satura III, 234 ff., Bearb. d. Verf.

M 8 Rom als Verkehrsmittelpunkt

Die Bedeutung der Hauptstadt lag nicht zuletzt auch darin, dass Rom das Nervenzentrum des Riesenreiches war. Die Straßen wie etwa die heute noch teilweise erhaltene „Via Appia" erlaubten eine schnelle Verlegung von Truppen und Vorräten in weit entfernte Gebiete.

M 9 Transportschiff in der Hafenstadt Ostia

Die Stadt an der Mündung des Tiber war Anlaufplatz für Schifffahrtslinien ins ganze Mittelmeer. Dort wurden die Versorgungsgüter angelandet, wie etwa das Getreide aus Ägypten, als das italienische Umland schon längst nicht mehr in der Lage war, die Bedürfnisse einer Millionenstadt zu befriedigen.

Fragen und Anregungen

1. Denke dir anhand des Stadtbildes M1 einen Rundgang aus, in dem du die wichtigsten Punkte der Hauptstadt Rom berühren würdest!
2. Vergleiche die Möglichkeiten der Unterhaltung damals und heute. Was hat sich verändert? Was ist gleich geblieben?

7. Ein Schaukasten des Alltagslebens: Pompeji

M 1 Erschütternder Anblick einer Katastrophe
Menschen und Tiere, die auf der Flucht um ihr Leben in der Asche stecken geblieben sind: In der umgebenden und verhärteten Asche hat sich der Abdruck der zerfallenden Körper erhalten. Als man die Hohlräume mit Gips ausgoss, gewann man ein Abbild der Unglücklichen in ihrem Todeskampf.

Verräterische Spuren

Stelle dir vor: Jetzt – so wie du da sitzt und liest – wirst du plötzlich weggerufen. Alles bleibt liegen – das Buch, die Hefte, das Mäppchen mit dem Füller und dem Geodreieck, ja auch die Schultasche mit dem Pausenbrot und die Jacke mit der Buskarte. Jemand anders kommt an deinen Platz und findet die Sachen. Was könnte er sich nicht alles über dich und deine Lebensgewohnheiten zusammenreimen, wenn er nur scharf hinschaut und gut kombiniert!

Die Ausgrabungen von Pompeji

Etwas Ähnliches liegt mit der verschütteten und wieder ausgegrabenen römischen Stadt Pompeji vor uns: Am 24. August des Jahres 79 n. Chr. hatte der Vulkan Vesuv in Süditalien einen gewaltigen Ausbruch. Die Städte Stabiae und Herculaneum wurden von glühender Lava eingeschlossen und begraben. Über Pompeji aber fiel von 10 bis 13 Uhr ein Regen von Asche und Bimsstein. Das Unglück kam so plötzlich, dass die Einwohner keine Zeit mehr hatten, die Stadt zu räumen. So legte sich eine sechs Meter dicke Schicht auf eine intakte Stadt mit all ihren Einrichtungen. Das Leben erstarrte sozusagen in einem Augenblick – wie in einer Momentaufnahme. Erst nach über tausend Jahren machte man sich wieder an die Ausgrabung von Pompeji, von dessen Untergang der römische Schriftsteller Plinius berichtete.
Die ausgegrabene Stadt wurde zur Fundgrube für die Wissenschaftler. Bis dahin wussten sie vieles über die Römer nur aus alten Schriften. Nun konnten sie wie in einem Schaukasten sehen, wie die Römer einst lebten.

M 2 Pompeji und der Vesuv
Wir bestaunen das leere Gehäuse der Stadt, das der Vulkanausbruch hinterlassen hat. Pompeji ist freilich nicht mehr ganz so, wie es ausgegraben wurde: Die wertvollsten Stücke hat man ins Museum gebracht. Das Gemäuer ist vom Zerfall bedroht. Viel Schaden richten auch die Andenkenjäger an.

M 3 Bäckerladen
Wandbilder wie dieses geben uns neben Werkstätten und Geräten auch Auskunft über das Arbeitsleben in Pompeji. Die aufgestapelten Brotfladen wurden in einer Art Pizzaofen gebacken. Die Brote waren eingekerbt und wurden zum Essen wie in Tortenstücke auseinander gebrochen. Man hat auch versteinerte Brote gefunden.

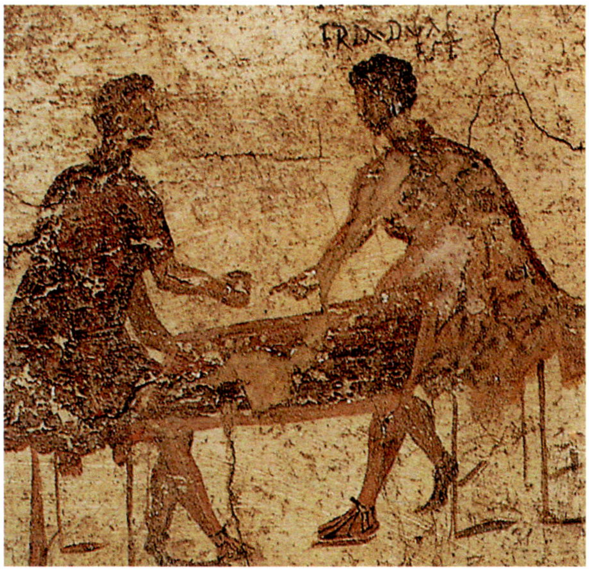

M 4 Würfelspieler in einer Schenke
Bilder auf den Innenwänden der Wandkritzeleien zeigen auch, womit sich die Menschen in ihrem Alltag beschäftigten: Sehr beliebt war das Würfelspiel, nicht nur im Wirtshaus. „NON TRIA, DUA EST!", sagt der eine Spieler („Das ist kein Dreier, sondern nur ein Zweier!").

M 5 Eine Schauspielertruppe bei der Probe
Bei ihren ernsten und heiteren Darstellungen trugen die Schauspieler Theatermasken (lat. „persona"), die den Charakter der Rolle anzeigten und den Schall der Stimme verstärkten. Die Darstellung wurde von Flötenmusik und einem Tamburin untermalt.

M 6 Wie teuer war das Leben in Pompeji?

Zu den gebräuchlichen Münzen gehörte der Denar; er galt 4 Sesterze; 1 Sesterz war wiederum 4 Asse wert. In Pompeji gefundene Geldbeutel enthalten zwischen 2 und 20 Sesterze bei den wohlhabenderen Leuten. Arme Leute trugen wohl nur wenige Asse mit sich. Wie viel Sesterze und Asse in Euro und Cent wert waren, lässt sich nur schwer sagen.
Auf Grund von Haushaltsbüchern und Preisangaben können wir die Kaufkraft ungefähr einschätzen. Demnach kostete:

1 Pfund Brot	1 As
0,3 l Olivenöl	4 Asse
1 Maß einfacher Wein	1 As
1 Maß Falerner (besserer Wein)	4 Asse

Anderes kostete mehr:

1 Tunika (hemdartiges Gewand)	15 Sesterze
Reinigung der Tunika	4 Sesterze
1 Maultier	520 Sesterze
1 Sklave	2 500 Sesterze

Der Durchschnittsverdienst ist kaum zu ermitteln. Viele Leute verdienten wohl wenig mehr, als zum Leben unbedingt nötig war. Wie viel Geld man ausgeben konnte, hing auch davon ab, welchen Platz in der Gesellschaft man hatte.

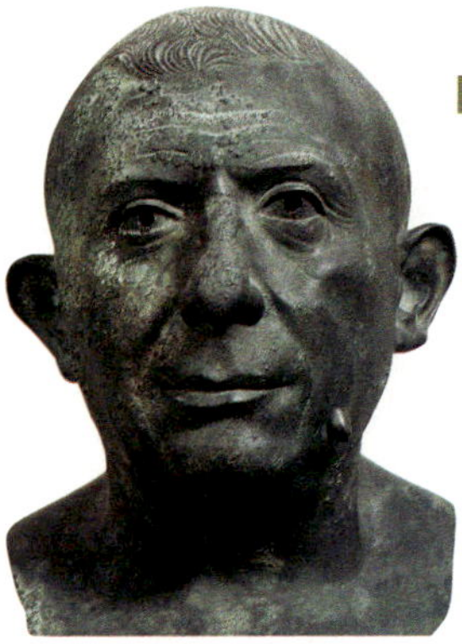

M 7 Der Bankier Lucius Caecilius Jucundus

Wie kaum anderswo können wir uns in Pompeji ein Bild vom Leben der Menschen in ihrer alltäglichen Umgebung machen. Der Bankier Lucius Caecilius Jucundus ist wahrscheinlich die Persönlichkeit Pompejis, der man am meisten nachgeforscht hat. In seinem Haus an der Straße nach Stabiae wurden viele Wachstafeln gefunden, die uns Einblick in seine Geldgeschäfte und Geschäftsverbindungen geben. Er hat wohl seinem Vater ähnlich gesehen, dessen Bildnis im Hause aufgestellt war. Wir können uns gut ausmalen, dass dieser Bürger Pompejis noch kurz vor der Katastrophe einen Brief an einen Geschäftsfreund im fernen Gallien schreibt, um ihn zum Besuch bei sich einzuladen.

LUCIUS CAECILIUS JUCUNDUS GRÜSST GAIUS JULIUS APER HERZLICH

LIEBER GASTFREUND! GERNE ERGREIFE ICH DIE GELEGENHEIT, DEM SCHIFFSTRANSPORT, DER EINE LADUNG UNSERES FEURIGEN VESUVWEINES IN DIE STADT NARBO BRINGT, EINEN BRIEF AN DICH MITZUGEBEN. DA DU NÄMLICH KEINE ZEIT FÜR EINEN ABSTECHER HIERHER HATTEST, ALS WIR UNS VORIGES JAHR IN ROM SAHEN, WILL ICH DIR MEINE HEIMATSTADT JETZT EIN BISSCHEN SCHMACKHAFT MACHEN.

IN ROM HAST DU DICH IMMER ÜBER DAS GEDRÄNGE UND DEN LÄRM DER MILLIONENSTADT GEÄRGERT. DAVON IST HIER WENIG ZU SPÜREN. MEIN HAUS LIEGT MITTEN IM ORT, ABER WIE DIE MEISTEN STADTVILLEN DER WOHLHABENDEN BÜRGER HIER IST ES UM EINEN INNENHOF GEBAUT; MAN WOHNT ALSO ANGENEHM LUFTIG UND HELL UND RUHIG. DER HAUSEINGANG GEHT ZWAR AUF EINE HAUPTSTRASSE, ABER DAS HAUPTGEBÄUDE LIEGT ETWAS IM INNERN DES WOHNBLOCKS. SO BIN ICH AUCH NICHT DEN ÜBLEN GERÜCHEN DER TUCHWALKEREI MEINES NACHBARN VESONIUS PRIMUS AUSGESETZT. VOR SEINEM BETRIEB AUF DER ANDEREN STRASSENSEITE STEHEN NÄMLICH DIE TONKRÜGE, IN WELCHEN DER URIN GESAMMELT WIRD, DER ZUR BEARBEITUNG DER STOFFE VERWENDET WIRD. ABER AUCH SO ETWAS MUSS HALT SEIN. UNMITTELBAR AN DER STRASSENFRONT HABEN HANDWERKER UND HÄNDLER RÄUME GEPACHTET. WERKSTÄTTEN UND LÄDEN SIND IM PARTERRE, DER INHABER WOHNT DANN IN EINEM KLEINEN RAUM EIN STOCKWERK HÖHER. ICH HABE FREILICH EIN GERÄUMIGES UND RUHIGES BÜRO NEBEN DEN WOHNRÄUMEN.

DU MUSST ABER NICHT GLAUBEN, DASS POMPEJI EIN VERSCHLAFENES NEST IST. MIT SEINEN RUND 15 000 EINWOHNERN WIRKT ES QUICKLEBENDIG. UND MAN LEBT BESSER HIER ALS IN ROM: DIE PREISE SIND GANZ MANIERLICH, SODASS AUCH ÄRMERE BÜRGER NOCH ÜBER DIE RUNDEN KOMMEN. SKLAVE ZU SEIN IST JA WOHL NIRGENDS ANGENEHM. ABER ES GIBT GERADE HIER VIELE FREIGELASSENE, DIE SICH EMPORGEARBEITET HABEN UND OHNE DIE MAN SICH DAS GESCHÄFTSLEBEN UNSERER STADT GAR NICHT MEHR VORSTELLEN KANN. NICHT NUR RÖMER WOHNEN HIER, SONDERN EBENSO VIELE GRIECHEN UND ANDERE VÖLKER. AUCH IN ANDERER HINSICHT IST POMPEJI EIN VERKLEINERTES ABBILD DER HAUPTSTADT: TEMPEL, AMTSGEBÄUDE, MÄRKTE, BÄDER, THEATER UND AMPHITHEATER – ALLES IST DA, SODASS NIEMAND AUF GROSSSTÄDTISCHE VERGNÜGUNGEN VERZICHTEN MUSS.

FRÜHER WAR ICH EINMAL KAUM WEGZUBRINGEN VON DEN GLADIATORENSPIELEN UND BLUTIGEN TIERHETZEN IN DER ARENA DES AMPHITHEATERS; ABER MIT ZUNEHMENDEM ALTER ENTSPANNE ICH MICH LIEBER IN DEN THERMEN ODER VERGNÜGE MICH AN DEN VORSTELLUNGEN DER GRIECHISCHEN UND RÖMISCHEN SCHAUSPIELER IM THEATER. IHRE DERBEN, ABER OFT AUCH GANZ WITZIGEN SKETCHE GEBEN VIEL GELEGENHEIT, SICH GEDANKEN ÜBER MENSCHEN ZU MACHEN; MANCHMAL WERDEN AUCH DIE GROSSEN TRAGÖDIEN DER GRIECHISCHEN MEISTER GEZEIGT. JEDOCH ALS ECHTER RÖMER KANN ICH ES SCHON NOCH NACHEMPFINDEN, WENN DIE MÄDCHEN BEIM ANBLICK EINES DURCHTRAINIERTEN UND ERFOLGREICHEN KÄMPFERS SCHWACH WERDEN. „DER GLADIATOR CELADUS IST DER SCHWARM ALLER MÄDCHEN", HABE ICH UNLÄNGST AN EINER HAUSWAND GELESEN.

ANSONSTEN SIND DIE MAUERN IM AUGENBLICK VOLLGEPINSELT MIT PLAKATEN ZUR BEVORSTEHENDEN GEMEINDEWAHL. JEDE GRUPPE MÖCHTE IHREN KANDIDATEN ALS DUUMVIR (BÜRGERMEISTER) ODER ÄDIL (MARKTBEAMTER)

DURCHBRINGEN: DEN MARCUS HOLONIUS PRISCUS UNTERSTÜTZEN DIE OBSTHÄNDLER UND DIE TUCHWALKER; GAIUS JULIUS POLYBIUS LÄSST SICH DAMIT ANPREISEN, DASS ER FÜR GUTES BROT SORGT.

WIRTSHÄUSER GIBT ES VIELE UND GUTE – JE NACHDEM WAS DU ANLEGEN WILLST. „TRINK WAS FÜR EIN AS. FÜR ZWEI GIBT'S SCHON WAS BESSERES, UND FÜR VIER ASSE KANNST DU DEN BESTEN FALERNER HABEN!" SO STEHT'S AN MEINER STAMMKNEIPE. OFT BIN ICH BEI FREUNDEN ODER GESCHÄFTSPARTNERN ZU GAST, ODER ICH GEBE SELBST EIN GASTMAHL, DAS SICH SEHEN LASSEN KANN. ALSO WAS WARTEST DU NOCH? KOMM MICH BESUCHEN, WENN ES AUCH WEIT IST! MEINE FAMILIE WIRD SICH FREUEN – UND FÜR GESCHÄFTE BLEIBT UNS AUCH EIN BISSCHEN ZEIT. LEB WOHL!

GESCHRIEBEN IN POMPEJI AM 17. AUGUST DES JAHRES 832 NACH GRÜNDUNG DER STADT ROM

M 8 Eine Sonnenuhr

Sie steht vor dem Apollontempel. Die Zeit von Sonnenaufgang bis Sonnenuntergang war in 12 Stunden eingeteilt. Im Sommer waren die Stunden länger als im Winter. Die Sonne bewegt sich von Osten nach Westen, also von rechts nach links; der Schatten des Sonnenzeigers wandert in entgegengesetzter Richtung. Die 1. Markierung oben links bezeichnet also die 1. Stunde nach Sonnenaufgang, die letzte oben rechts die 11. Stunde, die senkrechte Linie die 6. Stunde (Mittag). Auf dieser Uhr steht der Sonnenschatten kurz vor der 7. Stunde.

Jetzt kannst du bestimmt selbst die ungefähre Uhrzeit angeben!

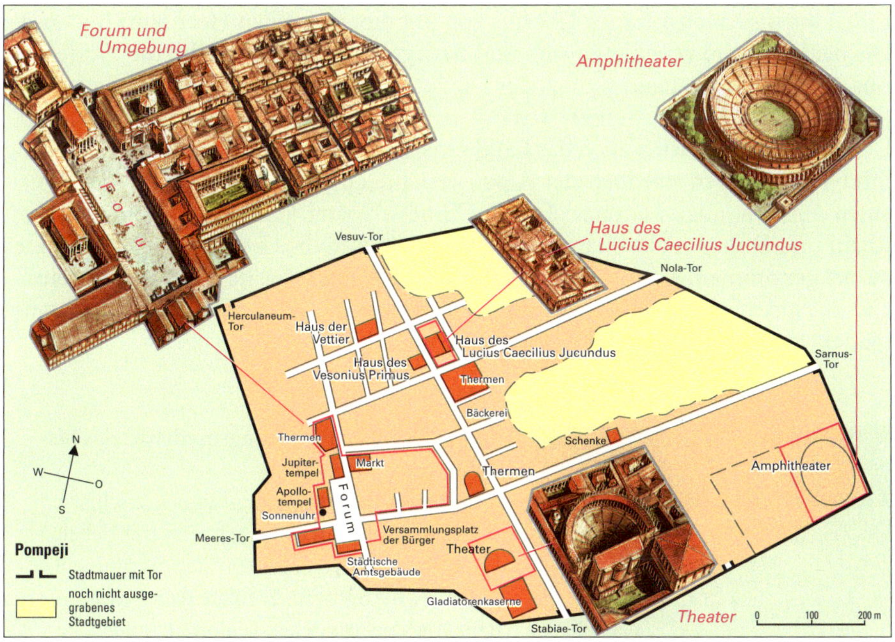

M 9 Die Landstadt Pompeji

Nicht alle Straßenzüge und Häuser sind vollständig ausgegraben worden, aber wir können uns ein gutes Bild vom Leben in der Stadt machen.

In seinem Brief schreibt Lucius Caecilius Jucundus, dass Pompeji in vieler Hinsicht ein verkleinertes Abbild Roms ist. Wo trifft das zu? Worin unterscheidet sich Pompeji von der Hauptstadt?

Fragen und Anregungen

1. Erkläre, warum gerade Pompeji so wichtig für unsere Kenntnisse vom Leben der Menschen in römischer Zeit ist.
2. Suche auf dem Stadtplan, wo die im Kapitel aufgeführten Häuser oder Dinge zu finden sind! (M9)
3. Wie viel kostet heute 1 Pfund Brot? Berechne dementsprechend die Preise für Nahrung und Kleidung in heutigem Geld und vergleiche. (M6)

8. Die Römer an Altmühl und Donau

M 1 Das Siegesdenkmal von La Turbie
„Die Stämme der Alpenbewohner wurden besiegt. (...) Von den Vindelikern 4 Stämme (...)." – In Südfrankreich erinnert diese Inschrift an die Eroberung unserer Heimat durch die Römer.

15 v. Chr.	Tiberius und Drusus erobern das Land südlich der Donau. Es entstehen die Provinzen Rätien und Noricum.
83 n. Chr.	Zur Sicherung des Reiches wird der Limes an der Nordgrenze Rätiens ausgebaut.
Um 230 n. Chr.	Die germanischen Alamannen durchbrechen den Limes.

Eroberungen nördlich der Alpen

Augustus beauftragte seine Stiefsöhne Tiberius und Drusus, das Land der Räter in den Alpen und die Gebiete der keltischen Vindeliker zwischen den Bergen und der Donau zu erobern. Drusus führte ein Heer über die Alpen und dann durch das Inntal bis ins Alpenvorland; Tiberius zog mit einem zweiten Heer zum Bodensee. Die beiden Heere vereinigten sich und besiegten im Jahr 15 v. Chr. die Vindeliker. Aus dem keltischen Land südlich der Donau wurden nun römische Provinzen: Rätien im Westen, Noricum im Osten.
Die Römer unterwarfen auch das Land zwischen Donau und Rhein. Zur Sicherung ihrer Eroberungen nördlich der Alpen errichteten sie vom Rhein bis zur Donau einen 550 km langen Grenzwall, den „Limes". Später konnte das Land zwischen Rhein und Donau nicht mehr gehalten werden, und die Grenze wurde an die Iller zurückgenommen. Aber Südbayern blieb fast 500 Jahre Teil des römischen Weltreiches. Ursprung und Zweck des Limes gerieten bald in Vergessenheit. Als „Teufelsmauer" bezeichnen spätere Bewohner die Reste.

M 2 Eine neue Forschungsmethode: das historische Experiment
Zum 2000. Geburtstag Augsburgs marschierte der Historiker Marcus Junkelmann mit sieben Legionären von Verona (Norditalien) über die Alpen nach Augsburg. Er folgte dabei genau dem Weg der römischen Legionäre unter Tiberius und Drusus im Jahre 15 v. Chr. Die Waffen, die Kleider, das Schuhwerk, das Gepäck, der tägliche Lagerbau und das Wacheschieben – alles war so wie vor 2000 Jahren. Die Erfahrungen dieser modernen Legionäre trugen viel zum Verständnis der großen Leistungen der römischen Soldaten auf ihren Kriegszügen bei.

M 3 Römisches Gebiet nördlich der Alpen

Die Grenze zum Germanenland wurde zunächst durch die großen Flüsse Donau und Rhein gebildet. Später baute man den „Limes“ von der Mündung der Altmühl in die Donau bis an den Rhein bei Bonn. An der rätischen Grenze bestand der Limes aus einer 3 m hohen und 1 m dicken Steinmauer. Wachttürme ermöglichten die Verständigung durch Feuerzeichen. Ein dichtes Straßennetz verband die römischen Kastelle.

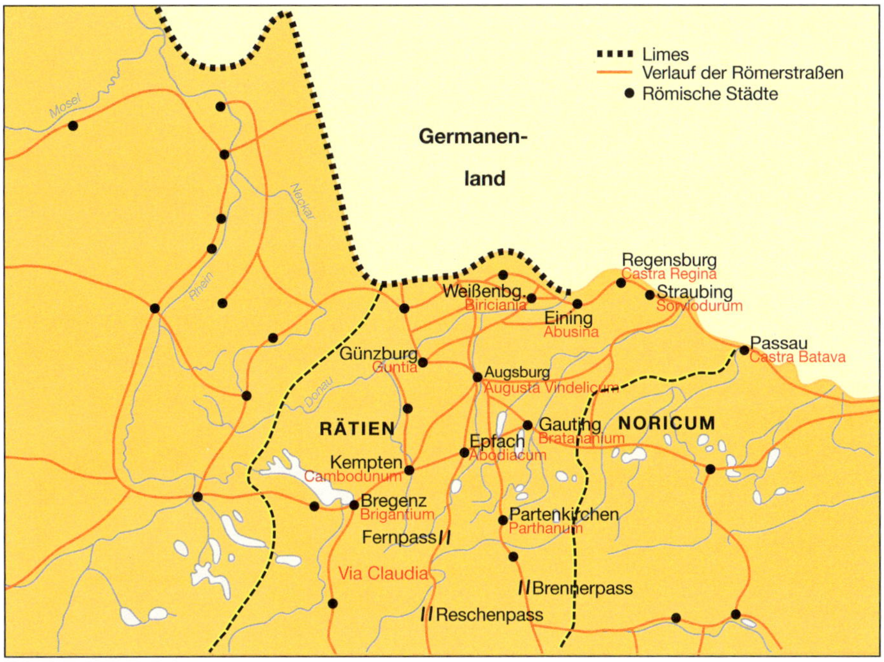

Die Sicherung und der Ausbau des Landes

Die Römer errichteten zuerst Stützpunkte für die Fuß- und Reitertruppen, die Kastelle. Dann wurden feste Straßen gebaut, auf denen man schnell Soldaten, Waffen und Verpflegung aus Italien herbeischaffen konnte. Als Mittelpunkt der Verwaltung in Rätien wurde Augsburg gegründet: Augusta Vindelicum, die Augustus-Stadt der Vindeliker. Aber auch Cambodunum (Kempten) und Castra Regina (Regensburg) waren bedeutende Orte. Die Soldaten kamen aus allen Teilen des Reiches, ihnen folgten Handwerker und Händler. Sie siedelten sich in Städten oder in Dörfern in der Nähe der Kastelle an. In der neuen Provinz wollten diese Römer genauso gut leben wie in der alten Heimat. So wurden auch hier bald steinerne Häuser mit Heizung, Wasserleitungen, Thermen und Tempel gebaut. Über das ganze Land verstreut waren Gutshöfe, so genannte „villae rusticae“. Die neuen Herren brachten neue Früchte und Anbaumethoden mit und trugen so zur Entwicklung des Gebietes bei.

Die ansässigen Kelten lernten schnell von den römischen Eroberern. Sie eigneten sich deren technische Fertigkeiten an, nicht nur beim Bau der Häuser, die sie bisher aus Lehm und Holz errichtet hatten. Sie übernahmen auch Glaubensvorstellungen und tägliche Gewohnheiten der Römer, z. B. beim Essen oder in der Körperpflege und den Freizeitvergnügungen. So fühlten sich die meisten Bewohner der neuen Provinzen bald als Römer.

M 4 Eine römische Mähmaschine

In Möckenlohe/Landkreis Ingolstadt wurde ein römischer Gutshof vollständig wieder aufgebaut. Man kann dort auch Nachbildungen von Arbeitsgeräten aus keltischer und römischer Zeit besichtigen, wie diese Mähmaschine, die nach der Abbildung auf einem Grabstein in Belgien rekonstruiert wurde.

Limes

Das Wort bedeutet ursprünglich nur Pfad oder Grenzzaun. Im Laufe der Zeit wurde der Limes zwischen Rhein und Donau zu einer Befestigungslinie mit Türmen und Kastellen ausgebaut, um die Grenze besser kontrollieren zu können.

M 5 Römische Neuerungen für den Speiseplan

Unser römisches Erbe besteht nicht nur in Schrift, Ziffern und Lehnwörtern. Auch schon damals ging „die Liebe durch den Magen".

Die Römer haben den Speisezettel um wesentlich mehr als um Wein und Kirschen bereichert (...). Von zehn Gemüse- und Salatarten sind folgende sechs sicher von den Römern eingeführt worden: Gartenmelde, Amaranth, Bete, Knoblauch, römischer Sauerampfer, Portulak. Auch die Gewürzpflanzen Dill und Koriander wurden erst durch die Römer eingeführt. Bei den Obstpflanzen waren es die Pfirsiche, die Esskastanie, zwei Sorten von Pflaumen und vermutlich auch die Zwetschgen, die erst durch die Römer bekannt wurden. Die vorhandenen Getreide-, Obst- und Gemüsearten wurden auf Grund der großen Erfahrung der Römer gut gepflegt und veredelt.

Nach: Elisabeth Erdmann, Leben unter römischer Herrschaft. Villingen 1986, S. 53.

M 6 Bürgerrecht durch Militärdienst (Bronzetafel)

Nach 25-jähriger Dienstzeit in der römischen Armee konnten auch Kelten und Germanen das römische Bürgerrecht erwerben. Dann erhielten sie eine Urkunde, wie sie im Museum von Weißenburg aufbewahrt ist. Sie war für einen Mann mit Namen Mogetissa und seine Familie ausgestellt. Eine Abschrift davon befand sich in einem Tempel in der Hauptstadt. Vom Jahre 212 n. Chr. an waren alle freigeborenen Einwohner des Reiches römische Bürger.

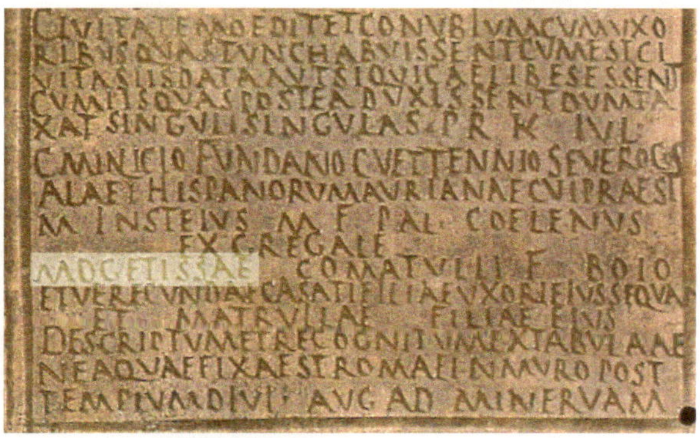

M 7 Der Archäologische Park Cambodunum

a) *Der Tempelbezirk*

In den Jahren 1983 bis 1987 wurde in Kempten der keltisch-römische – man sagt auch „gallo-römische" – Tempelbezirk wiederhergestellt. Hier können wir die gegenseitige Beeinflussung von Römern und Galliern besonders gut sehen. Die Tempel waren den römischen Göttern geweiht. Daneben wurde aber auch die gallische Göttin Epona verehrt. Die Bauweise der Tempel erinnert an die italische Heimat der Römer.

b) *Die Therme*

Ganz in der Nähe ist auch eine römische Badeanlage zu besichtigen. Auf dem Bild kannst du gut die Heizungsanlage erkennen: Der steinerne Fußboden ruht auf kleinen gemauerten Pfeilern. Durch diese Zwischenräume und durch hohle Ziegel in der Wand kann die heiße Luft zirkulieren, sodass eine angenehme Wärme entsteht. Solche Hypokaust-Heizungen waren im ganzen Reich üblich.

M 8 Der Weißenburger Schatzfund
Der Fund gehört zu den bedeutendsten Ausgrabungen der letzten Jahrzehnte. Ein Hobbygärtner fand die ca. 16 cm großen Götterstatuen beim Anlegen eines Gartenbeetes. Nun sind sie im Weißenburger Römermuseum zu besichtigen. Die Römer unterdrückten die Religionen der unterworfenen Völker nicht, sondern sie stellten sich vor, dass deren Götter ihre eigenen waren, nur mit einem anderen Namen.
Kannst du einige der dargestellten Götter identifizieren?

M 9 Lehnwörter in der deutschen Sprache
Solche Wörter zeigen an, wo unsere Vorfahren von den Römern gelernt haben. Mit der Sache übernahmen sie die Bezeichnung.
Fertige eine Tabelle an, in der auf der linken Seite die lateinischen Wörter aus dem Bild stehen. Trage dann auf der rechten Seite die daraus entstandenen deutschen Begriffe ein. Ordne die Wörter nach den Bereichen „Hausbau“, „Straße“ und „Ernährung“.

M 10 Voneinander lernen
Nicht in jedem Fall waren römische Sitten überlegen. So gewöhnten sich die Legionäre auch daran, Hosen zu tragen wie die Gallier und Germanen.

Fragen und Anregungen

1. Möglicherweise wohnst du in einer der ehemaligen römischen Provinzen. Bestimme deinen Wohnort auf der Karte (M3). Gibt es in der Nähe ein Museum mit Funden aus römischer Zeit?

2. War die Unterwerfung durch die Römer in jeder Hinsicht gut für die ansässige Bevölkerung? Diskutiert Vorteile und Nachteile. Knüpft an den Dialog zwischen dem Häuptling und seinem störrischen Stammesgenossen an. (M10)

Comics und geschichtliche Erzählungen untersuchen: Dem Arvernerschild auf der Spur ...

M 1 Der Arvernerschild

Bestimmt kennen einige von euch das Bild aus dem Comic-Buch „Asterix und der Arvernerschild“. Dort wird aus den Umständen der endgültigen Unterwerfung der Gallier und ihres Anführers Vercingetorix eine Geschichte gesponnen, in der sich die beiden Freunde aus dem kleinen unbesiegbaren Dorf wieder einmal bewähren können.

Das Ereignis

Als Gaius Julius Caesar in weniger als zehn Jahren Gallien, also nahezu das ganze heutige Frankreich eroberte, hatte er oft leichtes Spiel. Denn die Gallier waren unter sich zerstritten und hatten der römischen Macht wenig entgegenzusetzen. Dem jungen Häuptling Vercingetorix aus dem Stamme der Arverner gelang es aber, viele Stämme zu einigen und den römischen Eroberern ernsthaften Widerstand zu bieten. Schließlich – als die Stadt Alesia, wo er sich verschanzt hatte, nicht mehr zu halten war – musste auch er mit den letzten Gefährten die Waffen strecken. Der Augenblick der Unterwerfung des tapferen Kämpfers an den Sieger hat sich der Nachwelt eingeprägt.

M 2 Der Bericht des Historikers

Plutarch, ein Historiker aus der römischen Kaiserzeit berichtet so:

Endlich ergaben sich auch die Verteidiger von Alesia, nachdem sie selber schwere Not gelitten und auch Caesar in harte Bedrängnis gebracht hatten. Vercingetorix, der oberste Befehlshaber im Kriege, waffnete sich auf das prächtigste und ritt dann auf glänzend aufgezäumtem Pferd zum Tor hinaus. Einmal sprengte er im Kreis um das Tribunal, auf welchem Caesar Platz genommen hatte, sprang dann vom Pferde, warf die Rüstung ab und setzte sich zu Caesars Füßen nieder, ruhig wartend, bis man ihn in den Kerker führte, wo er für den Triumph aufgespart werden sollte.

Plutarch, Caesar 27, Bearb. d. Verf.

M 3 Die Erzählung des Jugendbuchautors

H. D. Stöver, Autor vieler neuer Jugend- und Sachbücher, lässt uns das Ereignis aus der Sicht des jungen Soldaten Gaius miterleben. Er erzählt die Geschichte so:

Caesar hatte auf dem Wall vor dem Lager auf der Sella, einem thronartigen Sessel, Platz genommen. Schweigend umstanden ihn seine Offiziere, den Blick auf den Hügel von Alesia gerichtet.

Da öffnete sich das Tor, und ein Reiter sprengte heraus. Gaius erkannte sogleich Vercingetorix. Das Pferd war wie zur Parade gesattelt und gezäumt, er selbst trug seine glänzendsten Waffen. So näherte er sich der römischen Linie, ritt einen Kreis um Caesar und seinen Stab, saß ab, löste seine Rüstung, warf Schwert, Schild,

Panzer zu Boden und ging auf Caesar zu. Regungslos sein Gesicht, starr das Auge auf den Sieger gerichtet. Dann hielt er inne, mit hängenden Armen, und schweigend ging er vor Caesar in die Knie.
Mit ausdruckslosem Gesicht betrachtete Caesar den großen Gegner, und einige ahnten, welche Gedanken ihn wohl in diesem Augenblick bewegten. Dann hob er die Hand und sagte leise zu bereitstehenden Centurionen: „Führt ihn ab!"
Und während sie Hand an ihn legten, seine Hände fesselten, blickte Vercingetorix hoch, und einen Augenblick lang traf sein Blick Gaius' Auge. Es war nur kurz, aber Gaius war im Innersten getroffen. Er schaute ihm nach, er und alle anderen, schweigend, wie dieser große Gallier aufrecht und doch gebrochen einem ungewissen Schicksal entgegenging.
„Was für ein Mann!", sagte einer der Legaten endlich, und viele nickten.

H. D. Stöver, Große Gegner Roms. Zürich, München 1989, S. 174 f.

Vergleich der verschiedenen Fassungen:

1. Was ist der historische Kern aller Darstellungen?
2. Womit wird im Comic unsere Aufmerksamkeit erweckt? Welche Absicht haben die Autoren wohl gehabt? Vergleiche auch die Art der bildlichen Darstellung in M1 und M4.
3. Worauf legt der Verfasser der Erzählung Wert? Hat er eine andere Zielsetzung?
4. Wie ist der Bericht des Historikers aufgebaut, wie die Erzählung des Jugendbuchautors?

M 4 Vercingetorix wirft seine Waffen zu Caesars Füßen nieder (Historiengemälde von Lionel Royer aus dem 19. Jh.)

Frage und Anregung

Formuliere einen Diskussionsbeitrag: Welcher der Darstellungen würdest du den Vorzug geben? Wieso?

VON DER ANTIKE ZUM FRANKENREICH

Du hast im letzten Kapitel ein Römisches Reich kennen gelernt, das den gesamten Mittelmeerraum umfasst. Um 800 hat sich dieses Bild völlig verändert: Das Weströmische Reich ist verschwunden, von den germanischen Reichen der Völkerwanderung blieb nur das Frankenreich bestehen, des Oströmische Reich ist geschrumpft, das neue Weltreich des Islam ist im Entstehen. In der Zeit des Übergangs von der Antike zum Mittelalter beginnt sich die Mittelmeerwelt in drei neue Machtzentren zu teilen: das Byzantinische Reich, das Frankenreich und das arabische Weltreich des Islam.

Der Mittelmeerraum um 40 n. Chr.

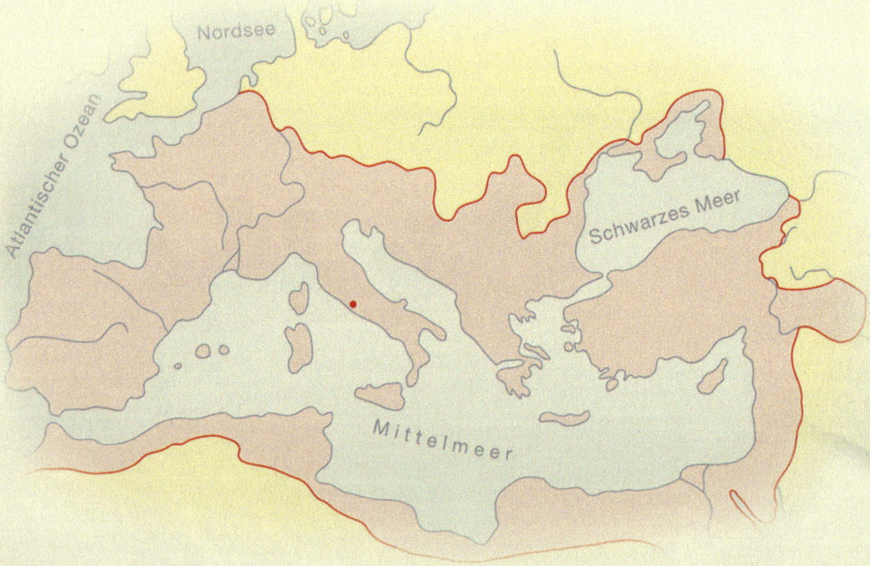

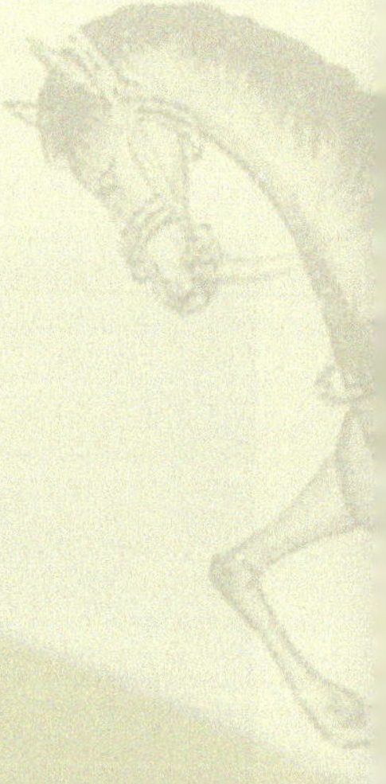

Heiliges Kreuz im Sternenhimmel einer christlichen Kirche in Ravenna (4. Jh.)

Heiligtum des Islam – die Kaaba in Mekka
Die Kaaba in Mekka ist das wichtigste Heiligtum des Islam, das jeder Muslim einmal in seinem Leben aufsuchen und dabei sieben Mal umschreiten muss.

Der Mittelmeerraum um 800 n. Chr.

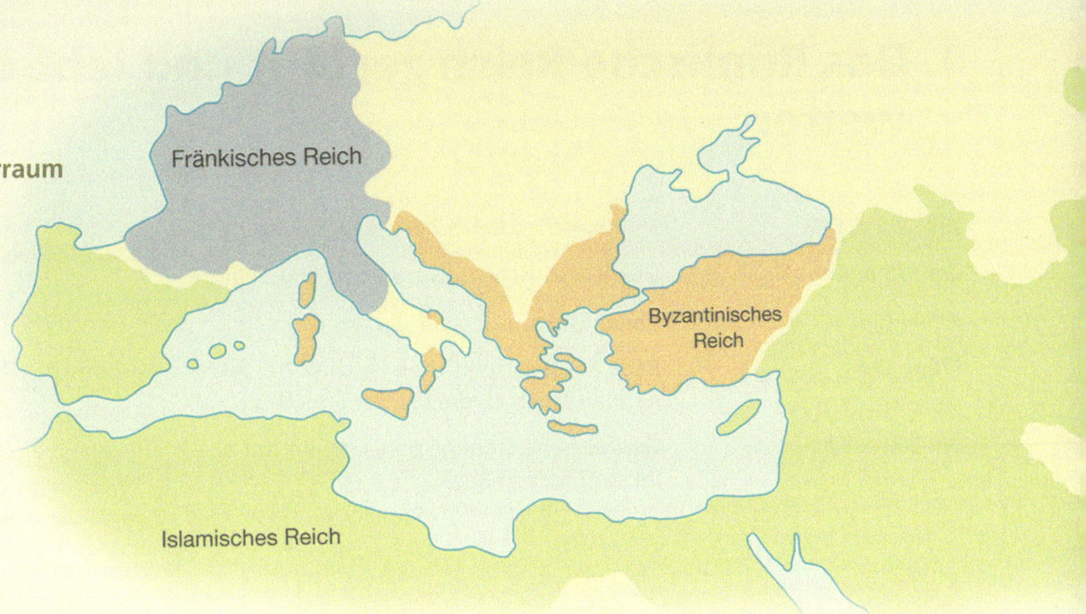

Zisterziensermönche beim Gebet, Laienbrüder bei der Arbeit
(Buchmalerei aus dem 13. Jh.)

Mohammed zieht in eine eroberte Stadt ein
Der Erzengel Gabriel, der ihm die Lehre des Islams verkündet haben soll, begleitet ihn. (Miniatur in einer persischen Handschrift, 14. Jh.)

1. Das Römische Reich zerfällt und lebt doch weiter

193–285 n. Chr.	Im Römischen Reich herrschen Soldatenkaiser.
Um 375 n. Chr.	Die germanische Völkerwanderung beginnt.
395 n. Chr.	Kaiser Theodosius teilt das Römische Reich in eine westliche und östliche Hälfte.
476 n. Chr.	Ende des Weströmischen Reiches: Der letzte weströmische Kaiser wird von einem germanischen Söldnerführer abgesetzt.
Um 500 n. Chr.	Germanische Stämme beherrschen fast alle Provinzen im ehemaligen Weströmischen Reich.

M 1 Die Völkerwanderung

Die Karte zeigt das Vordringen der Hunnen und die dadurch ausgelösten Züge u. a. der Goten, Vandalen, Angeln und Sachsen.

Neben dem Westgotenreich auf der Iberischen Halbinsel bestanden nur die Staatsgründungen der Franken und Angelsachsen auf dem Gebiet des ehemaligen Römischen Reiches eine längere Zeit.

Benenne die heutigen Staaten der von den germanischen Stämmen eroberten Gebiete.

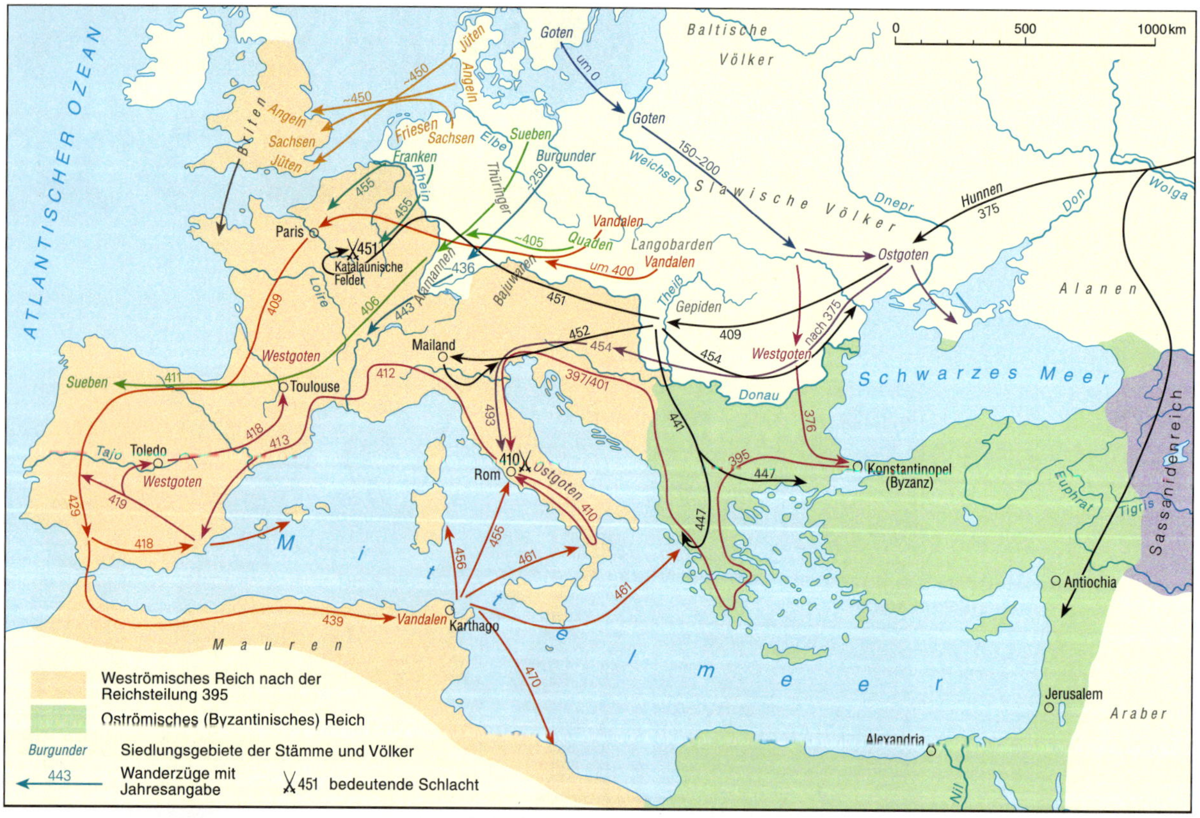

Die Macht des Römischen Reiches schwindet

Seit etwa 200 n. Chr. fiel es dem römischen Kaiser und seinen Legionen immer schwerer, die ungefähr 15000 km lange Reichsgrenze zu verteidigen. Von Nordosten und Norden drangen die Germanen vor, von Osten die Perser und von Süden afrikanische Stämme. Da der Kaiser nicht mehr in der Lage war, alle Abwehrkämpfe selbst zu führen, riefen die Legionen an den Grenzen immer wieder aus den Reihen ihrer Offiziere eigene Kaiser aus. Diese „Soldatenkaiser" regierten meist nur sehr kurz, denn entweder fielen sie im Kampf oder sie wurden z. B. nach einer Niederlage von den eigenen Leuten ermordet. Oft gab es auch mehrere Kaiser nebeneinander, die sich gegenseitig bekämpften.

Germanen in Rom

Immer häufiger mussten Nichtrömer in die Legionen aufgenommen werden, da die Zahl der römischen Soldaten ständig abnahm. So erhielten vor allem Germanen Siedlungsland im Römischen Reich, wenn sie Hilfstruppen zur Verfügung stellten. Auf der Suche nach fruchtbarem Ackerland überrannten germanische Stämme einerseits römische Grenzbefestigungen, andererseits verteidigten andere Germanen als Soldaten oder Offiziere das Römische Reich.
Der Druck der Germanen auf das Römische Reich nahm zu, als 350 n. Chr. die Hunnen von Asien her in Europa eindrangen und immer weiter nach Westen vorstießen. Die überlegene Kampfesweise der Hunnen als Reitervolk mit ihren schnellen Pferden und ihrer Bewaffnung mit Pfeil und Bogen verbreitete unter den germanischen Stämmen Angst und Schrecken: Die große germanische Völkerwanderung begann.

Zwei Kaiserreiche auf römischem Boden

Um die Verwaltung des römischen Weltreiches zu vereinfachen, teilte Kaiser Theodosius 375 n. Chr. das Reich in zwei Hälften. Zur Hauptstadt im Ostteil wurde Konstantinopel. Im Westteil war nicht mehr Rom die Hauptstadt, sondern zuerst Mailand und dann Ravenna. Der Druck der germanischen Völker richtete sich besonders auf den Westteil. Hier errichteten die vordringenden Germanen eigene Reiche. Sogar Rom wurde zum Entsetzen der Zeitgenossen erobert und geplündert.

Kein Kaiser mehr im Westen

Im Jahre 476 n. Chr. setzte der germanische Heerführer Odoaker den letzten weströmischen Kaiser ab. Im Westen herrschten nun die Germanen. Doch ihre Reiche waren von Anfang an in ihrem Bestand gefährdet: Weit entfernt von ihrer alten Heimat bildeten sie eine Minderheit gegenüber der römischen Bevölkerung. Zudem trennte sie auch die Religion, denn die Ostgoten und Vandalen z. B. hatten das Christentum in einer Form angenommen, die von der katholischen Kirche – und damit von den meisten Römern – als Irrlehre bekämpft wurde.

In Rom und Byzanz lebt das Reich fort

Um das Jahr 500 war die Einheit der Mittelmeerwelt unter römischer Herrschaft beendet. Rom war nicht mehr Hauptstadt eines Weltreiches, entwickelte sich aber als Sitz des Papstes mehr und mehr zum Mittelpunkt der Katholischen Kirche. Für die Katholiken in aller Welt blieb die Stadt bis heute das Zentrum ihres römisch-katholischen Christentums.
Auch die Osthälfte des ehemaligen Weltreiches musste sich heftiger Angriffe der Germanen, aber auch der Slawen und Araber erwehren. Kaiser Justinian gelang dabei sogar für kurze Zeit noch einmal die Vereinigung der beiden Teilreiche. Die Einheit hatte zwar keinen Bestand, aber das oströmische Kaisertum lebte noch tausend Jahre fort. Das Oströmische Reich übernahm die Sprache der Kirche im Osten, das Griechische, und Konstantinopel erhielt den Namen einer alten griechischen Siedlung: Byzanz. Aus dem Oströmischen Reich wurde das Byzantinische Reich, das „Römische Reich der Griechen".

M 2 Germanen: Freunde oder Feinde?
Links ein gefangener Germanenfürst, rechts der Vandale Stilicho.
Beschreibe die Darstellung der beiden Germanen und leite davon deren Einstellung gegenüber dem Römischen Reich ab. Überlege dir, welche Gründe zur Ermordung des Germanen Stilicho im Jahre 408 durch römische Soldaten geführt haben können.

M 3 Germanen: „Wölfe unter Wachhunden"?

Im Jahre 400 hielt der griechische Philosoph Synesios am Kaiserhof in Konstantinopel die folgende Rede:

Der Hirte darf unter die Wachhunde nicht die Wölfe mischen. Ebenso darf der Gesetzgeber denen keine Waffen in die Hände geben, die nicht als Römer geboren und aufgewachsen sind.
Denn bevor man die Goten hier Waffen tragen lässt, soll man von den eigenen Männern verlangen, für das Land zu kämpfen, und so weit gehen, dass man den Gelehrten aus seiner Denkstube, den Handwerker aus seiner Werkstatt und den Krämer aus seiner Bude herausholt. Die Goten sollen also zuerst aus allen Ämtern verdrängt werden. Sie ziehen ihr Fellkleid aus, werfen sich ein römisches Gewand über und beraten mit römischen Beamten über die vorliegenden Fragen. Doch kaum kommen sie aus der Sitzung, stecken sie wieder in ihren Fellkleidern.

Synesios von Kyrene, Rede über das Königtum, 21 f.

M 4 Die Zeit der Völkerwanderung – eine Endzeit?

Im 5. Jahrhundert schrieb im südlichen Gallien (Frankreich) Prosper Tiro an seine Frau:

Weder das Land noch die Städte bleiben bestehen. Alles stürzt jäh dem Ende entgegen. Durch Schwert, Pest, Hunger, Gefangenschaft, Hitze und Kälte rafft der Tod tausendfach die Menschen hinweg. Kriege toben überall. Raserei packt alle, mit ungezählten Waffen stürzen Könige aufeinander los. Unheilige Zwietracht wütet auf der verwirrten Welt. Der Frieden hat die Erde verlassen, überall erblickst du die letzten Dinge.

Prosper Tiro, An die Gattin

M 5 Die Goten im Römischen Reich

Um 420 beschrieb der Spanier Orosius den Westgotenkönig Athaulf:

Athaulf hatte sich zuerst mit glühendem Eifer bemüht, den römischen Namen auszulöschen und den ganzen Boden des Römischen Reiches zum Reich der Goten zu machen: Gotisches Reich sollte jetzt werden, was früher das Römische Reich gewesen war; und Athaulf sollte jetzt werden, was einst der römische Kaiser gewesen war. Dann aber sammelte er vielerlei Erfahrungen: Die Goten konnten wegen ihrer unbändigen Wildheit nicht dazu gebracht werden, den Gesetzen zu gehorchen. Aber die Gesetze eines Reiches kann man nicht verbieten, weil es dann zu Grunde geht. So hat Athaulf sich Folgendes zum Ziel gesetzt, um für sich Ruhm zu erwerben: Er wollte mit den Kräften der Goten das römische Wesen völlig wiederherstellen und noch vermehren und bei der Nachwelt als der Urheber einer Wiederherstellung des römischen Namens gelten.

Orosius, Geschichte gegen die Heiden 7, 43, Bearb. d. Verf.

M 6 Der oströmische Kaiser Justinian mit seinem Gefolge
Dieses aus farbigen Steinchen oder Glassplittern zusammengesetzte Mosaik befindet sich in der Basilika San Vitale (eingeweiht 547) in Ravenna.
Beschreibe die Zusammensetzung des Gefolges Kaiser Justinians als Stützen seiner Macht. Erkläre, durch welche Darstellung die herausragende Stellung des Kaisers hervorgehoben wird.

Völkerwanderung

Wanderungen ganzer Völker oder Stämme, durch Landnot, Klimawechsel oder Einfall fremder Völker hervorgerufen, hat es in der Geschichte öfters gegeben, z. B. die Einwanderung der Dorier in Griechenland im 12. Jh. v. Chr. Als „germanische Völkerwanderung" bezeichnen wir jene Züge von meist germanischen Stämmen, die um 375 n. Chr. durch den Einbruch der Hunnen in Osteuropa ausgelöst wurden. Die Folgen waren eine Westverlagerung der Germanen und der nachrückenden Slawen sowie das Ende des Römischen Reiches 476 n. Chr.

Fragen und Anregungen

1. Erläutere das gegenseitige Verhältnis der Römer und Germanen, das in M2 und M3 ausgedrückt wird.
2. Beschreibe den Wandel der Einstellung des Westgotenkönigs zum Römischen Reich und nenne die Gründe, die Orosius dafür angibt. (M5)
3. Gib die Gründe an, warum Prosper Tiro die Völkerwanderungszeit als eine „Endzeit" sieht. (M4)
4. Justinian war nie in Ravenna. Erkläre, mit welcher Absicht er sich dennoch dort darstellen ließ. (M6)
5. In den englischen und französischen Geschichtsbüchern wird die germanische Völkerwanderung als „Invasion (Eindringen) der Barbaren" bezeichnet. Versuche, diese Bezeichnung zu erklären.

2. Allah und Mohammed: Religion und Kultur des Islam breiten sich aus

Seit 610 n. Chr.	Mohammed begründet eine neue Religion: den Islam.
622 n. Chr.	Mohammed verlässt Mekka und flieht vor Verfolgungen nach Medina: „Hedschra“ – die islamische Zeitrechnung – beginnt.
630–750 n. Chr.	Die arabischen Muslime erobern ein Weltreich von Spanien bis zum Indus.

Mohammed – der Prophet Allahs

„Es gibt keinen Gott außer Allah, und Mohammed ist sein Prophet“ – so lautet das islamische Glaubensbekenntnis. Mohammed, Karawanenführer und Kaufmann aus dem arabischen Handelszentrums Mekka, hatte auf seinen Reisen Juden und Christen kennen gelernt. Ihr Glaube an einen einzigen Gott beeindruckte ihn sehr, denn in Arabien verehrten die Menschen zu dieser Zeit viele Götter, in Mekka allein über 360. Um 610 soll ihm ein übernatürliches Wesen erschienen sein, das er als den Erzengel Gabriel bezeichnete. Dieser soll ihm den Auftrag gegeben haben, den Islam (Hingabe des Menschen in den Willen des einzigen Gottes: Allah = arab. Gott) zu verkünden. Mohammed war überzeugt, dass er wie Moses und Jesus ein Prophet (Gesandter) Gottes sei, und zwar der letzte, den Gott zu den Menschen schickte. Etwa 20 Jahre lang wiederholten sich die Erscheinungen Gabriels, durch die ihm eine neue Glaubenslehre mitgeteilt wurde.

Der Koran – die neue Lehre

Diese Mitteilungen an ihn sowie Mohammeds Vorschriften für das Leben eines Gläubigen wurden kurz nach seinem Tod im Koran niedergeschrieben, dem „oft zu lesenden“ Buch der neuen Lehre. Für Mohammeds Anhänger, die Muslime (= die sich Allah Hingebenden), ist der Koran Glaubens- und Gesetzbuch für das Zusammenleben und das tägliche Verhalten. Der Muslim soll z. B. fünf Mal am Tag beten, sich vor dem Gebet reinigen, zu bestimmten Zeiten fasten, den Armen Almosen geben, auf Schweinefleisch und alkoholische Getränke verzichten und einmal in seinem Leben eine Pilgerfahrt nach Mekka unternehmen.

M 1 Die Ausbreitung der islamischen Herrschaft
Dem scheinbar unaufhaltsamen Vordringen der arabischen Heere wurde an zwei Stellen Einhalt geboten. Zunächst wehrte im Jahre 678 Byzanz den Angriff einer arabischen Flotte ab, dann folgte 732 ein Sieg über die Araber auf dem Boden des Frankenreiches. In beiden Fällen waren neue Waffen entscheidend. Byzanz siegte durch den Einsatz von Kanonen, die das „griechische Feuer“ (das auch auf dem Wasser weiterbrannte) gegen die Schiffe schleuderten; die Franken waren mit ihren Panzerreitern überlegen.

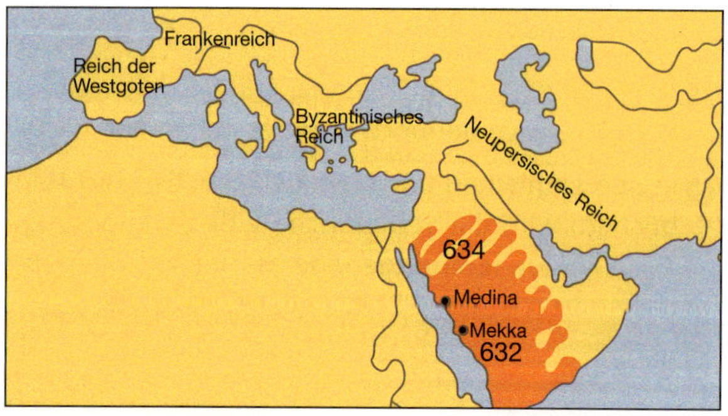

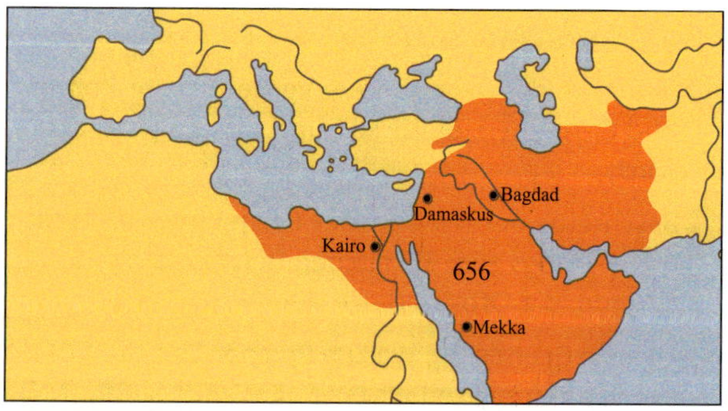

M 2 Die Moschee Ibn Tultun in Kairo (879)
Alle Moscheen sind so gebaut wie die in Medina, die Mohammed in Auftrag gab. Eine Moschee ist eine Gebäudeanlage mit Gebets-, Versammlungs- und Wohnräumen sowie Unterkünften für Karawanenreisende. Am zentralen Brunnen im Innenhof waschen sich die Gläubigen vor dem Beten. Vom Minarett ruft der Muezzin fünf Mal am Tag zum Gebet.

Die „Hedschra“ – von Mekka nach Medina

Mohammed selbst fand in Mekka wenig Zustimmung und wurde von den Gegnern des neuen Glaubens sogar zur Flucht aus seiner Heimatstadt in die 300 km nördlich gelegene Oasenstadt Medina gezwungen. Mit Mohammeds Auszug aus Mekka 622, der „Hedschra“, beginnt sowohl die Zeitrechnung als auch der Siegeszug des Islam. Denn in Medina fand er rasch viele Anhänger, die ihn sogar als Stadtoberhaupt anerkannten. Als Herrscher von Medina eroberte er 630 Mekka zurück und machte es zum Mittelpunkt des Islam.

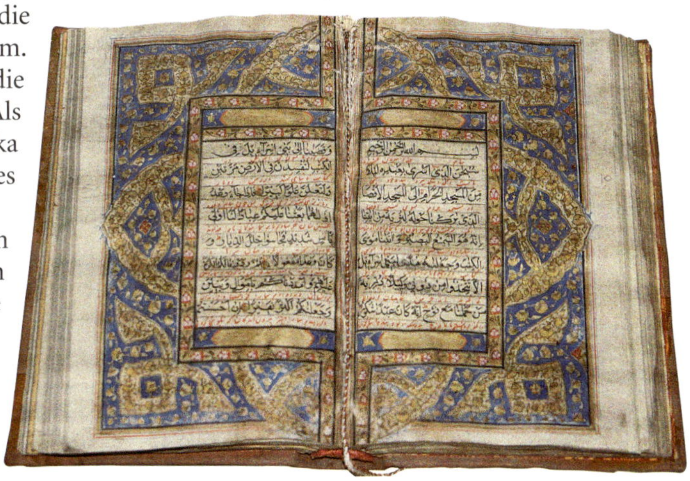

Auch die alte heidnische Kaaba mit dem schwarzen Stein (einem Meteoriten), von vielen Arabern als Sitz von Göttern verehrt, wurde nun in den Dienst der neuen Religion gestellt. Bei seinem einzigen Besuch in Mekka 632, seinem Todesjahr, erklärte Mohammed es zum wichtigsten Heiligtum für alle gläubigen Menschen.

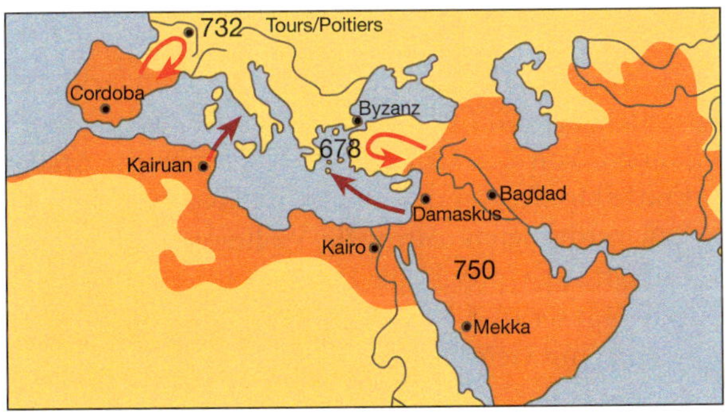

M 3 Der Koran
(„das, was man immer wieder vorlesen muss“)
Der Koran ist in 114 Abschnitte (Suren) untergliedert. Da der Inhalt Mohammed in arabischer Sprache offenbart worden sein soll, muss der Koran vom Gläubigen in arabischer Sprache gelesen werden. Übersetzungen gelten als Verfälschungen. Da auch die Form der Schrift als von Gott offenbart gilt, wurde die Schriftgestaltung des Korans zu einer eigenen Kunst, der Kalligrafie. (Koranhandschrift aus Nordafrika, 12. Jh.)

M4 Blutkreislauf und Verdauung des Menschen in einem Werk über die Medizin (17. Jh.)
In der Heilkunst waren die Araber jahrhundertelang die Lehrmeister der Europäer. Krankheiten und ihre Heilungsmöglichkeiten wurden genau untersucht, Krankenhäuser gebaut und komplizierte Operationen erstmals schmerzfrei durchgeführt.

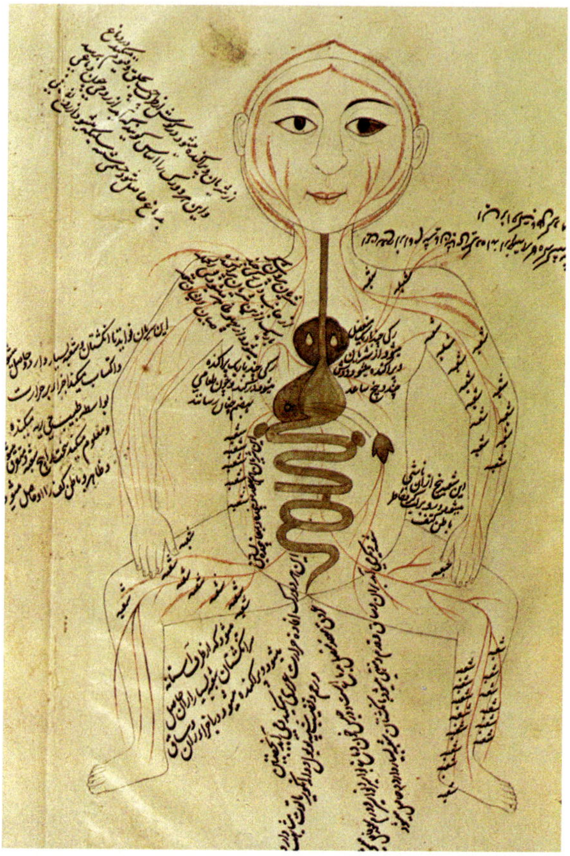

Ein neues Weltreich entsteht

Zur Zeit des Todes Mohammeds hatten sich bereits fast alle arabischen Stämme seiner Lehre angeschlossen. Mohammeds Nachfolger, die Kalifen, verbreiteten den Islam im Krieg gegen das Oströmische und Persische Reich über Arabien hinaus. In etwas mehr als hundert Jahren gelang es den Arabern, ein Weltreich zu erobern. Ansporn dazu war für die Muslime anfangs vor allem die Verpflichtung des Koran zum „Heiligen Krieg“ („Dschihad“, arabisch „Bemühen“). Der „Dschihad“ bedeutete für jeden Muslim die Pflicht, sich nach seinen Möglichkeiten für Allah besonders anzustrengen. Dazu zählte auch die Verbreitung des Glaubens unter Nichtmuslimen. Bei den Nichtmuslimen unterschieden die Muslime zwischen Polytheisten („Ungläubigen“) sowie Juden und Christen, die beide die göttliche Offenbarung empfangen hatten. Christen durften zudem nicht zur Annahme des Islam aufgefordert oder gar gezwungen werden. Verlangt wurde von ihnen nur die Anerkennung der arabischen Oberhoheit und die Zahlung von Abgaben. Um der Zahlungspflicht zu entgehen, traten viele „Ungläubige“ und Christen freiwillig zum Islam über, denn dann waren sie von Abgaben befreit. So sahen sich die Kalifen sogar immer wieder gezwungen, den Übertritt zum Islam zu verhindern.

„Wer nach Wissen strebt, betet Gott an“

Zu den besonderen Anstrengungen für Allah zählte für die Muslime auch die religiöse Pflicht, nach Erkenntnis zu streben. Muslimische Gelehrte und ihre Schüler bemühten sich um Philosophie, Grammatik, Dichtkunst und Rechtswissenschaften. Besonders versuchten sie, in der Mathematik und Sternkunde, in der Medizin und Arzneimittelkunde neue Erkenntnisse zu gewinnen. Weit über hundert Jahre vor dem christlichen Europa gründete der Kalif von Kairo 988 eine Universität mit einer Bibliothek von 200 000 Bänden. Von den Griechen übernahmen die Araber Werke zur Medizin und Arzneimittelkunde, von den Indern die neuen Zahlenzeichen, die langsam die römischen verdrängten. Auch die Wohnkultur blühte in Gebieten unter islamischer Herrschaft auf. Um das Jahr 1000 gab es in Cordoba, im islamischen Spanien, etwa 260 000 Häuser und Paläste mit Gärten, Brunnen, 700 öffentliche Bäder, gepflasterte Straßen mit Gehsteigen und Beleuchtung sowie eine Wasserleitung zur Versorgung der Stadt.

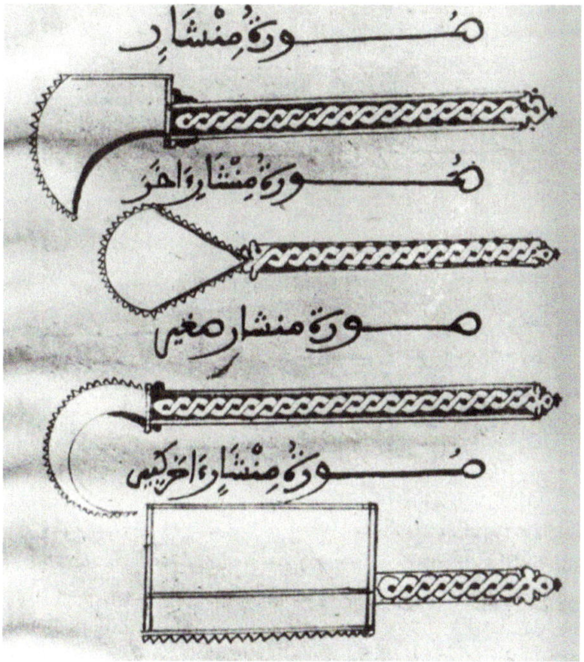

M 5 Operationsbesteck für Chirurgen (aus einem arabischen Lehrbuch)
In der Herstellung von wissenschaftlichen Instrumenten aller Art wie z. B. Operationsbestecken waren die Araber wahre Meister. Im Bild Knochensägen für Chirurgen.

M 6 Gebote für das Alltagsleben der Muslime

Der Moslem darf keine Glücksspiele spielen.

Er darf den Islam nicht verlassen, wenn er von Gott (Allah) abfällt, muss er bekämpft werden.

Der Moslem muss gut zu seinem Gast sein.

Der Moslem muss das Leben achten.

Der Moslem muss im Handel anständig wiegen und messen.

Der Moslem muss Dankbarkeit und Güte seinen Eltern erweisen.

Der Moslem muss Glaubensgenossen helfen, die bedürftig sind.

Er muss gut zu seinen Untergebenen sein.

Essensregeln: Vor dem Essen spült sich der gläubige Moslem den Mund und wäscht seine Hände. Verboten sind alle Speisen, die das Bewusstsein verwirren und trüben. Deshalb ist jeder Alkohol verboten, auch mit Wasser gemischter Wein.

Es heißt: Im Blut ist der Sitz des Lebens. Das Leben gehört Gott. Deshalb darf ein Moslem nur das Fleisch eines ausgebluteten Tieres essen. Das Tier wird nicht erschlagen, sondern mit einem Messer geschlachtet, und das Blut muss vollständig abgeflossen sein.

Nach: A. Becker, Große Religionen der Welt. München 1987, S. 177–186.

Islam

Der Islam versteht sich als Vollendung des von Juden und Christen verfälschten reinen Glaubens Abrahams und Jesu. Alles Geschehen ist von Allah vorherbestimmt (Kismet). Der Mensch, von Natur aus gut (also ohne Erbsünde), ist zur Unterwerfung und Ausführung von Allahs Willen aufgerufen und wird im Jüngsten Gericht zur Rechenschaft gezogen.
Der Islam teilt sich in zwei Hauptrichtungen, die Sunniten (ca. 90 % aller Muslime) und die Schiiten (ca. 10 %). Beide entstanden nach dem Tod Mohammeds im Streit um dessen rechtmäßige Nachfolge als Leiter der gesamten islamischen Glaubensgemeinschaft.

Dreiteilung der Mittelmeerwelt

Mit der Ausbreitung des islamischen Weltreiches, das von Spanien über die nordafrikanische Küste bis zum Indus reichte, war im Mittelmeerraum eine neue wirtschaftliche und politische Macht entstanden. Da im Norden des Mittelmeeres das Frankenreich begann, das Erbe des weströmischen Kaisers anzutreten, fand auch hier eine Machtverschiebung statt. Statt dem alten Römischen Weltreich, das über Jahrhunderte die gesamte Mittelmeerwelt beherrscht hatte, entstanden in den Jahrzehnten um 700 n. Chr. rund um das Mittelmeer drei neue Zentren der Macht: das Arabische Reich des Islam, das Byzantinische Reich und als Erbe Westroms das Frankenreich.

Fragen und Anregungen

1. Stelle zusammen, welche Vorschriften zum täglichen Leben die islamische Religion einem gläubigen Muslim auferlegt (VT, M6).
2. Vergleiche die Ausbreitung des Christentums und des Islam (Länder, Zeiträume, Hauptrichtungen) bis um ca. 800 n. Chr. (s. Karten S. 122 und 146 f.)
3. Stelle eine Liste der Leistungen arabischer Kultur zusammen.

3. Das Frankenreich entsteht

M 1 Fränkischer Helm aus Deutschland, um 600

Um 500 n. Chr.	Chlodwig, aus der Familie der Merowinger, begründet das Frankenreich. Chlodwig wird getauft.
732 n. Chr.	Der Hausmeier Karl Martell (Karolinger) siegt über die Araber bei Tours und Poitiers.
751 n. Chr.	Pippin (Karolinger) wird zum fränkischen König gekrönt.
754/756 n. Chr.	Pippin unternimmt Feldzüge gegen die Langobarden. Pippinische Schenkung: Das eroberte Gebiet wird an den Papst übertragen.

Chlodwig gründet das Frankenreich

Die Völkerwanderung der Germanenstämme in Europa begann im 3. Jahrhundert. Ein germanischer Stamm, der an der Völkerwanderung beteiligt war, waren die Franken. Sie waren kein einheitlicher Stamm, sondern sie bestanden aus verschiedenen Gruppen. Gemeinsames Element war die Bezeichnung „Franke", was man als „Freier" oder „Kühner" übersetzen kann. Die westgermanischen Franken, deren Name zuerst im 3. Jahrhundert auftauchte, siedelten im linksrheinischen Grenzgebiet des Römischen Reiches. Die Salier bildeten einen Teil einer Gruppe, die südwestlich vordrang. Chlodwig (482–511) war König dieses Teilstammes. Er besiegte 486 Syagrius in Gallien, den letzten römischen Statthalter. Als König besaß Chlodwig zunächst nur als militärischer Führer uneingeschränkte Befehlsgewalt, weil die Volksversammlung über alle wichtigen Angelegenheiten entschied. Da er aber nun über Gebiete herrschte, in denen Römer lebten, die an eine zentralistische Herrschaft gewöhnt waren, baute er seine königlichen Machtbefugnisse auch über die Germanen aus. Chlodwig errang die Herrschaft über alle fränkischen Stämme und eroberte weitere Gebiete, z. B. das Reich der Alamannen. Er herrschte als starker König über das Frankenreich.

Die Franken traten im Mittelalter damit in der Nachfolge der Römer die Herrschaft an und übernahmen dabei viele Elemente der römischen Herrschaft wie z. B. die Verwaltung, das Straßennetz und das Steuersystem. Freier bäuerlicher Besitz und Gemeineigentum prägten von fränkischer Seite den neu entstehenden Staat.

Die Franken werden Christen

Durch die Eroberungen beherrschten die Franken auch die gallorömischen Bewohner, die Christen waren. Unter gallorömischen Bewohnern versteht man die einheimische Bevölkerung, die aus Galliern und Römern bestand. In diesem Gebiet blieben viele römische Einrichtungen bestehen, so auch die Kirchenverwaltung. Die Diözesen mit einem Bischof an der Spitze waren die gängige Verwaltungseinheit. Durch die Kirche wurden weiterhin die lateinische Sprache und Literatur vermittelt, was die Einheitsbildung des Frankenreiches förderte. Einige der Franken, die Heiden waren, näherten sich dem Christentum an und ließen sich bekehren. Chlodwigs burgundische Frau war Christin und seine Kinder waren getauft. Als Chlodwig gegen die Alamannen kämpfte, gelobte er, sich taufen zu lassen, wenn er in der Schlacht siegte. Als er sich taufen ließ, folgten ihm viele seiner heidnischen, fränkischen Untertanen, besonders die Adeligen. Damit wuchs die fränkische und gallorömische Bevölkerung leichter zusammen, da sie nun denselben Glauben hatten. In der Folge setzte nun auch die Christianisierung der Franken nach römischem Vorbild ein. Es kamen hunderte von irischen Mönchen ins Frankenreich, die bedeutende Klöster als Missionszentren schufen. Bonifatius (672–

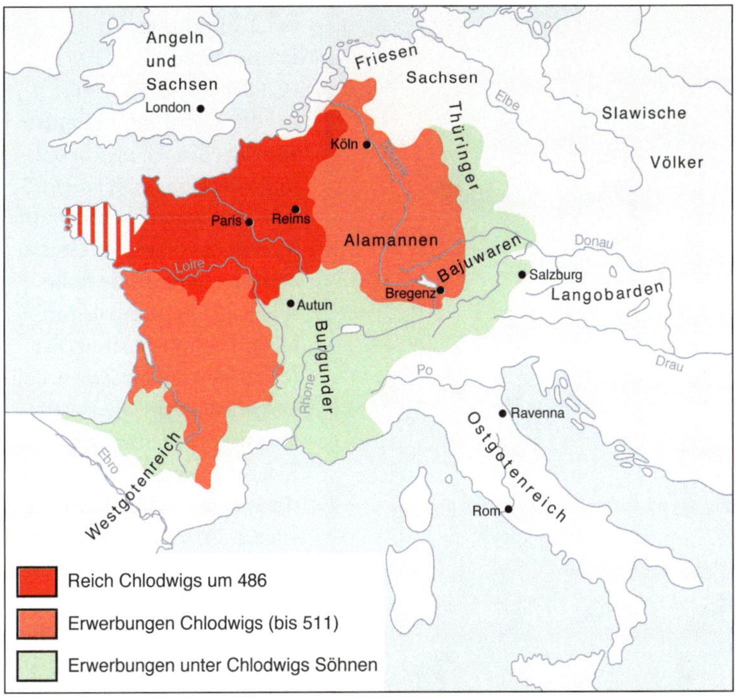

M 2 Das Reich der Merowinger

Die Völkerwanderung der Germanenstämme in Europa begann im 3. Jahrhundert. Im Zuge dieser veränderte sich die Herrschaftsstruktur in Europa. Das Gebiet, das wir heute als Europa bezeichnen, stand in der Antike zum größten Teil unter der Herrschaft der Römer. Die vordringenden Stämme jedoch eroberten und besetzten Gebiete des Weströmischen Reiches. Die Franken ließen sich seit der Mitte des 4. Jh. im Gebiet des heutigen Belgiens nieder und breiteten sich weiter aus.

754) ist der berühmteste der angelsächsischen Mönche. Er missionierte das östliche Frankenreich, schuf Bistümer und gründete zahlreiche Klöster, z. B. Fulda. Als er die Friesen missionieren wollte, wurde er erschlagen.

Die Karolinger übernehmen die Herrschaft des Frankenreiches

Unter den vier Söhnen Chlodwigs wurde das Frankenreich, das insgesamt durch Eroberungen noch vergrößert wurde, nach fränkischem Erbrecht aufgeteilt. Es folgten danach verschiedene Teilungen, es kam zu Erbstreitigkeiten. Die verschiedenen Könige der Folgezeit und die Adeligen bekämpften sich. Die eigentliche Macht lag in den Händen der Hausmeier, die Verwalter der königlichen Besitzungen waren. Nun waren es die Hausmeier, die um die Macht kämpften. Die merowingischen Könige waren entmachtet. Aus den Machtkämpfen der Hausmeier ging die Adelsfamilie der Karolinger als Sieger hervor. Karl Martell gelang es, das gesamte Frankenreich unter seine Herrschaft zu bringen. Das Ansehen der Karolinger stieg noch mehr, als Karl Martell im Jahre 732 die Araber bei Tours und Poitiers schlug.

Die Karolinger werden fränkische Könige

Der Nachfolger Karl Martells war Pippin, sein Sohn. Er war der eigentliche Herrscher des Frankenreiches, nicht der merowingische König, der lediglich den Königstitel führte. Pippin konnte diesen aber nicht einfach absetzen, weil die merowingischen Könige das heidnische Königsheil besaßen. Das Königsheil war eine Wunderkraft der königlichen Familie, das Siege, lange Friedenszeiten, reiche Ernten und Wunderheilungen versprach. Er kam auf die Idee, sich an den Papst zu wenden, damit er mit dem Segen des christlichen Gottes ausgestattet wurde und daraus vergleichbare Kräfte schöpfen konnte. Er richtete eine Anfrage an den Papst, um von ihm die Zustimmung zu bekommen, dass er als König im Frankenreich regieren sollte. Der Papst entschied sich für die Absetzung der Merowinger, und Pippin wurde von den Adeligen zum König gewählt. Im Jahre 751 wurde Pippin von Bonifatius im Auftrag des Papstes gesalbt und anschließend gekrönt. Er war damit König von Gottes Gnaden. Sein Königstitel lautete deshalb auch „Gratia dei rex Francorum" (durch Gottes Gnade König der Franken).

M 3 Fränkische Panzerreiter
(Goldener Psalter, 9. Jh.)
Als die Araber in Aquitanien einmarschierten und bereits in Poitiers eine Abtei niedergebrannt hatten, konnte Karl Martell das arabische Heer besiegen. Eine große Rolle spielte die Reiterei, die fortschrittlich mit Rüstung, Sattel, Steigbügel und Zaumzeug ausgerüstet war. Die Darstellung alttestamentarischer Krieger spiegelt das Aussehen der fränkischen Panzerreiter wieder. Der Sieg von Poitiers erregte im ganzen Abendland größtes Aufsehen. Der Ausgang der Schlacht wurde als Gottesurteil zu Gunsten der Karolinger gedeutet.
Im 9. Jahrhundert erhielt Karl von den Geschichtsschreibern den Beinamen „Martellus“ (Hammer).

Die Karolinger als Schutzherren der Römer und die Pippinische Schenkung

Rom wurde 753 von den Langobarden bedroht, so dass Papst Stephan II. sich um Hilfe an Pippin wandte. Pippin zog zur Unterstützung des Papstes nach Rom. Er wurde zusammen mit seinen zwei Söhnen vom Papst gesalbt, wobei die Karolinger zur erbberechtigten Königsfamilie wurden. Die drei Karolinger erhielten den Rang- und Ehrentitel eines „patricius Romanorum“ (Schutzherr der Römer). Mit zwei Feldzügen, 754 und 756, unterwarf Pippin die Langobarden und übertrug ihm die eroberten Gebiete. Mit der Pippinischen Schenkung wurde der Papst zum Herrscher über einen eigenen Staat, der Kirchenstaat entstand.

Mittelalter

Als Mittelalter bezeichnet man die Zeit zwischen der Antike und der Neuzeit. Die Antike endete mit dem Untergang des Weströmischen Reiches im Jahre 476. Einschneidende Ereignisse kennzeichneten den Beginn der Neuzeit, so z. B. die Erfindung des Buchdrucks um 1440 durch Johannes Gutenberg, mit dem das Bildungswesen einen großen Aufschwung erhielt, oder die „Wiederentdeckung“ Amerikas im Jahre 1492 durch Kolumbus, mit der die Ausbreitung der Europäer auf der ganzen Welt begann.

Reichsbildung der Franken

Die Franken bildeten unter dem merowingischen König Chlodwig im 5. Jahrhundert einen Herrschaftsbereich von großer Ausdehnung über mehrere Stämme und Völker, wobei das entstandene Fränkische Reich germanische (z. B. Gemeineigentum), römische (z. B. Verwaltung) und christliche (z. B. Organisation der Kirche) Traditionen aufnahm. Das Fränkische Reich trat damit in die Nachfolge des Weströmischen Reiches. Es wurden so die Grundlagen für die politische, soziale und kulturelle Entwicklung Europas gelegt.

M 4 Über die Taufe Chlodwigs

Gregor von Tours (538/539–594, Bischof von Tours) schrieb über die Taufe Chlodwigs:

Die Königin (die katholisch getauft war) aber ließ nicht ab in ihn zu dringen, dass er den wahren Gott erkenne und ablasse von den Götzen. Aber auf keine Weise konnte er zum Glauben bekehrt werden, bis er endlich einst mit den Alamannen in einen Krieg geriet: Da zwang ihn die Not zu bekennen, was sein Herz vordem verleugnet hatte. Als die beiden Heere zusammenstießen, kam es zu einem gewaltigen Blutbad, und (Chlodwigs) Heer war nahe daran, völlig vernichtet zu werden. Als er das sah, erhob er seine Augen zum Himmel, sein Herz wurde gerührt, seine Augen füllten sich mit Tränen und er sprach: (...) Gewährst du mir jetzt den Sieg über diese meine Feinde und erfahre ich so jene Macht, die das Volk, das deinem Namen sich weiht, an dir erprobt zu haben rühmt, so will ich an dich glauben und mich taufen lassen auf deinen Namen.

Gregor von Tours, Historiarum libri decem, II, 30

M 5 Die Erhebung Pippins zum fränkischen König

749. Bischof Burkhard von Würzburg und der Kaplan Folrad wurden zu Papst Zacharias gesandt, um wegen der Könige in Francien zu fragen, die damals keine Macht als Könige hatten, ob das gut sei oder nicht. Und Papst Zacharias gab Pippin den Bescheid, es sei besser, den als König zu bezeichnen, der die Macht habe, statt den, der ohne königliche Macht blieb. Um die Ordnung nicht zu stören, ließ er kraft seiner apostolischen Autorität Pippin zum König machen.

750. Pippin wurde nach der Sitte der Franken zum König gewählt und gesalbt von der Hand des Erzbischofs Bonifatius heiligen Andenkens und von den Franken in Soissons zum König erhoben. Hilderich aber, der Scheinkönig, wurde geschoren und ins Kloster geschickt.

Annales Regni Francorum (Reichsannalen), 749

M 6 Ausschnitte aus dem Leben des Bonifatius (Handschrift, 11. Jh.)

Bonifatius wurde 672/73 in England geboren. Der Apostel der Deutschen missionierte als Erzbischof bei den Hessen, Thüringern und Friesen. Er gründete zahlreiche Bistümer und Klöster als Sützpunkte der Mission. Dieses Bild aus einer Handschrift (handgeschriebener Text) zeigt Bonifatius bei der Taufe eines Bekehrten. Im unteren Teil des Bildes ist sein Märtyrertod zu sehen, den er 754 bei den Friesen fand. Im Alter von 80 Jahren zog er als Missionar nochmals nach Friesland. In der Nähe von Dakkum taufte er viele Friesen und lud sie am nächsten Tag zur Firmung ein. An ihrer Stelle kamen Heiden, die ihn erschlugen. Eine Strafexpedition wurde ausgeschickt. Bonifatius wurde am 9. Juli 754 in Fulda beigesetzt.

Fragen und Anregungen

1. Stelle dar, aus welchen Gründen Chlodwig den christlichen Glauben annimmt! (M4)
2. Arbeite heraus, wie Pippin rechtmäßiger König der Franken wird! (M5)
3. Beschreibe die Ausrüstung der Reiter und überlege dir, welche Bedeutung die Reiter für eine Schlacht haben! (M3)
4. Erläutere, wodurch sich die dargestellte Taufe von einer heutigen unterscheidet! (M6)

4. Mönche verbreiten Glauben und Kultur

Um 450 n. Chr.	In Irland beginnt mit dem heiligen Patrick eine große Zeit des Mönchtums.
529 n. Chr.	Benedikt von Nursia gründet in Monte Cassino ein Kloster und verfasst dort später Regeln, die zur Grundlage des Benediktinerordens werden.
Um 610 n. Chr.	Von Irland aus beginnt Columban mit der Missionierung Frankens. Er gründet dazu Klöster: z. B. in Bobbio das älteste Kloster Italiens.
Seit dem 7. Jh.	Klostergründungen: z. B. St. Gallen 612, Reichenau 724, Lorsch 764, Corvey 822.

Mönche und Nonnen – heute eine fremde Welt?

Wenn wir heute im Straßenbild Mönche mit ihren Kutten oder Nonnen mit ihren Schleiern sehen, wirkt das auf manchen von uns eher befremdlich. Wenn wir dann auch noch erfahren, wie Mönche und Nonnen leben, bleibt für viele Menschen unserer Zeit nur Unverständnis. Denn freiwilliger Verzicht auf materiellen Besitz, Weltferne und Gottesnähe ist heute eine schwer vorstellbare Lebensgestaltung. Auch in früheren Zeiten wollten sich Mönche und Nonnen schon durch ihre Kleidung und ihre Lebensweise für jeden erkennbar außerhalb der weltlichen Gemeinschaft stellen und zeigen, dass ihr Ziel nicht die Erfüllung irdischer Bedürfnisse, sondern Gott ist. Um Gott zu dienen, erfüllten die Mönche vielfache Aufgaben: Als Eremiten zogen sie sich in die Einsamkeit zurück und führten dort als Vorbild für andere Gläubige ein asketisches Leben in Gebet und Meditation (Nachdenken). Andere schlossen sich zu Gemeinschaften zusammen.

Mönche als Missionare

Die meisten Mönche sahen eine Hauptaufgabe in der Verbreitung ihres Glaubens. Der Mönch Columban der Jüngere wirkte von Irland aus als Missionar bei den Franken, aber auch in England, Frankreich und Italien. Seine Schüler Gallus (St. Gallen), Kilian (Würzburg) und Pirmin (Reichenau im Bodensee) setzten die erfolgreiche Missionstätigkeit fort. Etwas später missionierte der Angelsachse Bonifatius u. a. in Franken und in Bayern (vgl. S. 153). In Monte Cassino (Italien) gründete der Mönch Benedikt von Nursia ein Kloster und verfasste Ordensregeln. Diese Regeln waren das Vorbild für zahlreiche Mönchsorden, die im Mittelalter in vielfältiger Form entstanden. Der 1098 in Citeaux (Burgund) gegründete Zisterzienserorden beispielsweise betonte in einer Reform der Benediktinerregel vor allem Askese (= religiöse Übungen der Enthaltsamkeit), Disziplin und Verpflichtung zu körperlicher Arbeit.

Mönche als Kulturträger

Die Mönche beteten nicht nur, sie rodeten auch Wälder und legten Sümpfe trocken. Ihre Klöster bauten sie in die unberührte Wildnis oder zumindest in abgelegene Gegenden; darum herum bewirtschafteten sie das Land, sodass ihre Abteien zu agrarischen Musterbetrieben wurden. Der von Franz von Assisi gegründete Franziskanerorden unternahm Missionsreisen nach Ägypten und ins Heilige Land, nach Persien und in das Mongolenreich bis nach Peking. Die Franziskaner waren somit Wegbereiter der Kulturbegegnung zwischen Asien und Europa. Mönche übernahmen aber auch die Übermittlung der wissenschaftlichen sowie künstlerischen Texte und Werke des antiken „Heidentums“. Ohne ihre Abschriften und Miniaturen wäre heute die klassische Literatur der Antike so gut wie verloren. Die Mönche waren aber auch selbst schöpferisch tätig: Sie legten die Grundlagen einer wissenschaftlichen Geschichtsschreibung, bauten reiche Kirchen und Klöster (z. B. Neresheim und Melk), schufen Fresken, Glasmalereien und Musikwerke.

M 1 Symeon, der Säulenheilige

Bereits im Altertum gab es solche Einsiedler, die den größten Teil ihres asketischen Lebens auf einer säulenartigen, mit dem Erdboden nur durch eine Leiter verbundenen Plattform zubrachten, um Buße zu tun.

M 2 Gebetshaus eines irischen Mönchs

Das aus der Frühzeit des irischen Mönchtums stammende Gebetshaus liegt auf der Halbinsel Dingle im Südwesten Irlands und ist aus Gesteinsbrocken der Kalkfelsen gebaut.

M 3 Athos, die selbstständige Mönchsrepublik

Als im 7. Jh. griechische Mönche vor dem Vorrücken islamischer Araber flüchteten, zogen sie sich auf den Berg Athos auf der Halbinsel Chalkidike zurück. 963 gründeten sie die erste von heute 20 Klosterburgen. Die Klöster bilden unter griechischer Oberhoheit eine autonome (selbstständige) Republik mit etwa 2 000 Einwohnern. Frauen haben keinen Zutritt.

M 4 „Mit der Hand allein den Menschen zu predigen"

Der römische Staatsmann Cassiodor gründete ein Kloster und ließ dort im 6. Jh. antike Schriften kopieren:

Denn indem sie die Heilige Schrift aufmerksam lesen, unterweisen sie sich selbst zum Heil, und indem sie die Gebote Gottes abschreiben, verbreiten sie sie weit und breit. Glückliche Absicht, lobenswerter Fleiß, mit der Hand allein den Menschen zu predigen, den Mund mit den Fingern zu öffnen, den Sterblichen das Heil schweigend zu vermitteln und gegen die bösen Versuchungen des Teufels mit Feder und Tinte zu kämpfen. Denn so viele Wunden empfängt der Satan, wie viele Worte Gottes der Schreiber schreibt.

Cassiodor, Institutiones I, 30. Zit. nach: Die Suche nach dem verlorenen Paradies, St. Pölten 2000, S. 68.

Mönchtum

Als Mönchtum wird eine Lebensform von Männern (Mönchen) und Frauen (Nonnen) bezeichnet, die sich unter Ablegung bestimmter Gelübde (z. B. Ehelosigkeit, Verzicht auf Besitz) von allem Weltlichen abwenden. Unterschieden werden kann dabei zwischen den Eremiten (Einsiedlern) und dem Leben in einer klösterlichen Gemeinschaft. Das Mönchtum ist in allen großen Religionen wie dem Christentum, dem Buddhismus oder dem Islam verbreitet und hat dort jeweils große Bedeutung für die Ausbreitung des Glaubens und der Kultur erlangt.

Fragen und Anregungen

1. Lege dar, welche Gemeinsamkeiten und Unterschiede mönchischen Lebens sich aus dem VT sowie den Bildern M1, M2 und M3 ableiten lassen.
2. Erkläre, was Cassiodor durch das Abschreiben der Bibel erreichen will. (M4)

5. „Bete und arbeite" – mönchisches Leben

M 1 Schreibender Mönch

Benedikt von Nursia gründet ein Kloster

Eine wichtige Rolle bei der Ausbreitung des Christentums kam den entstehenden Mönchsorden zu. Schon sehr früh hatte es unter den Christen Männer und Frauen gegeben, die sich von ihren Mitmenschen zurückzogen, um allein oder in einer Gemeinschaft Gott und ihrem Glauben zu dienen. Benedikt, um 480 in Nursia geboren, entstammte altrömischem Landadel. Eine Ausbildung zum Juristen in Rom brach der noch nicht Zwanzigjährige ab und wählte zunächst die weltabgeschiedene Lebensform des Einsiedlers, der in der Einsamkeit durch Gebet und Askese dem Ideal christlicher Vollkommenheit näher kommen wollte. Seine Einsiedelei zog mit der Zeit Menschen an, die gleichfalls wie Benedikt leben wollten. Im Jahre 529 gründete die Mönchsgemeinde Benedikts auf dem Monte Cassino nördlich von Neapel ein Kloster.

Neue Klosterregel

Dort schuf Benedikt ein Regelwerk, das die Ordnung der Klostergemeinschaft und deren täglichen Lebensrhythmus festlegt. Gebet und Arbeit („ora et labora") gliedern im Wechsel den Tag des Mönchs. Diese Regel gilt auch heute noch. Durch Benedikt wurde das gemeinsame Leben in einem Einzelkloster unter einem von den Mönchen nach Würdigkeit und auf Lebenszeit gewählten Vorstand (Abt) das Modell des abendländischen Mönchtums schlechthin.

Leben im Kloster

Vor der Aufnahme in die Mönchsgemeinschaft musste jeder Novize (Neuling) eine Probezeit bestehen. Danach entschied er sich, ob er folgende Gelübde ablegen wollte: Befolgung der Regel Benedikts, Gehorsam, Besitzlosigkeit, Ehelosigkeit und das Versprechen, lebenslang im Kloster zu bleiben. Erst dann erhielt er die Kutte, das Gewand des Ordens, und die Tonsur (Abschneiden des Haupthaares). Für einen aufgenommen Mönch galt daraufhin die Ordensregel Benedikts, die den Tagesablauf nach dem Prinzip „bete und arbeite" genau festlegte. Da der Begriff Arbeit nicht nur körperliche Tätigkeiten, sondern auch geistige Beschäftigungen umfasste, konnten sich viele Mönche auf bestimmte Bereiche spezialisieren: Die einen schufen Übersetzungen oder Darstellungen zur Theologie, Philosophie, Geschichte oder Literatur, andere beschäftigten sich mit Mathematik oder Medizin, wieder andere fertigten als Kunsthandwerker Reliquienschreine, Buch- und Freskomalereien oder als Musiker Kompositionen für den Gottesdienst.
Unumschränkter Leiter des Klosters war der Abt. Als „Vater" (Abbas) der Mönche war er für deren Seelenheil vor Gott verantwortlich. Ihm unterstanden der Prior und der Dekan als Stellvertreter und Gutsverwalter. Bei bedeutsamen Anliegen versammelte er den Konvent, d. h. alle stimmberechtigten Mitglieder des Klosters, zur Beratung.

1 Kirche, 2 Vorhalle, 3 Kreuzgang, 4 Keller, 5 Speisesaal der Laienbrüder, 6 Speisesaal der Mönche, 7 Schlafsaal der Mönche, 8 Sprechraum, 9 Kapitelsaal (1–9 Klausur); 10 Tor, 11 Herberge, 12 Küferei, 13 Fruchtkasten und Kelter, 14 Verwaltung, 15 Schmiede, 16 Pferdestall, 17 Mühle, 18 Bäckerei, 19 Scheunen, 20 Ställe, 21 Gesindehaus, 22 Brunnen, 23 Friedhof, 24 tiefer See

M 2 Klosteranlage Maulbronn (Baden-Württemberg, gegründet 1147 von Zisterziensermönchen)

Die Klöster im Mittelalter waren Mittelpunkte

- des Glaubens: Mönche betreuten die Christen der Umgebung seelsorgerisch mit Predigt und der Spendung von Sakramenten;
- der sozialen Fürsorge: An der Klosterpforte wurden die Armen gespeist, im Kloster suchten bedürftige Reisende oder Pilger eine Herberge; elternlose Kinder fanden Unterkunft und Verpflegung; Kranke wurden im Klosterspital gepflegt;
- der Bildung: In den Klosterschulen lernten Kinder aus adeligen, oft aber auch aus anderen Familien lesen und schreiben; dazu die lateinische Sprache, um Urkunden oder andere Schriftstücke lesen zu können. Die Mönche selbst fertigten mit kostbaren Einbänden und kunstvollen Buchmalereien ausgestattete Handschriften oder Abschriften und Übersetzungen an;
- und Musterbetriebe der Wirtschaft: In der Landwirtschaft rodeten sie Waldstücke, entwässerten sumpfige Böden durch Kanäle, legten Fischteiche an, betrieben Mühlen, führten unbekannte Obstsorten ein und pflegten Weingärten; im Handwerk stellten sie in eigenen Werkstätten Ackergeräte und Wagen für Gespanne her, verarbeiteten Tierhäute zu Leder und Wolle zu Stoff.

Ordne die Gebäude des Klosters den beschriebenen Aufgaben der Mönche zu.

M3 Aus der Benediktinerregel

Benedikt von Nursia schrieb vor:

(2) Man betrachtet (den Abt) als den Stellvertreter Christi. Es gelte bei ihm kein Ansehen der Person im Kloster. Der Freie soll nicht dem Sklaven vorgezogen werden.

(4) Welches die Werkzeuge der guten Werke sind: Vor allem Gott, den Herrn, lieben aus ganzem Herzen, aus ganzer Seele und mit allen Kräften. Sodann den Nächsten wie sich selbst. Keinem andern antun, was man selbst nicht erdulden möchte. Sich selbst verleugnen, um Christi nachzufolgen. Den Leib züchtigen, der Sinneslust nicht nachgeben, das Fasten lieben. Arme erquicken, Nackte bekleiden, Kranke besuchen, Tote begraben, in der Trübsal zu Hilfe eilen, Trauernde trösten. Mit dem Treiben der Welt brechen.

(5) Gehorsam ohne Zögern ist der vorzüglichste Grad der Demut. Wer den Oberen gehorcht, gehorcht Gott.

(48) Müßiggang ist ein Feind der Seele. Deshalb müssen sich die Brüder zu bestimmten Zeiten der Handarbeit und zu bestimmten Zeiten wiederum der Lesung göttlicher Dinge widmen. Bringt es die örtliche Lage mit sich, dass die Brüder selber die Feldfrüchte ernten müssen, so sollen sie deswegen nicht unwillig werden.

(64) Bei der Bestellung des Abtes gelte immer als Regel, dass derjenige eingesetzt werde, den entweder die ganze Klostergemeinde einmütig oder eine Minderheit auf Grund besseren Urteilsvermögens (bestimmt). Bei der Bestellung soll Würdigkeit des Lebenswandels und Weisheit der Lehre maßgebend sein, auch wenn er seinem Range nach der Letzte in der Gemeinde wäre.

(66) Wenn möglich, soll das Kloster so angelegt sein, dass alles Notwendige, das heißt Wasser, Mühle, Garten und die Werkstätten, in denen die verschiedenen Handwerke ausgeübt werden, innerhalb der Klostermauern sich befinden.

Regel Benedikts, Auszüge nach: Die Benediktinerregel, übers. u. erkl. v. Georg Holzherr. Zürich, Einsiedeln, Köln 1982.

M4 Eintritt ins Kloster

Der lateinische Text lautet: „Florus übergibt seinen Sohn. Es kommt zu einer Zusage (des Abtes). Er (Florus) übergibt Ländereien“ (durch eine Schenkungsurkunde an den Abt).

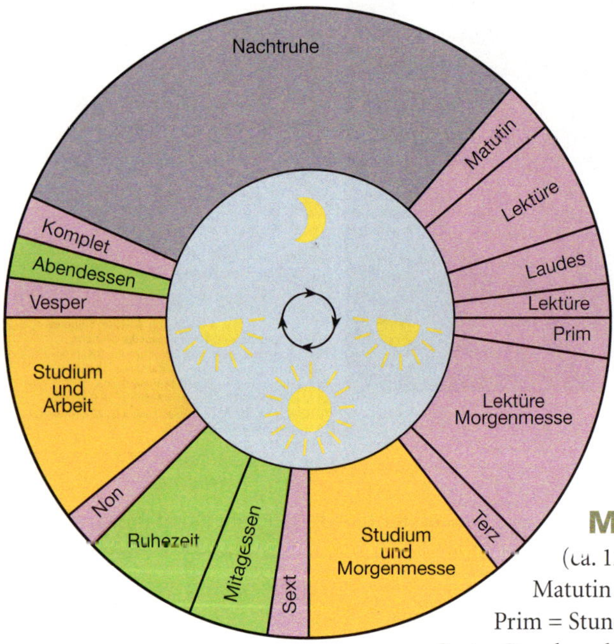

M5 Tagesablauf in einem Benediktinerkloster Ende März

(ca. 12. Jh.)

Matutin = morgendliches Stundengebet; Laudes = Morgenlob; Prim = Stundengebet (6 Uhr); Terz = Stundengebet (9 Uhr); Sext = Stundengebet (12 Uhr); Non = Stundengebet (14 oder 16.30 Uhr); Vesper = Abendlob; Komplet = Nachtgebet

Fragen und Anregungen

1. Erkläre, warum ein Kloster als eine „kleine Welt für sich“ bezeichnet werden kann.
2. Vergleiche die Vorschriften der Benediktiner (M3) mit dem Tagesablauf der Mönche (M5) und mit verschiedenen Gebäuden des Klosters Maulbronn (M2). Stelle deinen eigenen Tagesablauf zusammen und vergleiche.

6. Zwischen Antike und Mittelalter: römische Städte in Bayern

M 1 Seit dem Jahr 1594 grüßt Kaiser Augustus von der Höhe eines Brunnens die Bürger und Besucher Augsburgs.
Die Bronzestatue wurde anlässlich der 1600-Jahr-Feier der Stadt aufgestellt, denn Augsburg wurde in der Regierungszeit dieses Kaisers gegründet: Augusta Vindelicum – Stadt des Augustus im Gebiet der (keltischen) Vindeliker. Neben Augsburg führen noch weitere Städte Bayerns ihren Ursprung auf die römische Zeit zurück: zum Beispiel Kempten (Campodunum), Passau (Batavia) und Regensburg (Castra Regina).

Römische Städte Bayerns im Untergang

Unter dem Ansturm germanischer Stämme wankte die römische Herrschaft in Rätien, der nördlichen Provinz zwischen Iller, Donau und Inn. Der Limes mit seinen zahlreichen Kastellen wurde überrannt, und im Jahre 402 wurden die römischen Truppen schließlich aus Rätien abgezogen. Was wurde nun aus den römischen Städten? Verödeten sie oder verschwanden sie sogar, um vielleicht erst Jahrhunderte später neu gegründet zu werden? Oder überlebten sie den Untergang der römischen Herrschaft? Es ist die Frage nach der Kontinuität (Fortsetzung) eines städtischen Lebens im ehemals römischen Gebiet nördlich der Alpen. Für diese Kontinuität gibt es keine eindeutigen Beweise, aber immerhin einige Anhaltspunkte: die Bedeutung der jeweiligen römischen Siedlung gegen Ende der römischen Herrschaft, ihre Lage an wichtigen Verbindungswegen und ihre Rolle bei der Verbreitung jener Kraft, die nun zum Erben Roms wurde, bei der Verbreitung des christlichen Glaubens. Zwei römische Städte Bayerns scheinen den Untergang der römischen Herrschaft überlebt zu haben: Augsburg und Regensburg.

Augsburg: Mittelpunkt der Verwaltung und des Handels in Rätien

Augusta Vindelicum, auf der Landspitze am Zusammenfluss von Lech und Wertach gelegen, war in der Eroberungszeit Rätiens ein Legionslager gewesen. Als dieses Legionslager weiter nach Norden verlegt wurde, entstand an der gleichen Stelle eine städtische Siedlung. Die neue Stadt nahm einen raschen Aufschwung, denn gegen Ende des 1. Jahrhunderts wurde Augusta Vindelicum zur Hauptstadt der Provinz Rätien bestimmt. Seine Lage an der „Via Claudia Augusta" machte den Ort auch zu einem wichtigen Handelsplatz. Denn diese unter Kaiser Claudius (um 50 n. Chr.) ausgebaute Straße sicherte die direkte Verbindung über den Fern- und Reschenpass mit Italien und verband die Stadt auch mit der römischen Verteidigungslinie an der Donau. Weitere Straßen verbanden Augusta Vindelicum mit Juvavum (Salzburg) in der östlichen Nachbarprovinz Noricum und mit Moguntiacum (Mainz) in der westlichen Provinz Germania superior. Ihre Rolle als Zentrum der Verwaltung und die Lage an einem Verkehrsknotenpunkt ließen die Stadt schnell wachsen. Bald zählte sie bis zu 15 000 Einwohner und war damit die viertgrößte römische Stadt in Deutschland. Augusta Vindelicum war wohl in spät-

Römerstraße Via Julia

römischer Zeit der Sitz eines christlichen Bischofs, auch wenn die Urkunden erst um 700 erstmals von einem Augsburger Bischof sprechen. Ausgrabungsfunde, Gräber und die über die Jahrhunderte andauernde Verehrung der hl. Afra – eine junge Frau, die der Legende nach zu Beginn des 4. Jahrhunderts als Christin getötet wurde – belegen nicht nur ein frühes christliches Leben, sondern auch dessen Kontinuität nach dem Ende der römischen Herrschaft.

Leiterwagen von zwei Ochsen gezogen (Grabmal in Augsburg)

M 2 Die Römerstraße südlich von München und römische Ausgrabungsfunde in Augsburg (2.–5. Jh.)

Goldmünzenfund in Augsburg (um 170 n. Chr.)

Kreuzlampe aus Bronze (um 400 n. Chr.)

Regensburg: wichtigster Militärstützpunkt in Rätien

Die eigentliche Gründung Regensburgs geht auf Kaiser Marc Aurel (161–180) zurück. Als Antwort auf die Bedrohung durch die germanischen Markomannen ließ er am wichtigen Donauübergang gegenüber dem aus dem Markomannenland kommenden Fluss Regen ein Lager für die III. Italische Legion errichten. Der Fluss Regen gab diesem Legionslager seinen Namen: „Castra Regina“. 6000 Soldaten lebten in dem Lager, das von einer steinernen Mauer mit vier Toren und 30 Wehrtürmen umgeben war. Ein Blick auf das heutige Regensburg lässt deutlich die Straßenzüge und den Umfang des Militärstützpunkts erkennen. Außerhalb, in west-

licher Richtung, entstand eine Siedlung für Handwerker, mit Wirts- und Lagerhäusern, Bädern und Villen für die hohen Offiziere, die nicht in den Kasernen wohnen mussten. Außerhalb des Lagers befanden sich auch die Friedhöfe. Umfangreiche Gräberfunde – mehrere tausend Gräber – ergaben, dass diese Friedhöfe auch nach dem Ende der römischen Herrschaft weiter belegt wurden. Diese Kontinuität des Lebens in und bei Castra Regina bezeugen auch Ausgrabungen im Inneren des Lagers, wo Mauern und Wohngebäude auch über das Jahr 400 hinaus, als der Militärstützpunkt aufgegeben wurde, erhalten blieben. So konnte um 550 der bajuwarische Herzog eine immer noch feste Stadt in Besitz nehmen und innerhalb der römischen Mauern seine Residenz errichten.

M 3 Zeugen römischer Vergangenheit in Regensburg
Eine Hälfte der „Porta Praetoria“, des ursprünglich doppelten Nordtores; eine Münze mit dem Kopf des Kaisers Marc Aurel; der „Hinternzwicker“ aus der Darstellung eines Weingelages auf einem Grabstein.

Frage und Anregung

Suche in einem großen Lexikon (z. B. Brockhaus) und im Internet nach weiteren Informationen zur römischen und christlichen Vergangenheit der beiden Städte.

7. Die Völkerwanderung an einem Beispiel: die Vandalen

Um 375 n. Chr.	Die vor den Hunnen fliehenden Goten drängen die Vandalen nach Westen.
406 n. Chr.	Die Vandalen überschreiten den Rhein nach Gallien und ziehen nach Spanien.
429 n. Chr.	Die Vandalen setzen von Spanien nach Nordafrika über.
439 n. Chr.	Karthago wird eingenommen.
455 n. Chr.	Die Vandalen plündern Rom.
534 n. Chr.	Das Vandalenreich geht im Oströmischen Reich auf.

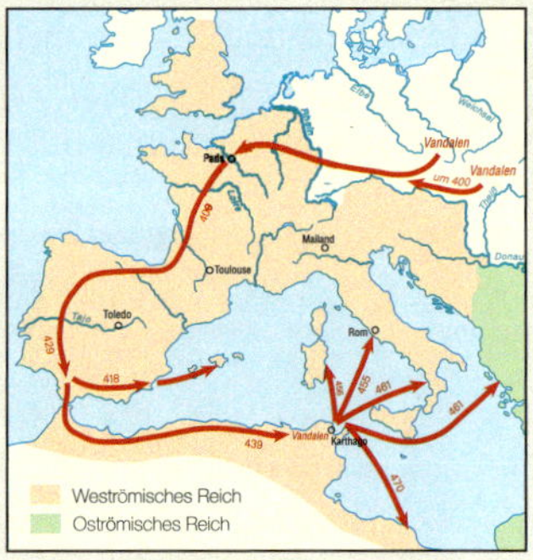

M 1 Zug der Vandalen

Die Vandalen ziehen durch Mitteleuropa nach Spanien

Die Vandalen sind ein germanischer Stamm aus dem Norden Europas, der sich schon im 2. Jh. n. Chr. im Gebiet des heutigen Schlesien niedergelassen hatte. Nach dem Einbruch der Hunnen nach Europa (375 n. Chr.) zogen die Vandalen, wie viele andere germanische Stämme, in südwestlicher Richtung weiter. Zusammen mit den Alanen und Sueben überquerten sie 406 bei Mainz den Rhein und zogen durch Gallien nach Spanien. Im Süden Spaniens ließen sie sich nieder: Die südspanische Provinz Andalusien trägt heute noch einen Namen, der auf die Vandalen hinweist. In Spanien traten sie zum arianischen Glauben über – einer Form des Christentums, die mit dem katholischen Christentum in Konkurrenz stand.

Und nach Nordafrika

Als dann die Westgoten von Italien kommend in Spanien einfielen, flüchteten die Vandalen aus Spanien und setzten mit Schiffen nach Nordafrika über. Ihr Anführer Geiserich ließ sie dabei zählen: 80 000 Menschen sollen es gewesen sein. An der Nordküste Afrikas zogen sie ostwärts in Richtung der Bischofsstadt Hippo, die sie nach 14-monatiger Belagerung einnahmen. Nun knüpften die siegreichen Eroberer ein Bündnis mit den Römern: Der römische Kaiser Valentinian III. akzeptierte die Vandalen als Verbündete und übertrug ihnen die Herrschaft über drei nordafrikanische Provinzen. Das politische Bündnis wurde durch verwandtschaftliche Beziehungen gefestigt: Geiserichs Sohn Hunerich und die Kaisertochter Eudokia verlobten sich. 439 gelang den Vandalen die Eroberung Karthagos. Nun regierte Geiserich zunehmend selbstständig: Er ließ Plünderungszüge nach Sizilien durchführen, um die Kornkammer Roms zu schädigen, prägte eigene Münzen und löste die Verbindung seines Sohnes zur Tochter des römischen Kaisers. Sein Ziel war es, einen vom Römischen Reich unabhängigen Staat zu schaffen.

Plünderung Roms und das Ende des Vandalenreiches

Im Jahr 455 griffen die Vandalen die Stadt Rom an, nahmen sie ein und plünderten sie 14 Tage lang. Die Vandalen raubten viele Wertsachen und entführten die Witwe des Kaisers und ihre beiden Töchter. Geiserich war auf dem Höhepunkt seiner Macht. Nach seinem Tod im Jahr 477 n. Chr. übernahm sein Sohn Hunerich die Herrschaft. Das Volk der Vandalen hatte sich inzwischen an das Leben in Nordafrika gewöhnt und war kaum noch bereit, Kriegszüge zu unternehmen. Dies nützte der oströmische Kaiser Justinian, überfiel mit mehreren tausend Kriegern das Vandalenreich und führte den letzten Vandalenkönig und seine Anhänger in die Gefangenschaft. Das Vandalenreich wurde 534 Teil des Byzantinischen Reiches.

M 2 Verfolgung der katholischen Kirche

Victor, katholischer Bischof von Vita, beschreibt, wie die Vandalen mit den katholischen Christen in Nordafrika umgingen:

Einmal wurde das Osterfest feierlich begangen, und während (...) die Unsrigen wegen des Osterfesttages die ihnen verschlossene Kirche öffneten, bekamen die Arianer (d. h. die Vandalen) davon Kunde. Sogleich wurde ein Priester von ihnen, namens Andiut, nachdem er einen Haufen Bewaffneter um sich geschart hatte, zur Überwältigung der Schar der Unschuldigen entflammt. Sie greifen zu den Waffen und dringen mit gezückten Schwertern in das Gotteshaus ein; andere ersteigen das Dach und schießen durch die Fenster der Kirche ihre Pfeile. Gerade zu der Zeit, wo das Volk Gottes Worte hörte und sang, stimmte ein Vorleser, der auf der Kanzel stand, das Halleluja an; in demselben Augenblicke stürzt er, von einem Pfeil in der Kehle getroffen, tot nieder, und das Buch entfällt seinen Händen.

Victor Vitensis, Geschichte der Verfolgung der Provinz Africa I, 13

M 3 Vandalischer Goldschmuck aus einem Sarkophag (5. Jh.)
Dieser herrliche Schmuck wurde in Koudiat Zateur, Karthago (Tunesien), gefunden.

M 4 Die Plünderung Roms

Prosper Tiro, ein katholischer Mönch aus Marseille, berichtet in seiner „Weltchronik" Folgendes:

Die jedes Schutzes bare Hauptstadt besetzte Geiserich. Vor den Toren trat ihm der heilige Bischof Leo entgegen. Dessen Flehen milderte seinen Sinn mit Gottes Hilfe so weit, dass er, wiewohl alles seiner Gewalt ausgeliefert war, von Brandschatzung, Mord und Folterung Abstand nahm. So ward 14 Tage hindurch Rom ungestört und ungehindert durchstöbert und aller seiner Schätze entleert, und viele tausend Gefangene jedes Alters und Gewerbes wurden nach dem Belieben des Siegers samt der Kaiserin und ihren Töchtern hinweggeführt.

Prosper Tiro, Chronik zum Jahre 455 n. Chr. (MGH AA I, S. 484)

M 5 Geiserich, König der Vandalen (389–442)
Dieser Holzstich ist eine historisierende Darstellung des 19. Jahrhunderts.

Fragen und Anregungen

1. Welche Gemeinsamkeiten könnt ihr zwischen dem Zug der Vandalen und dem der anderen germanischen Völker (vgl. S. 142) erkennen? (M1)
2. Wie werden die Vandalen in den Textquellen (M2, M4) beschrieben? Von wem stammen diese Quellen? Welche Rückschlüsse lässt dies zu?
3. Was erfahren wir aus den Bildquellen (M3, M5) über die Vandalen? Wie passt das zu dem, was du in den Texten erfahren hast?
4. Heutzutage ist der Begriff Vandalismus sprichwörtlich. Klärt, was er bedeutet, und überlegt, ob er auf die Vandalen passt.

8. Wirklichkeit und Sage: Theoderich oder Dietrich?

M 1 Eine Münze mit dem Bildnis Theoderichs

493 n. Chr.	Der Ostgotenkönig Theoderich besiegt den Germanenführer Odoaker und errichtet das Ostgotenreich in Italien.
Ab ca. 1200 n. Chr.	Es entstehen viele schriftliche Zeugnisse zu der Sagengestalt Dietrich von Bern (Theoderich).

Germanische Sagen und ihr historischer Kern

Siegfried und Krimhild. Die Nibelungen. Gunter und Hagen. Gudrun. Dietrich von Bern. Sicher hast du zumindest einen dieser Namen schon mal gehört. Was haben sie gemeinsam? Richtig, sie sind alle Bestandteil der nordischen oder germanischen Sagenwelt. Vielleicht habt ihr im Deutschunterricht schon die eine oder andere Geschichte dazu gelesen.

Es ist bekannt, dass Sagen – obwohl sie im Wesentlichen erfunden sind und fantastische Elemente enthalten – einen historischen Kern haben. Fast alle germanischen Heldensagen spielen in der Zeit der Völkerwanderung, also in der Übergangsphase zwischen Antike und Mittelalter (ca. 4.–6. Jh. n. Chr.). Woran mag das liegen? Aus dieser Zeit besitzen wir nur wenige Quellen. Das hat wohl die Legendenbildung unterstützt und die Fantasie der Menschen beflügelt. Außerdem war diese Phase der Geschichte stark von Kampf und blutigen Auseinandersetzungen geprägt. Das führte zur Verherrlichung so mancher erfolgreicher „Kriegshelden“, auf die man sich in nachfolgenden Zeiten gern berufen hat. Denn aufgeschrieben wurden diese Geschichten erst viel später, die meisten etwa um 1200 n. Chr. Vorher wurden sie nur mündlich überliefert.

Beispiel: Theoderich oder Dietrich v. Bern

Ein Name taucht in sehr vielen Heldensagen auf: Dietrich von Bern. Mit Bern ist hier aber nicht die heutige Hauptstadt der Schweiz, sondern Verona gemeint. Heute ist man sicher, dass hinter dieser Sagenfigur der Ostgotenkönig Theoderich (474–526) steckt. Der historische Theoderich herrschte über Italien, nachdem er einen anderen germanischen Heerführer mit Namen Odoaker besiegt hatte. Ja, den Odoaker, der einige Jahre zuvor mit der Absetzung des letzten weströmischen Kaisers (476) das endgültige Ende des Weströmischen Reiches besiegelt hatte. Theoderich handelte im Auftrag des Kaisers von Byzanz. Für diesen kämpfte er lange gegen den Germanenfürsten. 493 bezwang Theoderich Odoaker endgültig – wahrscheinlich hat er ihn während eines „Versöhnungsmahls“ eigenhändig ermordet – und wurde Stellvertreter des byzantinischen Kaisers in Italien. Bald durfte er sich italienischer König nennen, die Hauptstadt seines Reiches wurde Ravenna.

Die Ostgoten herrschen nur kurz über Italien

Die Ostgoten (ca. 150 000 Menschen) bildeten nun die Oberschicht des von ihnen beherrschten Italien (6 Mio. Menschen). Die Eroberer forderten einen großen Teil des Grundbesitzes, dafür sorgten sie für den militärischen Schutz des Landes. Die Einheimischen behielten aber all ihre Rechte in Gesetzgebung, Verwaltung, im Handel und der Religionsausübung. Dieses Nebeneinander von Ostgoten und Italienern funktionierte zu Lebzeiten Theoderichs recht gut. Eine Vermischung der beiden Bevölkerungsgruppen kam jedoch nicht zu Stande. Nach dem Tod des mächtigen Königs brach das Ostgotenreich dann schnell auseinander. Es wurde von Byzanz besiegt.

M 2 Das Grabmal Theoderichs in Ravenna
Die riesige Kuppel des Gebäudes ist aus einem einzigen Steinblock gehauen.

M 3 Die „Karriere" Theoderichs

Um 456: Geburt Theoderichs in Pannonien (heutige Gegend Österreich/Ungarn).
461–471: Theoderich ist als Geisel am Hof von Byzanz (Ostrom), um einen Bündnisvertrag abzusichern.
Als 18-Jähriger wird Theoderich Stammesführer der Ostgoten und bedroht Ostrom.
Ab 474: Theoderich ist König der Ostgoten.
488: Der byzantinische Kaiser „befördert" Theoderich zum Heerführer in Italien und gewinnt ihn so für sich. Theoderich kämpft gegen Odoaker, schlägt ihn bei Verona, zwingt ihn zum Rückzug nach Ravenna. Es folgt eine zwei Jahre dauernde Belagerung von Ravenna.
493: Endgültiger Sieg über den Germanen Odoaker; Theoderich verspricht eine „gemeinsame Herrschaft" nach dem Friedensschluss und ermordet Odoaker kurz darauf.
497: Der oströmische Kaiser erkennt Theoderich als König von Italien an.
511: Nach mehreren Kriegszügen wird Theoderich auch König der Westgoten.
526: Tod in seiner Residenz in Ravenna.

M 4 Ausschnitte aus Sagen um Dietrich von Bern

In den Zeiten, da Germanen als die Herren im Römerreich lebten, regierte in der Stadt Verona, die auch Bern genannt wurde, der mächtige Gotenkönig Dietrich. Er hatte sein Reich als Vatererbe von König Dietmar übernommen und war von Hildebrand, einem tapferen Recken, erzogen und in allen Tugenden des Kampfes wohl unterwiesen worden. Schon bei Dietrichs Geburt war geweissagt worden, dass er zu großen Taten berufen sei. Als Zeichen der Wahrheit dieses Spruches sollte Feuer aus seinem Munde sprühen, sobald er zornig wurde. Als diese Vorhersage wirklich eintraf, glaubten alle an Dietrichs künftigen Ruhm. Mit dem alten Waffenmeister Hildebrand zog der junge Recke auf Abenteuer aus und bewährte sich im Kampfe mit Grim und Hilde, einem räuberischen Riesenpaar, das im Lande ringsum Schrecken verbreitete. Als unüberwindliche Waffe trug der junge Held seither das herrliche Schwert Nagelring, das kunstfertige Zwerge geschmiedet hatten (...).
Viele Helden kamen nach Bern, um sich mit Dietrich im Kampfe zu messen. Unter ihnen war der Riese Ecke. Ecke ruhte nicht, bis er seinen Gegner zu später Nachtstunde im Wald traf. Trotz der Dunkelheit musste Dietrich sich zum Kampfe stellen, und so heftig folgten nun Streich und Gegenstreich, dass das Feuer, das sie aus ihren Helmen schlugen, weithin leuchtete. Endlich gelang es dem Berner, den Riesen zu Boden zu zwingen, und da Ecke eher sterben als sich gefangen geben wollte, musste Dietrich ihn töten.
Traurig bestattete Dietrich den tapferen Gegner, der ihn zum Kampfe gezwungen hatte (...).
In einer weiteren Episode wird erzählt, dass Dietrich zu Etzel (= Attila), dem Hunnenkönig, fliehen musste, weil sein Oheim Ermerich das Land erobert hatte. In der Entscheidungsschlacht bei Raben (= Ravenna) gelingt es Dietrich schließlich sein Reich wiederzugewinnen.

Nach: Märchen und Sagen. Deutsche Heldensagen. Stuttgart, Zürich, Wien 1969, S. 937 ff.

Fragen und Anregungen

1. Erarbeite, aus welchen Gründen viele der Heldensagen in der Zeit der Völkerwanderung spielen. (VT)
2. Versuche zu erklären, warum sich das Ostgotenreich auf Dauer nicht halten ließ. (VT)
3. Vergleiche die Persönlichkeit Theoderichs, wie er sich aus den historischen Fakten ergibt, mit der Art und Weise, wie er in der Sage dargestellt wird! (VT, M3, M4)
4. Unterscheide: Historischer Kern/wahre Begebenheiten der Sage und reine Erfindung. (M4)
5. Recherchiere nach dem historischen Kern einer weiteren germanischen Heldensage: dem Nibelungenlied. Auch darin kommt Dietrich von Bern vor. Finde heraus, welche Rolle er darin spielt!

9. Ernährung in der Antike: Essen und Trinken – Ausdruck der gesellschaftlichen Stellung

Geschichtliche und soziale Einflüsse auf die römische Esskultur

Die Ernährung im Römischen Reich veränderte sich mit der Ausdehnung und Machtstellung des Reiches. Grundlage der Nahrung war zunächst ein Getreidebrei, „puls" genannt, der aus Spelt hergestellt wurde. Das Getreide wurde erst zerstoßen, dann geröstet und mit Wasser gekocht. Erst ab dem 2. Jahrhundert tritt gebackenes Brot als gleichwertige Grundnahrung auf. Dazu aß man rohes oder gekochtes Gemüse. Man trank Wasser und Wein, wobei Frauen und Jugendliche ursprünglich keinen Wein trinken durften. Plinius berichtet sogar, dass Männer ihre Frauen nach Weingenuss töteten. Fleisch stand nur selten auf dem Speisezettel. Mit der Ausdehnung des Reiches wurden immer mehr Waren eingeführt, z. B. Pflaumen aus Damaskus. Zudem wuchsen mit der Machtstellung des Reiches auch die Unterschiede innerhalb der Gesellschaft. Die bäuerliche Esskultur blieb einfach, die Armen mussten hungern, die Reichen genossen einen ungeheuren Luxus.

Zu Tisch bei den reichen Römern in der Kaiserzeit

Insgesamt gab es am Tag drei Mahlzeiten: Das erste Frühstück wurde zwischen 8.00 und 9.00 Uhr eingenommen und bestand aus Wasser, Brot, Käse. Fiel es umfangreicher aus, aß man Honig, Datteln, Oliven, Gemüse, Eier, Fleisch und Fisch. Nicht sehr viel anders war das zweite Frühstück. Teilweise wurde auch Wein dazu getrunken, die Speisen wurden in der Regel kalt und im Stehen verspeist. Sehr große Bedeutung kam dem Abendessen zu, das die Hauptmahlzeit war und aus mindestens drei Gängen bestand. Die Dauer und der Umfang des Abendessens hing von der gesellschaftlichen Stellung und vom Anlass ab. An das Abendessen konnte sich noch ein Trinkgelage anschließen. Gespeist wurde im Triklinium, das mit Liegen ausgestattet war. Kinder und Bedienstete jedoch saßen beim Essen. Ging ein Abendessen über den familiären Rahmen hinaus, waren selten Frauen anwesend. Bedient wurden die Familie und die Gäste von Sklaven. Im 2. Jahrhundert n. Chr. erreichte die römische Esskultur ihren Höhepunkt. Die servierten Gerichte waren sehr raffiniert vorbereitet, üppige Bankette fanden statt.

Blick in ein römisches Kochbuch

Aus der römischen Antike ist uns das Buch „Über die Kochkunst" erhalten, das von Apicius geschrieben wurde. Als Verfasser kommt ein Marcus Gavius Apicius in Frage, der Anfang des 1. Jahrhunderts n. Chr. lebte und ein Millionär und Feinschmecker war. Er unterhielt eine Kochschule und betrieb großen Aufwand mit dem Essen. Als er eines Tages feststellte, dass er nur noch ein Vermögen von zehn Millionen Sesterzen hatte, soll er sich vergiftet haben, weil er der Meinung war, dass er seinen Lebensstil nicht mehr finanzieren könne. Er hatte zuvor hundert Millionen Sesterze in seine Küche investiert und viel Geld für Gastmähler ausgegeben. Im Mittelalter waren Kopien von diesem Kochbuch verbreitet, es beeinflusste die Küche Europas bis zum Beginn der Neuzeit. Von Karl dem Großen wissen wir, dass anlässlich seiner Kaiserkrönung im Jahre 800 ein Flammen speiender Pfau serviert wurde. Dieses Gericht spiegelt den Aufwand, der in der römischen und dann auch in der mittelalterlichen Küche von Reichen betrieben wurde, gut wider. Es handelt sich um ein so genanntes Schaugericht, bei dem nach der Zubereitung der Pfau noch in seinem Federkleid serviert wurde. Als Krönung wurde mit Kampfer getränkte Wolle, die in den Schnabel gesteckt wurde, angezündet. Das Kochbuch besteht aus zehn Kapiteln, wovon sich eines der Zubereitung von Geflügel widmet. Verarbeitet wurden Hühner, Enten, Gänse, Tauben, Strauße, Kraniche, Drosseln, Fasane und Pfauen. Es gibt aber hauptsächlich Rezepte für die schlichte Küche.

M 1 Ein großzügiges Gastmahl

Plinius der Jüngere gibt Auskunft über ein Gastmahl:

Mein lieber Septicius Clarus, he, du! Du versprichst, zum Essen zu kommen, und kommst nicht! Das Urteil lautet: Auf Heller und Pfennig wirst du mir die Kosten ersetzen – sie waren nicht gering. Da lagen für jeden bereit: ein Kopfsalat, drei Schnecken, zwei Eier, Grießbrei mit Honigsauce und Schnee – denn auch den wirst du bezahlen, ja den vor allem, der in der Schüssel zerfloss –, Oliven, Mangold, Melonen, Zwiebeln und tausend andere nicht weniger feine Sachen. Du hättest einen Komödianten oder einen Vorleser oder einen Lautenspieler oder – meine Großzügigkeit ist ja bekannt! – alle zusammen hören können. (...) Wie hätten wir gescherzt, gelacht und über Literatur geplaudert.

Rezept des Apicius. In: Plinius der Jüngere, Sämtliche Briefe. Zürich, Stuttgart 1969, ep. I, 15.

M 3 Zubereitung eines Desserts

Das zehnte Kapitel des Kochbuchs von Apicius beschäftigt sich mit Desserts:

Gestürztes Omelett: Pinienkerne und gehackte Walnüsse; zerstoße sie und stampfe sie mit Honig, Pfeffer, garum, Milch und Eiern. Gib etwas Öl dazu.

Rezept des Apicius. In: Gozzini Giacosa, Ilaria, Genießen wie die alten Römer. Frankfurt am Main 1995, S. 153.

M 4 Silberne Patera (Schale mit Griff) aus Pompeji, die vor allem für Weinopfer verwendet wurde.

M 2 Modell einer Herdstelle eines römischen Soldaten (Rekonstruktion)

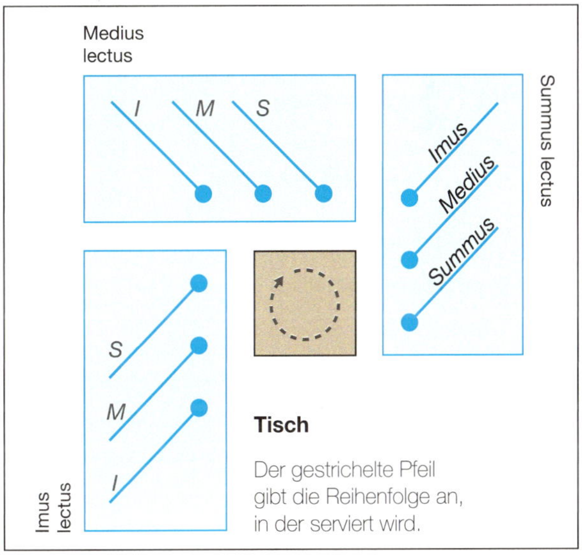

M 5 Schema eines Trikliniums
Der imus lectus war dem Gastgeber und seiner Familie vorbehalten, der medius lectus den bevorzugten Gästen.

Fragen und Anregungen

1. Bereitet in der Klasse die Zubereitung des Rezeptes (M3) vor! Überlegt zunächst, welche Unterschiede zu heutigen Rezepten bestehen. Anschließend erarbeitet ihr eine Fassung, wie sie auch in einem heutigen Kochbuch stehen könnte. Überlegt, was ihr an Hilfsmitteln für die Zubereitung benötigt.
2. Stelle dar, wie ein reicher Römer als Gastgeber beim Essen seinen Reichtum und seine Stellung zeigt. Arbeite heraus, was noch zu einem Gastmahl gehörte. Informiere dich über die Prunkgelage des Kaisers Elagabals. (M1, M5)
3. Beschreibe die Ausstattung der Küche eines Legionärs und überlege dir, wie die Verpflegung der Soldaten war. (M2)
4. Erarbeitet in einem Projekt, welche Waren die Römer woher importierten. Legt dazu eine Karte des Römischen Reiches zu seiner größten Ausdehnung an und tragt an die entsprechenden Stellen ein, was dort angebaut wurde.

KULTURGESCHICHTLICHE SPURENSUCHE

Auf den folgenden Seiten kannst du dich anhand ausgewählter Themen auf Spurensuche begeben. Es geht dabei um die Siedlungstätigkeit von Menschen und ihre technischen Erfindungen. Außerdem findest du Beiträge über die Kelten, die du sicherlich schon aus den Asterix-Geschichten kennst. Zuletzt wird der Frage nachgegangen, wie Menschen in verschiedenen Kulturen mit dem Tod umgingen.

Eisenwerkzeuge der Kelten

Römischer Reisewagen

Armband, keltisches Kunsthandwerk

Technischer Fortschritt
Im Laufe der Geschichte versuchten Menschen immer wieder, sich durch Erfindungen das Leben zu erleichtern. Eine der wichtigsten Erfindungen ist das Rad. Aber auch Techniken der Metallverarbeitung veränderten das Leben der Menschen.

Wie und wo Menschen lebten und siedelten
Menschen brauchen Behausungen, um überleben zu können. Verschiedene Kulturen haben unterschiedliche Siedlungsformen hervorgebracht: Höhlen oder Hütten aus Lehm und Stroh, Häuser aus Holz und Stein oder auch Repräsentationsbauten für Herrscher. Aus dörflichen Siedlungen entwickelten sich städtische Strukturen.

Haus von Priene

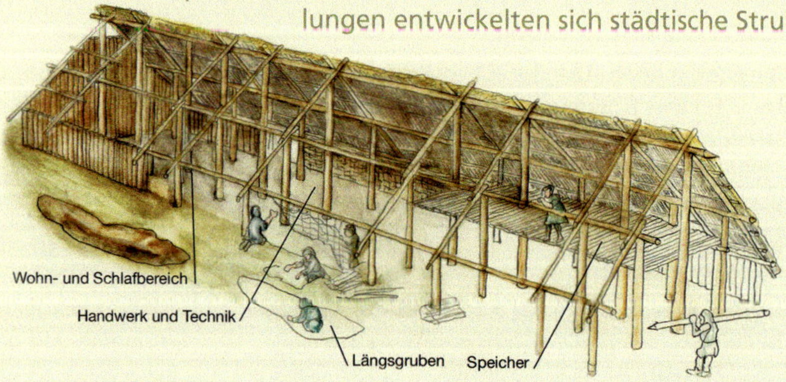

Langhaus

Wer die Kelten waren und wo sie lebten

Asterix, König Artus und romantische irische Hochmoore – das könnte einem heute zu den Kelten einfallen. Ein halbes Jahrtausend lang haben die Kelten die europäische Geschichte geprägt, und doch bleibt vieles rätselhaft. Zum Unterschied von Griechen und Römern hinterließen uns die Kelten keine breite schriftliche Dokumentation, das Wissen über sie muss vielfach rekonstruiert werden. Ein ideales Betätigungsfeld für wissenschaftliche Detektive!

Keltisches Fürstengrab (500 v. Chr., teilweiser Nachbau)

Wie Menschen in verschiedensten Kulturen mit dem Tod umgingen

Die Auseinandersetzung mit dem Tod beschäftigt Menschen schon sehr lange. Damit verbunden sind Erinnerungstechniken, die kulturell und zeitlich sehr unterschiedlich ausgeprägt sind. Sich an Menschen zu erinnern, die bereits gestorben sind, nährt die Hoffnung, auch selbst in Erinnerung zu bleiben.

Memento Mori (Pompeji, 1. Jh. n. Chr.)

1. Technischer Fortschritt: Die Menschen verbessern ihr Leben

Von Anfang an versuchten die Menschen, sich durch Erfindungen das Leben zu erleichtern. Eine ganze Anzahl von technischen Neuerungen kennzeichnen schon den Übergang von der Alt- zur Jungsteinzeit, aber auch in den folgenden Jahrtausenden bis zum heutigen Tag blieb die Entwicklung nie stehen. An wenigen Beispielen lässt sich zeigen, dass viele Dinge, die unser tägliches Leben – unsere Zivilisation – ausmachen, in früheren Zeiten alles andere als selbstverständlich waren.

Die Erfindung des Rades

Eine scheinbar einfache Erfindung war das Rad. Es erschien vor ungefähr fünf- bis sechstausend Jahren gleichzeitig an vielen Orten und in vielen Ländern rund um das Mittelmeer, zuerst wohl in Ägypten und Mesopotamien. Die ersten Räder waren flache Scheiben aus Holz, die starr auf der Achse montiert waren. Zur Reduzierung des Gewichtes wurden die vollen Scheiben später durch Speichen ersetzt und diese dann durch „Reifen“ aus Leder oder Kupferbändern ergänzt. Die Erfindung der Nabe ermöglichte eine getrennte Bewegung von Achse und Rad und somit das Kurvenfahren. Nun konnten die Menschen mit Hilfe von Karren größere Mengen von Waren über längere Strecken transportieren, ohne auf „Wasserstraßen“ angewiesen zu sein. Aber auch für kriegerische Zwecke wurde das Rad eingesetzt: Die Sumerer entwickelten um 3500 v. Chr. die ersten Streitwagen. Die Römer waren dann die Ersten, die das von ihnen eroberte Gebiet systematisch mit gut gebauten Straßen erschlossen.

Wasser – Lebensgrundlage für viele

Für uns ist es eine Selbstverständlichkeit, kommt es doch aus jedem Wasserhahn: sauberes Wasser. Wir wissen aber auch, dass es in anderen Weltgegenden knapp ist, ja dass sogar Kriege darum geführt werden. In früheren Zeiten brauchten die Menschen Wasser genauso notwendig: zum Trinken, zum Bewässern der Felder, als Transportweg. Die Ägypter ersannen komplizierte Bewässerungstechniken für die

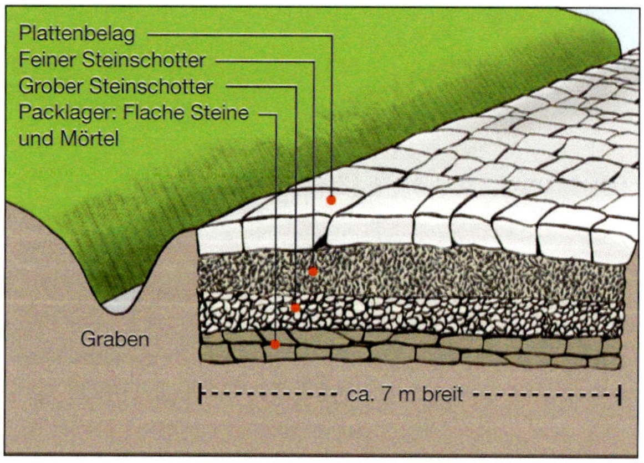

M 1 Der Aufbau einer römischen Straße
Bis heute kann man Reste solcher Straßen auch bei uns finden. Viele heutige Straßen folgen den schnurgeraden römischen Trassen.

M 2 Relief eines römischen Reisewagens
Zum Reisen wurden vierrädrige Kutschen verwendet. Für längere Strecken benutzte man die „caruca dormitoria“, in der die Reisenden unter einem Dach auch schlafen konnten.

optimale Nutzung des Nilhochwassers, die Römer bauten gewaltige Aquädukte, um Wasser über große Strecken zu transportieren und damit ihre Brunnen und Thermen zu versorgen. In vielen Gebieten waren das Meer und die Flüsse für lange Zeit die einzigen Wege, um Waren zu transportieren.

Metall – ein neuer Werkstoff

Seit ungefähr 6 500 Jahren verarbeiten die Menschen Metalle, zuerst auf dem Balkan, in Anatolien und in den Ländern des Nahen Osten. Kupfer, Gold und Silber kommen in der Natur in reiner Form vor und sind relativ weich. So können sie leicht bearbeitet werden. Anfangs verformten die Menschen die Metalle durch einfaches Schlagen ohne Hitze, bald aber fanden die Menschen heraus, dass sich erhitztes Metall schmieden und gießen lässt. Damit ließen sich kompliziertere Formen herstellen und auch härtere Metalle und Erze verarbeiten. Ungefähr 3000 v. Chr. machten die Menschen eine neue Entdeckung: die Herstellung von Bronze. Dies ist eine Legierung, also eine Mischung aus neun Teilen Kupfer und einem Teil Zinn. Bronze ist härter als reines Kupfer und hat dazu einen niedrigeren Schmelzpunkt. Nun besaß man ein Gebrauchsmetall, das nicht nur für Schmuckstücke, sondern auch für Werkzeuge, Waffen und andere Geräte nutzbar war, die man zuvor nur aus Stein herstellen konnte. Die Technik der Metallbearbeitung wurde immer weiter verfeinert: Um größere Hitze zu erreichen, muss dem Feuer Sauerstoff zugeführt werden. Die Menschen verwendeten dafür zunächst Blasebälge, später spezielle Öfen. Die Hethiter, ein Volk in Anatolien, der heutigen Türkei, stell-

M 3 Der Abbau von Erz in einem Bergwerk
Mit Feuer und Wassergüssen wird das Gestein mürbe gemacht und kann so besser abgebaut werden.

M 4 Das Gießen einer Sichelklinge

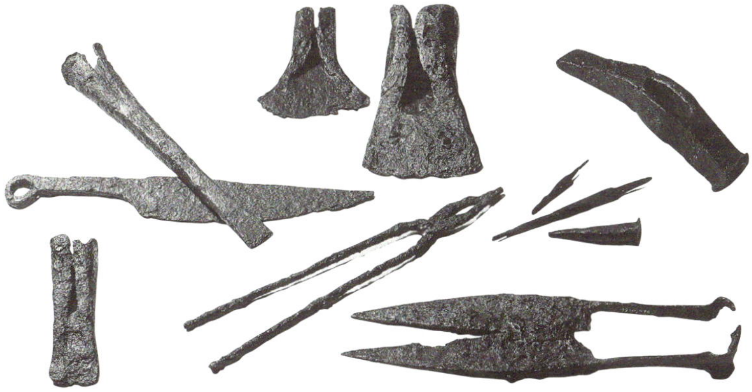

M 5 Eisenwerkzeuge der Kelten aus Manching in Bayern
Dort wurde ein keltischer Ort ausgegraben, der um 150 v. Chr. entstanden sein muss.

M 6 Metallverarbeitung in der Bronze- und Eisenzeit
Im Hintergrund sind Holzkohlemeiler zu sehen. Durch die Verwendung von Holzkohle und eine Sauerstoffzufuhr mit Blasbälgen wird eine höhere Temperatur erreicht.

ten bereits um 1500 v. Chr. erste Geräte und Waffen aus Eisen her. Damit waren sie ihren Nachbarn überlegen, denn geschmiedetes Eisen ist sehr viel härter als Bronze. Aus diesem Grunde hüteten die Hethiter das Geheimnis seiner Herstellung. Erst nach dem Untergang ihres Reiches breitete sich die Eisenverarbeitung ab ca. 1100 v. Chr. weiter aus. Europa erreichte sie erst um 800 v. Chr. Obwohl Eisen sehr viel schwerer zu verarbeiten ist als beispielsweise Bronze, setzte es sich wegen seiner Härte, und weil es in der Natur nahezu überall vorkommt, als Material durch.

M 7 Gussform für ein Bronzebeil
In solchen Formen aus Ton, Stein oder Bronze wurde das glühend heiße Metall gegossen.

M 8 Armband aus dem Fürstengrab von Hochdorf
Der kunstvoll gearbeitete goldene Reif ist knapp 7,5 cm breit.

Fragen und Anregungen

1. Betrachte das Bild M1 und überlege, aus welchen Gründen römische Straßen mehrschichtig aufgebaut waren.
2. Der Abbau von Erz war eine schwierige und anstrengende Arbeit. Grubenunglücke und Unfälle kamen häufig vor. Erkläre mit Hilfe der Zeichnung M3 warum das wohl so war.
3. Stelle an Hand der Zeichnungen M3 und M4 fest, welche Arbeitsschritte notwendig waren, bis aus einem Stück Erz ein Eisenhammer hergestellt war.
4. Erstelle ein Werbeplakat, in dem die Qualität von Werkzeugen und Waffen aus Bronze (im Vergleich zu Stein) angepriesen wird.
5. Versucht einen einfachen Handwagen zu bauen. Euer Kunstlehrer kann euch sicher Tipps geben.

2. Höhle, Hütte, Haus, Palast

M 1 Lagerleben von Frühmenschen (Bilzingsleben/Thüringen vor 300 000 Jahren)
Nach den Funden am Ufer eines flachen Sees können wir vermuten, wie die Gruppe damals lebte. Durch Ausgrabungen wissen wir auch, dass diese Menschen mit dem Feuer umgehen konnten und aus Ästen, Zweigen und Fellen einfache Rundhütten errichteten. Manche Einzelheiten hat sich der Zeichner allerdings selbst ausgedacht.

Vom natürlichen Schutz

„Dein Zimmer sieht aus wie eine Steinzeithöhle!" Das hört mancher Jugendlicher über den Zustand des unaufgeräumten Zimmers. Ein solcher Vergleich hätte unsere Ahnen der mittleren Steinzeit nicht sehr gefreut, denn sie waren vermutlich stolz, eine Felsendecke über dem Kopf zu haben, die vor heißer Sonne, Regen und Schnee schützte, aber auch vor dem Wind, der das mühsam entzündete Feuer gleich wieder ausblies.

Zum erbauten Schutz

Für die wachsende Bevölkerung mussten neue Wohnmöglichkeiten gefunden werden. Nomaden, die mit ihren Tieren von Weideplatz zu Weideplatz zogen, erfanden das transportable Zelt (vgl. S. 27) und die aus Zweigen errichtete Hütte. Ein wirklich festes Dach über dem Kopf erbauten sich allerdings erst die Bauern, die sesshaft wurden, um ihre Felder zu bestellen. Meist befanden sich mehrere Bauernhöfe in einer Siedlung, in der sich die Bewohner gegenseitig helfen und auch verteidigen konnten, denn neidische Räuber wollten die Getreidevorräte stehlen.

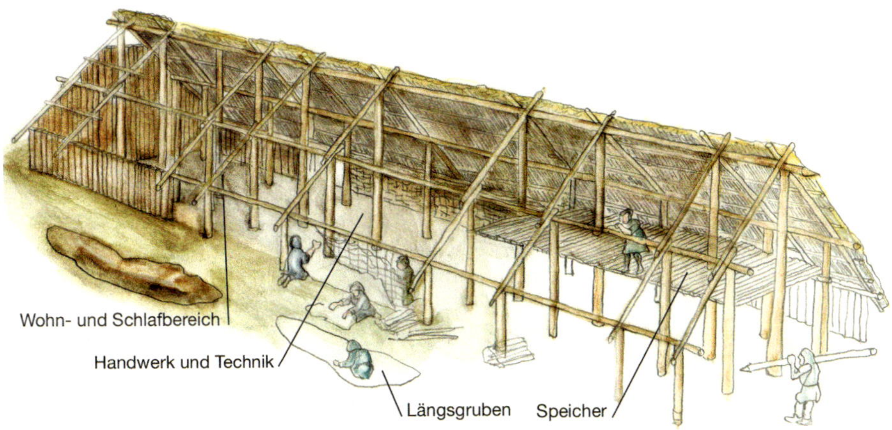

M 2 Langhaus (Rekonstruktionszeichnung nach archäologischen Funden um 5000 v. Chr.)
Es war rund 25 Meter lang, 6 Meter breit und hoch. Das Dach wurde mit Stroh gedeckt. Die Seitenwände maßen 1,7 Meter und wurden mit Lehm verputzt.
Schildere das Leben in einem solchen Haus.

In Dorf und Stadt

Auch Handwerker stellten ihre Güter an einem festen Platz her, bauten sich ein Haus mit Werkstätte. Bäcker, Schmiede und Töpfer benötigten Öfen, in denen sich große Hitze entwickelte. Diese sollten am Rand der Ortschaften liegen. Für die Familien der Handwerker war es wichtig, im Tausch die verschiedenen Lebensmittel und Alltagsgegenstände erwerben zu können. Das geschah auf dem Markt, der zum Mittelpunkt einer Siedlungsform wurde, in der Menschen mit verschiedenen Berufen lebten: die Stadt.

Die Häuser der Götter und Herrscher

Vor mehr als 5000 Jahren entstanden Städte im Vorderen Orient. Sie wuchsen nicht nur um Märkte, sondern auch um die heiligen Stätten eines Volkes und Stammes, wo die Menschen gemeinsam ihre Gottheiten verehrten und zu den großen Feiern zusammenkamen. Den Mittelpunkt der Städte im Zweistromland bildeten hohe Tempeltürme. In den Städten ließen sich auch die Herrscher nieder. Sie erbauten Paläste und befestigten die Städte mit großen Mauern, nicht nur zum Schutz der Bevölkerung. Die Paläste und die Tempeln bildeten die prunkvollen Mittelpunkte der Städte.

Krumme Gässchen und geplantes Straßennetz

Vor 2400 Jahren berichtete Herakleides von einem Besuch in Athen: „Die Stadt ist ganz trocken, gar nicht gut mit Wasser versehen, von winkligen Straßen unschön durchschnitten, da in alter Zeit erbaut. Die meisten Häuser sind geringwertig, nur wenige höheren Anforderungen entsprechend; kaum dürfte ein Fremder glauben, dass dies die ‚Stadt der Athener' sei; aber nach kurzer Zeit wird er es wohl glauben. So ist dort das Schönste auf Erden: ein Theater der Betrachtung wert, groß und bewunderungswürdig; ein prachtvolles Heiligtum der Athena, der Welt entrückt, sehenswert der Parthenon, über dem Theater gelegen; großen Eindruck machte er auf die Beschauer. Drei Gymnasien: die Akademie, das Lykeion, das Kynosarges, ganz mit Bäumen bepflanzt und mit Rasenflächen versehen." (F. Pfister, Die Reisebilder des Herakleides. Wien 1951, S. 73.)
Perikles ließ die Hafenstadt Piräus jedoch um 450 v. Chr. nach einem regelmäßigen, quadratischen Straßengrundriss vom Architekten Hippodames neu anlegen. Auf gleich großen Grundstücken wurden Reihenhäuser mit gleicher Bauweise und Größe errichtet. Sie sollten die passende Lebensform für die Demokratie sein. Auf diese Weise wurden nun alle neuen griechischen Städte angelegt, auch die Weltstadt Alexandria, aber auch die römischen Städte, die in Europa westlich des Rheins und südlich der Donau angelegt wurden.

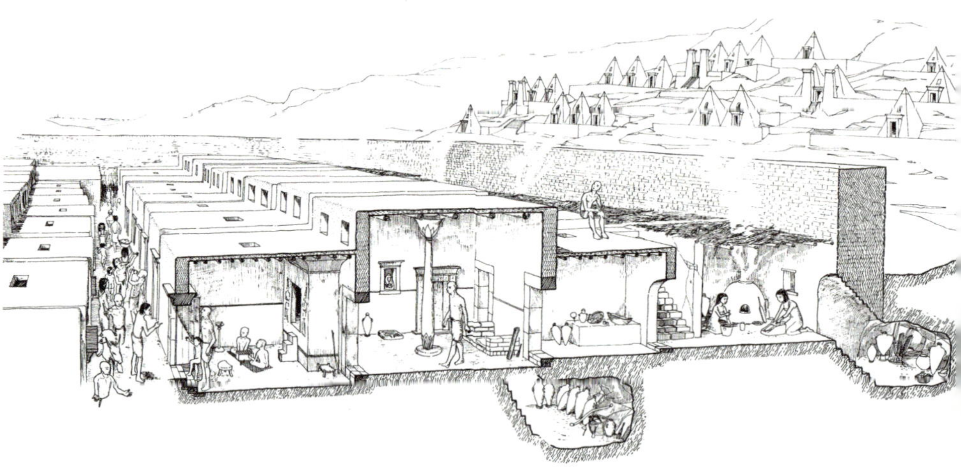

M 3 Ansicht eines Arbeiterhauses in Deir el-Medina
Den größten der Räume kann man mit zwei großen Schritten durchqueren. Der Fußboden besteht aus gestampftem Lehm, die Decke aus Palmzweigen. Die Wände sind mit Kalk weiß getüncht, damit man Spinnen und Skorpione besser sehen kann. Im Nebenraum und im Keller werden Haushaltsgegenstände, Werkzeuge, Kleidungsstücke und Nahrungsmittel aufbewahrt.

M 4 Dorfszene in merowingischer Zeit
Unterscheide die verschiedenen Gebäude nach ihrer Bauweise und Nutzung. Was unterscheidet diesen Bauernhof des frühen Mittelalters von den modernen Bauernhöfen in Bayern? Die Art des Häuserbaus erfolgte noch nach der Art, wie es in M2 aufgezeigt ist. Versuche eine Beschreibung mit Hilfe des VT. Warum benötigte man zum Bau der Häuser wohl Spezialisten?

Auf dem fränkischen Bauernhof

Nach dem Untergang des Römerreiches verfielen auch die Städte und Gutshöfe. Unter den Franken gerieten die technischen Kenntnisse, große Steinbauten zu errichten und in Stand zu halten, in Vergessenheit. Die meisten fränkischen Familien lebten auf Bauernhöfen, die wie die Häuser der Jungsteinzeit als Holzbauten errichtet wurden. Ein Bauernhof umfasste meist mehrere Gebäude: das Wohnhaus, den Stall, besondere Arbeitshütten und Scheunen, in denen das Korn als Vorrat gelagert wurde. Wohnhäuser und Stallungen entstanden als ebenerdige Bauten, die zwischen 6 und 10 m breit, aber bis zu 40 m lang sein konnten. Die Eckpfosten waren nicht sehr tief im Boden verankert und durch Balken in Längs- und Querrichtung miteinander verbunden. Die beiden Längswände wurden regelmäßig durch Querbalken (Ankerbalken) verbunden, wodurch das Haus größere Festigkeit erhielt. Die Wände wurden mit Brettern oder Flechtwerk, das mit Lehm verputzt war, geschlossen. Die Dächer waren meist sehr hoch und steil, damit das Wasser gut ablaufen konnte, sie wurden außerdem über den Seitenwänden sehr weit hinuntergezogen und mit Stroh und Schilf gedeckt. Zusätzliche Pfostenreihen im Inneren des Hauses erlaubten eine räumliche Unterteilung. Archäologen können oft nur an der Feuerstelle erkennen, ob ein solches Pfostenhaus als Wohnhaus oder Stall diente.
Nur Spezialisten (Zimmerleute) konnten ein solches Haus bauen. Kleine Arbeitshäuser wurden über Gruben errichtet, die ungefähr 3 m breit, 4 m lang und 1 m tief waren. Die Konstruktion der Hütte war wenig aufwändig und erfolgte oft zeltartig: Zwei Pfosten trugen einen Firstbalken für ein tief gehendes Satteldach. Sie dienten als Vorrats- und Arbeitsräume, zum Beispiel als Spinn- und Webhäuser zur Verarbeitung von Flachs und Wolle, wo vor allem Frauen tätig waren. Die Grundwasserbrunnen wurden oft durch eine Dachkonstruktion geschützt. Scheunen waren als Hochbauten auf Pfosten gestellt, damit die Vorräte trocken und geschützt lagerten. Die Bauten waren im Hofbezirk, der mit einem Flechtzaun umgeben war, locker verteilt.

M 5 Die Stadt Ur in Mesopotamien

Die Stadt Ur liegt im Zweistromland von Euphrat und Tigris, im heutigen Irak, wo zur selben Zeit wie in Ägypten die Sumerer eine Hochkultur begründeten. Durch Kanäle leiteten sie das Wasser der Ströme um und machten weite Landstriche fruchtbar. Im Vordergrund siehst du die Reste eines Palastes, im Hintergrund einen 18 m hohen stufenförmigen Tempel, Zikkurat genannt. Auch der „Turm von Babel“ (Babylon) war ein solcher Stufentempel. Für Ur gilt der Satz aus einem ägyptischen Lied um 1250 v. Chr., das der Pharao Ramses II. gedichtet haben soll: „Die Residenz ist angenehm zum Leben. Ihre Speicher sind voll Gerste und Weizen, sie reichen bis zum Himmel. Man jubelt, dass man in ihr wohnt; lass uns die Feste des Himmels feiern.“

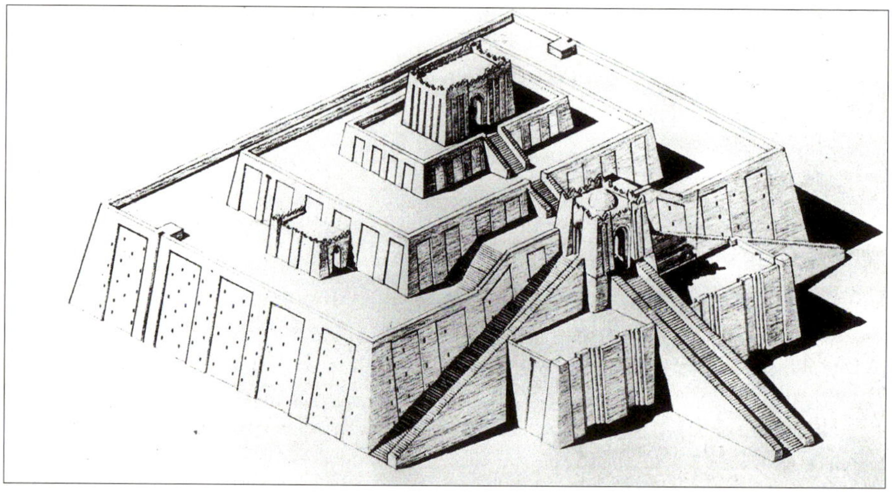

M 6 Stadtplan von Nippur, Sumer

Der in Ton geritzte Plan entstand um 1500 v. Chr.:
1 der Ekur, das „Berghaus“, ein berühmter Tempel,
2 der Kiur, ein Nachbartempel,
3 umzäunter Bereich unbekannter Bedeutung,
4 Kinscharu, wörtlich „Park innerhalb der Stadt“,
5 Euphrat,
6 Kanal, **7** Stadtmittelkanal,
8–14 Stadttore,
15 und **16** Wallgräben parallel zur Stadtmauer,
17 Schmah, der erhabene Schrein.

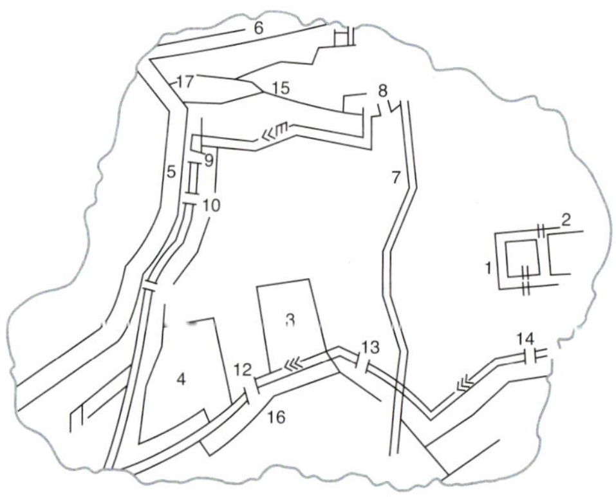

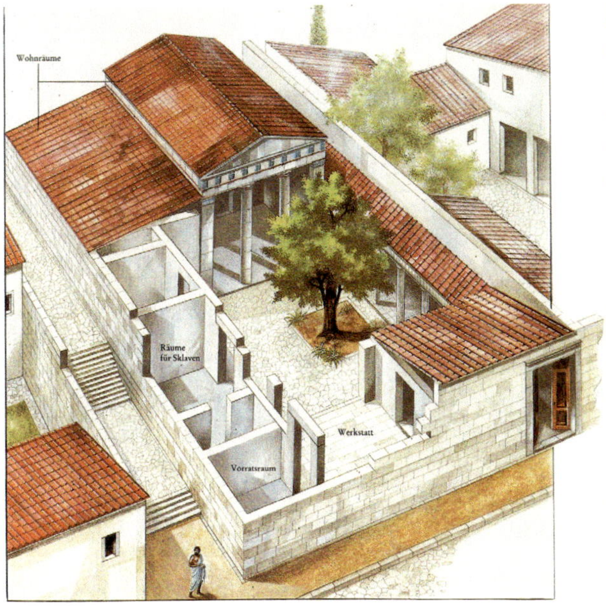

M 7 Das griechische Haus (Priene, 4. Jh. v. Chr.)
Im Hof spielte sich das Familienleben ab: Hier kochten die Frauen, spielten die Kinder, arbeiteten die Männer. Die Familie bewohnte zwei große Räume. In Athen lag das Zimmer der Frauen im ersten Geschoss des Hinterhauses. Kleine Räume dienten als Vorratsräume, Werkstätten und Schlafkammern. In den kühlsten Räumen bewahrte man die Essvorräte auf. Nach außen hatten die Zimmer keine Fenster. Der griechische Schriftsteller Xenophon schreibt über das griechische Haus: „Das am strengsten abgesonderte Zimmer ist natürlich das des Hausherrn, das deshalb besonders geeignet scheint, die wertvollsten Gegenstände, seien es Decken oder Geräte, aufzunehmen. In den trockensten Räumen bewahrt man Getreide auf, in den kühlsten den Wein, in den am besten vom Licht erhellten die zerbrechlichsten Gegenstände, die man den Besuchern zeigen will. Außerdem gibt es Aufenthaltsräume, die mit Geschmack eingerichtet und im Sommer kühl und im Winter lau sind."

M 8 Athenische Möbel
Die Zimmer waren spärlich möbliert mit Betten, Klappstühlen und Stühlen, Tischen und Truhen. In den wohlhabenderen Häusern gab es Liegen (Klinen) für abendliche Feste. Die meisten Haushaltsgegenstände lagerte man auf dem Boden oder hängte man an den Wänden auf.

Fragen und Anregungen

1. Vergleiche die verschiedenen Wohnmöglichkeiten der Menschen vom Lager bis zu den Häusern in ägyptischer und griechischer Zeit. (M1, M2, M3, M7, M8)
2. Fertige Modelle oder Modellzeichnungen von den verschiedenen Wohnmöglichkeiten und Häusern vom frühen Lager bis zu den Griechen an. Verfasse dazu einen Verkaufsprospekt und preise die Vorzüge! In einem Dialog kannst du auch den möglichen Käufer zu Wort kommen lassen, der den Preis senken will.
3. Untersuche, warum Städte und Dörfer entstanden und welche Vorteile diese Siedlungsweisen boten. (VT)
4. Beschreibe die Stadt der frühen Hochkultur am Beispiel der sumerischen Städte. Worüber fehlen dir Informationen? (M6)
5. Vergleiche die Städte Athen und Alexandria. Entwerfe ein Streitgespräch zwischen Menschen aus beiden Städten, welche Stadt schöner und berühmter ist und in welcher man besser lebt.
6. „Ferien auf dem Bauernhof zur Zeit der Franken." – Lass dir eine Fantasiegeschichte einfallen, die jedoch auch die geschichtlichen Tatsachen berücksichtigt. (M4)

M 1 **Die legendären Comicfiguren Asterix, Obelix und Idefix**

5. Die Kelten – ein europäisches Volk

M 2 **Darstellung eines Kelten** (3. Jh. v. Chr.)

Sie waren das erste namentlich bekannte Volk in Mitteleuropa: die Kelten. Diese Bezeichnung (mögliche Übersetzung: „die Kühnen“) sowie die Namen einzelner Stämme (Gallier, Galater) kennen wir aus lateinischen oder griechischen Texten, denn die Kelten besaßen keine eigene Schrift. Sie übernahmen später zwar die entsprechenden Kenntnisse von den Römern, aber sie schrieben selbst keine längeren Texte in ihrer eigenen Sprache. Deshalb gibt es schriftliche Berichte über die Kelten nur aus der Feder griechischer und römischer Autoren. Heutige Wissenschaftler verwenden den Namen Kelten für eine Bevölkerung, die seit dem 6. Jahrhundert vor Christus vor allem im Voralpenland durch Funde belegt ist. Die archäologischen Epochen dieser Periode sind die späte Hallstatt-Zeit (ab 800 v. Chr.) und die sich daraus entwickelnde La-Tène-Kultur (ab 450 v. Chr.). Sie sind nach wichtigen Fundorten in Österreich bzw. in der Schweiz benannt.

Wie viele andere Völker waren die Kelten kein einheitliches Volk, sondern eine Vielzahl von unabhängigen, teilweise auch rivalisierenden Stämmen. Diese breiteten sich ab der Zeit um 500 v. Chr. rasch in alle Himmelsrichtungen aus. Das geschah einerseits durch die Verbreitung ihrer Lebensformen und ihrer Sprache, andererseits durch Wanderungen einzelner Stämme. Im Westen wurden ganz Frankreich, Oberitalien, Teile Spaniens und Britanniens keltisch. Im Norden endete die Ausbreitung zwar einige Kilometer nördlich des Mains, aber nach Süden gab es mehrere Wanderungen. Im Osten besetzten keltische Stämme Böhmen, Schlesien und Kärnten. Einige Gruppen erreichten das Schwarze Meer und Anatolien. Durch ihre weite Verbreitung bestimmten die Kelten über ein halbes Jahrtausend lang große Teile Europas und darüber hinaus.

Hervorragende Handwerker

Die keltischen Stämme besaßen eine hoch stehende Wirtschaft. Sie betrieben Viehzucht und Ackerbau. Ihre eigentliche Stärke war aber die Metallindustrie. Sie führten den Bergbau in Mitteleuropa ein und verarbeiteten vor allem Gold, Bronze und Eisen auf künstlerisch und technisch höchstem Niveau. Zeitweise waren die keltischen Schwerter sogar besser als die von den Römern hergestellten. Auch in der Leder- und Textilverarbeitung, Drechslerei, der Glasherstellung und der Emailkunst waren die Kelten Meister. Sie erfanden den zweiachsigen Wagen und bauten sogar Mähmaschinen. Von ihren „barbarischen“ Nachbarn übernahmen die Römer eine ganze Reihe von Erfindungen, so das Pferdegeschirr. Keltische Lehnwörter im Lateinischen beweisen, dass viele Alltagsgegenstände ebenfalls von den Kelten stammen, z. B. „caliga“ = Soldatenstiefel oder „mantum“ = Mantel.

Kluge Händler

Mit vielen der von ihnen hergestellten Waren betrieben die Kelten Fernhandel in ganz Europa und im Mittelmeergebiet. Sie lieferten dabei neben Metallgegenständen beispielsweise auch Steinsalz, Bernstein, Bergkristall, Zinn, Pökelfleisch, Mäntel, Polster, Kissen und Kleider aus Leinen. Daneben verschickten die keltischen Stämme auch Krieger und Sklaven an Interessenten vor allem im Mittelmeerraum.

M 3 Keltische Funde von Manching
Glasschmuck, Werkzeug und Waffen aus Eisen, Münzen aus Gold und Silber (2. Jh. v. Chr.)

Dafür erhandelten sie Wein, Öl, aber auch Weihrauch oder Elfenbein. Für den Handel übernahmen die Kelten das Münzwesen von den Römern und Griechen, wobei sie deren Münzen nachprägten.

Gefürchtete Krieger

Bei ihren weiten Wanderungen kamen die keltischen Stämme in Kontakt mit anderen Völkern, vor allem mit den Griechen und dem wachsenden römischen Reich. Keltische Gruppen drangen immer wieder auf deren Gebiet vor und eroberten und plünderten dabei auch Rom (387 v. Chr.) und Delphi (279 v. Chr.). Dank ihrer großen Tapferkeit, aber vor allem wegen ihrer hervorragenden Eisenwaffen waren sie gefürchtete Krieger, die bei ihren Wanderungs- und Eroberungszügen oft ihren Feind schreckten. Nicht selten sammelten sie die abgeschlagenen Köpfe ihrer Feinde als Kriegstrophäen. Die Kelten kannten auch Menschenopfer.

Fürstensitze und Städte

Meist lebten die Kelten in kleinen dörflichen Siedlungen. Ab dem 6. Jh. v. Chr. entstanden befestigte Siedlungen auf Anhöhen, die in der heutigen Forschung als Fürstensitze bezeichnet werden. Beispiele sind der Glauberg in Hessen oder die Heuneburg in Schwaben. Sie ähnelten Burgen und besaßen bis zu vier Meter hohe Mauern aus Holz, Steinen und Erde. Die dort lebenden Menschen wohnten in großen Holzhäusern. Im 2. Jh. v. Chr. entstanden stadtähnliche Siedlungen, wiederum häufig in Höhenlage. Ein berühmtes Beispiel ist Manching in der Nähe von Ingolstadt. In planmäßig angelegten Häusern lebten dort fünf- bis zehntausend Menschen. Manching besaß eine sieben km lange Mauer und verschiedene Stadtviertel, in denen jeweils Handwerker eines Berufszweiges wohnten, z. B. Bronzegießer,

M 4 Keltenstadt Manching
(Stadtplan; Rekonstruktion des Osttores)

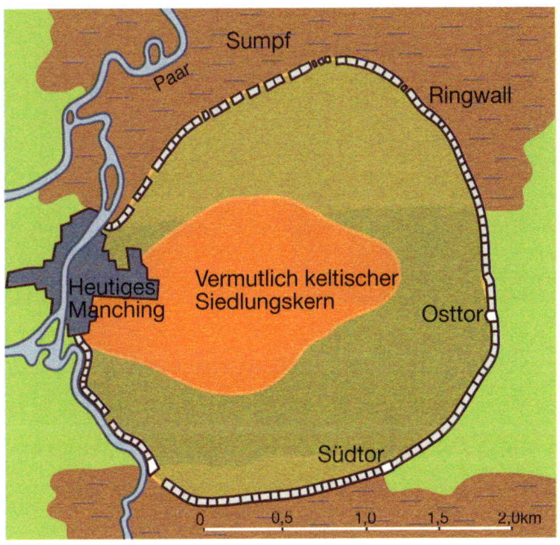

Eisen- und Glasverarbeiter. Viele heutige Städte stammen aus der Zeit der Kelten und tragen auch noch keltische Namen, z. B. Londinium – London, Vindobona – Wien, Ratisbona – Regensburg, Cambodunum – Kempten. Neben den Städten gab es natürlich auch weiterhin eine große Anzahl kleinerer Gutshöfe und Dörfer.

Das Alltagsleben

In der Anfangszeit regierten Fürsten oder Könige die keltischen Stämme. Diese wurden jedoch dann durch eine Adelsherrschaft abgelöst. Die keltische Gesellschaft war in mehrere Gruppen aufgeteilt. Neben einer Mittelschicht aus Händlern, Handwerkern und Bauern gab es wohl noch eine Anzahl Hörige, also Menschen, die rechtlos waren und einem Herrn dienten.
Daneben existierte ein Priesterstand, die Druiden, die nicht nur religiöse Aufgaben hatten. Sie besaßen auch politischen Einfluss und traten bei Streitigkeiten als Richter auf. Die keltischen Männer hatten die volle Gewalt über das Leben von Frauen und Kindern, doch die Frauen besaßen ebenfalls bestimmte Rechte. Sie konnten ihren Vätern oder verstorbenen Ehemännern als Herrscherinnen nachfolgen und bei Zwistigkeiten über politische Fragen mitreden.

M 5 Keltisches Fürstengrab (um 500 v. Chr.)
1978 wurde bei Hochdorf in der Nähe von Ludwigsburg (Baden-Württemberg) ein keltisches Fürstengrab entdeckt. Der Fürst war in einer hölzernen Grabkammer unter einem großen Grabhügel beigesetzt. Ein prächtiger Wagen, eine Bronzeliege, ein großer Bronzekessel und andere wertvolle Gegenstände und Schmuckstücke waren als Grabbeigaben dem Fürsten mitgegeben worden.

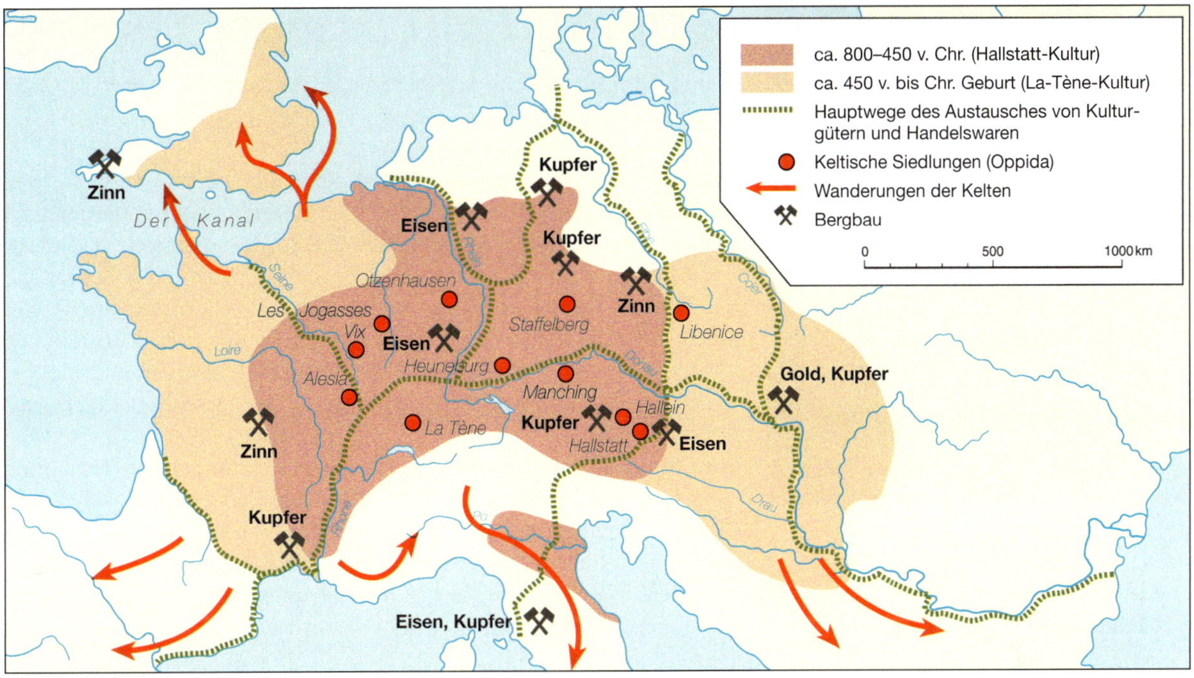

M 7 Siedlungsgebiete und Wanderungen der Kelten

M 6 Aussehen und Kleidung

Der griechische Historiker Diodor beschreibt in seiner „Weltgeschichte" (1. Jh. v. Chr.) die Kelten:

Sie sind von schöner Körpergröße, aber ihre Haut ist fast krankhaft weiß. Ihre Haare sind nicht von Natur aus blond, (...) sie bleichen sie auch noch mit Kalklauge und kämmen sie von der Stirn nach oben. Manche rasieren sich. Die Vornehmen lassen sich einen Schnurrbart lang herabwachsen, sodass ihr Mund verdeckt ist. Beim Essen hängt der Schnurrbart in die Speise; beim Trinken fließt das Bier durch ihn wie durch ein Sieb (...). Gekleidet sind sie mit bunt gefärbten Hemden und Hosen, die sie Brakes nennen. Mit Schnallen befestigen sie darüber gestreifte Mäntel, im Winter aus wollenem, im Sommer aus glattem Stoff, der mit kleinen sehr bunten Rechtecken gemustert ist.

Diodor von Sizilien V, 28, 1 ff. Nach: Die Kelten in Mitteleuropa, Ausstellungskatalog, hg. vom Amt der Salzburger Landesregierung. Salzburg 1960, S. 113.

M 8 Gaius Julius Caesar über das Wesen der Gallier

a) Da er (Caesar) wusste, dass die Gallier in der Regel alle geneigt sind, einen Umsturz herbeizuführen, und sich auf Grund ihrer wankelmütigen Gesinnung schnell zu einem Krieg aufstacheln lassen, dass aber auch allgemein die menschliche Natur von Freiheitsdrang erfüllt ist und Sklaverei hasst, glaubte er (Caesar), sein Heer in einzelnen Einheiten über größere Gebiete verteilen zu müssen, ehe sich noch mehr Stämme der Verschwörung (gegen die Römer) anschlössen.

Caesar, De bello Gallico III, 10, 3

b) Denn obwohl die Gallier schnell zu begeistern und in demselben Grad bereit sind, Kriege anzufangen, sind sie ihrer Veranlagung nach weich und unfähig, Misserfolge auszuhalten.

Caesar, De bello Gallico VII, 4, 1

Fragen und Anregungen

1. Betrachte die Karte (M7) und suche dann im Atlas die Länder, in denen keltische Stämme lebten.
2. Asterix – auch ein Kelte. Vergleiche das, was du über die Kelten gelernt hast, mit dem Leben der Gallier in den Asterix-Comics.
3. Stell dir vor, du bist ein Kelte, der in Manching lebt. Einige entfernt wohnende Verwandte kennen die Stadt nicht. Verfasse einen Brief, in dem du von deiner Stadt erzählst. (M5 S. 171, M3, M4, VT)
4. Beschreibe, welche Eigenschaften der Kelten dem griechischen Geschichtsschreiber Diodor (M6) besonders auffallen. Überlege, warum er seine Leser gerade darauf hinweist.
5. Fasse zusammen, wie Caesar seine Gegner im Gallischen Krieg charakterisiert (M8). Erinnere dich an Caesars politische Situation zu diesem Zeitpunkt und erkläre, warum er die Gallier so beschreibt.

M 1 Memento Mori
(Gedenke, dass du sterben wirst) aus einem Gebäude aus Pompeji aus dem 1. Jh.

4. Der Tod gilt in jeder Epoche und in jedem Reich

Es gibt Fragen, die die Menschen über alle Jahrtausende hinweg gleichermaßen betreffen. Der Tod ist heute noch so unausweichlich wie vor 100 oder 6000 oder 100000 Jahren. Zwar hat sich verändert, wie lange jemand lebt und woran die meisten Menschen sterben, an der Tatsache des Todes selbst aber hat sich nichts geändert, auch nicht daran, dass die Menschen fragen, was der Tod bedeutet, was danach kommt, ob es ein Danach gibt. Allerdings gibt es große Unterschiede, wie diese Fragen in den verschiedenen Kulturen und Epochen beantwortet wurden.
Sowohl im alten Ägypten als auch in Rom oder in der Zeit des frühen Christentums war die Lebenserwartung deutlich geringer als heute in den modernen Industriestaaten. Die Menschen starben auch nicht in einer Klinik oder einem Heim, sondern im Krieg oder im Alltag ihrer Familien. Daraus ergab sich eine viel selbstverständlichere Begegnung mit dem Tod, als wir es heute kennen.

Die Ägypter treffen umfangreiche Vorsorge

Du kannst dich sicher noch erinnern, dass gerade für die Ägypter der Tod eine ungeheuer wichtige Rolle spielte. Genauer gesagt, der Glaube daran, dass das Leben mit dem Tod nicht zu Ende sei (vgl. S. 46 f.).
Bedingung für ein Weiterleben im Jenseits war, dass man den Toten oder zumindest sein Bild erhalten musste. Zerstörung, Verwesung des Körpers, Verschwinden oder Vergessen war gleichbedeutend mit ewigem Tod.

M 2 Dienerinnen in der Ewigkeit
Ab dem Mittleren Reich (ab ca. 2040 v. Chr.) übernahmen immer mehr kleine Figuren, die so genannten Uscheptis, die Funktionen der Wandbilder in Gräbern. Sie sollten dem Verstorbenen dienen.

M 3 Blick in eine Grabkammer eines verstorbenen Ägypters
Das Grab auf dem Bild ist reichhaltig ausgemalt. Im Alten Reich (ca. 2635–2154 v. Chr.) wurden Gräber mit allem, was man dem Verstorbenen wünschte, ausgemalt.

Gräber und Mumifizierung

Deshalb verwendeten die Ägypter große Mühe auf die Mumifizierung und sichere Aufbewahrung des Leichnams. Die Beigaben für das Grab sollten dem Verstorbenen wie eine Ausstattung dienen, je reichhaltiger, desto reicher und bequemer auch das Leben im Totenreich. Die Ägypter klammerten sich gewissermaßen an fassbare Gegenstände, sowohl an die Erhaltung des Körpers als auch an die Dinge, die man dem Toten mitgab. Diese recht materialistische Denkweise führte dazu, dass die Vorbereitung und Gestaltung der Grabstätte im Leben der Ägypter eine viel größere Rolle spielte, als wir es später bei den Römern und Christen finden. Ein Großteil der Bauwerke, die aus dem alten Ägypten erhalten blieben, sind Gräber, wobei sowohl Gräber von Königen (wie die Pyramiden) als auch Gräber von Menschen der anderen Gesellschaftsschichten vorliegen.

Fragen und Anregungen

1. Beschreibe die Szene im Mittelpunkt der Grabmalerei (M3). Schlage den Namen der Gestalt mit dem Hundekopf im Götterlexikon auf Seite 49 nach und erkläre die Aufgabe dieser Gestalt.
2. Beschreibe, was du unter der Bahre des Toten erkennen kannst und warum diese Gegenstände abgebildet sind.
3. Wie nennt man die Schriftzeichen, die du überall siehst? Vermute, was sie enthalten, indem du dich an das Totengericht des Hunefers erinnerst (vgl. Seite 54/55).
4. Beschreibe die Uscheptis und ihre Tätigkeit. Vergleiche mit den Malereien.

M 4 **Trauerzug eines vornehmen Römers** (Darstellung aus Italien, um 50 v. Chr.)

In Rom regeln Gesetze das Begräbnis

Bei den Römern richtete sich der Umgang mit dem Tod nach dem, was auch ihr Leben wesentlich bestimmte: die Eingliederung des Einzelnen in die Pflichten und Gesetze des Staates. Dementsprechend sind auch die Sitten für Begräbnisse und die Verehrung der Toten in Rom sehr früh durch das Zwölftafelgesetz geregelt.
In einem feierlichen Zug, dem je nach Reichtum des Toten neben der Familie auch Musiker, Tänzer und Klagefrauen angehörten, wurde der Tote zu einem öffentlichen Platz gebracht, in Rom zum Forum. Dort hielt einer der engen Verwandten eine Lobesrede, in der die Verdienste und der Ruhm des Verstorbenen öffentlich bekannt gemacht und dadurch auf die ganze Familie übertragen wurden. Anschließend zog der Trauerzug an einen Ort außerhalb der Stadt, wo der Tote entweder verbrannt oder ab dem 2. Jh. n. Chr. bestattet wurde. Leichnam oder Asche begrub man auf Gräberfeldern, die auch außerhalb der Stadt lagen.

Tote bleiben Mitglieder der Familie

Auch Totenfeiern schrieb das Gesetz vor. Im Mai fanden die Lemurien statt, Feiern, in denen Angstvorstellungen vor bösen Geistern zum Ausdruck kamen. Wichtiger aber waren die Totenfeiern, in denen die verstorbenen Familienmitglieder wie Hausgötter (lat. Manes) verehrt wurden. Am Ende des römischen Jahres, zwischen dem 13. und 21. Februar, feierten die Römer ein Sühnefest, bei dem das Familienoberhaupt den Toten Opfer brachte. Daher hat der Monat Februar auch seinen Namen. Er bedeutet: zu der Sühne gehörend. Als Abschluss veranstaltete man ein Familienmahl, an dem auch die Toten symbolisch teilnahmen. Bei diesem Essen sollte aller Streit zwischen Familienmitgliedern geschlichtet werden. Diese Sitte zeigt, welchen Einfluss den Toten auf das Leben zugebilligt wurde. Es zeigt aber auch, dass das Schwergewicht der Totenverehrung in der Regelung des Diesseits lag. Die Vorstellung des Jenseits war eher pessimistisch. Ähnlich wie die Griechen stellte man sich eine Schattenwelt vor, die von ewiger Sehnsucht nach dem Leben gekennzeichnet war.

Die Christen glauben an eine Auferstehung des Fleisches

Auch die frühen Christen legten großen Wert auf eine ordnungsgemäße Bestattung ihrer Toten. Ein wesentlicher Inhalt der christlichen Religion ist bis heute der Glaube an die Auferstehung von Jesus Christus bzw. die Auferweckung der Toten durch Jesus am jüngsten Tag. Die Einstellung zum Körper ist dabei doppeldeutig. Einerseits galt der Körper als sündig und unwürdig. In der ewigen Seligkeit sollte der Körper von seinen Leiden und Bedürfnissen befreit werden. Anderseits vertraten die Kirchenväter von Anfang an die Auferstehung des Fleisches. Dies führte zum Verbot der Verbrennung, sobald sich das Christentum durchsetzte.

Sicherheit durch die Nähe von Heiligen

Das Versprechen, sofort in den Himmel zu kommen, hatten nur diejenigen, die ihr Leben für Jesus geopfert hatten, also die Märtyrer, die so zu Heiligen wurden. Die anderen Christen mussten bis zum Jüngsten Tag warten und hofften auf die Fürsprache dieser Heiligen vor Gottes Gericht. Daher wurde es bald Sitte, möglichst in der Nähe des Grabes eines Heiligen oder zumindest eines heiligen Ortes begraben zu werden. Erinnere dich, dass Kirchen oft Reliquien enthalten, also sterbliche Überreste eines Heiligen. Der Drang, Reliquien zu erwerben, war bereits in der Frühzeit so stark, dass 386 n. Chr. ein kaiserlicher Erlass verbieten musste, die Gebeine von Heiligen auszugraben und umzulagern. Dies zeigt, dass auch die Christen im Umgang mit dem Tod Gegenstände brauchten, um ihre Unsicherheit zu besiegen. Darin sind Christen den alten Kulturen ähnlich. Allerdings steht beim christlichen Glauben weniger eine luxuriöse Fortsetzung des Lebens im Jenseits im Mittelpunkt. Die Aufnahme in die ewige Seligkeit richtet sich auch nicht nach Ansehen und Ruhm im Leben, sondern ausschließlich nach der Befolgung der Gebote des Glaubens.

M 5 Aufbewahrungsgefäß für Reliquien
Die Reliquien wurden in kostbaren Gefäßen aufbewahrt. Die Bedeutung einer Kirche richtete sich oft nach dem Berühmtheitsgrad des Heiligen, dessen Reliquien sie besaß.

Fragen und Anregungen

1. Lege eine Tabelle in deinem Heft an, in die du die Ägypter, die Römer und die Christen einträgst:
   Welche Bedeutung hatte die Erhaltung des Körpers?
   Glaubten die Menschen an ein Leben nach dem Tod?
   Wie sah es im jeweiligen Glauben aus?
   Welche Bedingung musste ein Mensch erfüllen, um aufzuerstehen?
2. Stelle fest, wo sich in deinem Heimatort ein Friedhof befindet. Notiere sein Alter, die Größe, die Nähe zu einer Kirche.
3. Überlege, bei welchen Gelegenheiten das Thema Tod dir begegnet.

Die Frühzeit des Menschen

Vor etwa 2 Mio. Jahren – Auftreten des Frühmenschen
Seit etwa 10 000 v. Chr. – Übergang zur Sesshaftigkeit

Altsteinzeit
Die älteste und längste Entwicklungsstufe der Menschheit beginnt ungefähr vor 1,5 Millionen Jahren und endet gleichzeitig mit der letzten Eiszeit um 8000 v. Chr. Während dieser Zeit lebten die Menschen in Abhängigkeit von der Natur als umherziehende Jäger und Sammler in größeren Gruppen zusammen. Sie verwendeten das Feuer und stellten einfache Werkzeuge aus Stein, Holz, Knochen und Geweih her. Da aber nur steinerne Überreste erhalten blieben, wird dieser Zeitabschnitt als Steinzeit bezeichnet.

Archäologie
Die Archäologie, auch Altertumskunde genannt, ist die Wissenschaft von der Erforschung alter Kulturen. In Europa beschäftigen sich die Archäologen vor allem mit der keltischen, germanischen und griechisch-römischen Kultur. Zu den Hauptaufgaben der Archäologie gehören die Ausgrabung, Rekonstruktion (Wiederherstellung) und Datierung von Überresten und Funden.

Jungsteinzeit
In dieser Zeit werden die Menschen zu sesshaften Ackerbauern und Viehzüchtern. Diese Epoche begann zuerst im Vorderen Orient nach dem Ende der letzten Eiszeit, in Süddeutschland erst um 5500 v. Chr., in Norddeutschland weitere tausend Jahre später. Die Jungsteinzeit endete zwischen 2300 und 2000 v. Chr.

Quellen
Alles, was dem Historiker Auskunft über die Vergangenheit geben kann, nennt er Quelle. Es gibt schriftliche, bildliche, gegenständliche und mündliche Quellen. Geschichtliche Quellen sprechen selten für sich; meist müssen sie erschlossen werden. Historiker wenden dazu verschiedene Methoden an, z. B. Untersuchung, Vergleich, zeitliche Einordnung (Datierung) usw.

Leben in frühen Hochkulturen

Ab 3000 v. Chr. – Hochkultur in Ägypten: Die Ägypter entwickeln eine Hieroglyphenschrift und einen Kalender.

Hieroglyphen
Die Griechen nannten die Schriftzeichen der Ägypter Hieroglyphen, „heilige Zeichen", da sie vor allem an Tempeln und anderen heiligen Orten zu sehen waren. Ursprünglich bestand die Schrift aus Bildzeichen, die sich selbst erklärten. Im Laufe der Jahrhunderte veränderte sie sich aber oft. Vokale schrieben die Ägypter nicht, jedoch Lautzeichen und Deutzeichen. So war die Schrift mit ihren 1 000 bis 7 000 Zeichen sehr schwierig und wirkte geheimnisvoll. Die Kenntnis der Hieroglyphen ging verloren. Im Jahre 1822 entdeckte der Franzose François Champollion einen Stein (Rosette), auf dem derselbe Text in griechischer Schrift und in Hieroglyphen stand. So konnte er die Hieroglyphen durch einen Vergleich entschlüsseln.

Hochkultur
Der Begriff wird für die Lebensart eines Volkes gebraucht, das zu einem frühen Zeitpunkt seiner Geschichte in vielen Bereichen besonders hohe Leistungen erbracht hat. Zu den Merkmalen einer Hochkultur gehören das Leben in Städten, feste Wohnhäuser, Kunst, Wissenschaft (z. B. Geometrie, Astronomie, Zeitrechnung), Technik und v. a. die Entwicklung oder Verwendung einer Schrift. Frühe Hochkulturen entstanden oft an großen Strömen (Nil, Euphrat und Tigris in Mesopotamien). Unabhängig davon entwickelten sich aber auch auf Kreta (minoische Kultur) und in Mittelamerika (Maya, Inka, Azteken) Hochkulturen.

Judentum
Das Wort bezeichnet einen religiösen Glauben und die Gemeinschaft der Menschen, die dadurch begründet ist. Die Juden blicken auf eine lange und leidvolle Geschichte zurück. Ihre Zerstreuung (Diaspora) über alle Länder der alten Welt begann schon um 580 v. Chr. und wurde endgültig, als die Römer den Tempel zerstörten und die Juden aus Jerusalem verbannten. Durch die Zerstreuung wurden die Juden zu wichtigen Vermittlern zwischen den verschiedenen Kulturen. Erst seit der Gründung des Staates Israel im Jahre 1949 gibt es wieder einen staatlichen Mittelpunkt. Die Mehrheit der Menschen jüdischen Glaubens lebt aber nach wie vor als Bürger der jeweiligen Staaten über die ganze Welt verstreut.

Papyrus
Als Schreibmaterial für den schnellen Alltagsgebrauch diente der Papyrus, eine Pflanze, die am Ufer des Nils in großen Mengen wächst. Ihre Fasern wurden in Streifen geschnitten und in mehreren Lagen neben- und übereinander geklebt, bis man ein Blatt zum Beschreiben hatte – das Papier der frühen Zeit.

Pharao
Pharao ist die Bezeichnung für die Könige des alten Ägypten, die als Verkörperung eines Gottes verehrt wurden, meist auch als Sohn eines Gottes. Der Name Pharao bedeutet übersetzt „großes Haus" oder „Palast". Da die Paläste der Pharaonen unvergleichbar kostbar über den Lehmhütten des Volkes aufragten, verkörperten sie eindrucksvoll die Macht des Königs. Darum wurde dieser Titel Ausdruck für die Ehrfurcht der Ägypter vor ihrem Herrscher.

Polytheismus/Monotheismus
Beiden Begriffen liegt der griechische Begriff „theos" = „Gott" zu Grunde. Polytheismus setzt sich aus „polys" = „viel" und „theos" = „Gott" zusammen. Er bedeutet die Verehrung vieler Götter. Die meisten alten Völker hatten polytheistische Religionen, z. B. im alten Ägypten, im antiken Griechenland und Rom, aber auch die Kelten und Germanen.
Gegenbegriff dazu ist der Monotheismus; „monos" bedeutet im Griechischen „einzig"; Monotheismus bedeutet der „Glaube an einen einzigen Gott". Nach dem Judentum, das die erste monotheistische Religion im Altertum war, entstanden später mit dem Christentum und dem Islam zwei weitere monotheistische Religionen.

Pyramide
Bedeutet ursprünglich „Weizenbrot", das im alten Ägypten die Form eines Kegels hatte. Heute sind ca. 60 Pyramiden bekannt. Wir bezeichnen damit aber vor allem die Königsgräber in Gise. Die berühmtesten sind die Pyramiden der Herrscher Mykerinos, Chephren und Cheops aus den Jahren 2510–2457 v. Chr. Die Cheopspyramide ist mit einer Höhe von 147 m die größte.

Die griechisch-hellenistische Welt

5. Jh. v. Chr. – Blütezeit Athens: Die Bürger genießen die Rechte der Demokratie.

Antike
Der Begriff Antike bezeichnet das Zeitalter des griechisch-römischen Altertums. Er wurde eingeführt, um die heidnische Zeit (1000 v. Chr. – 500 n. Chr.) vom christlichen Mittelalter (bis 1500 n. Chr.) und der Neuzeit zu trennen.
Aristokratie
Für „Aristoi", die Besten und Tüchtigsten, hielten sich diejenigen Griechen, die wegen kriegerischen Erfolgs, vornehmer Herkunft und Besitz eine bevorzugte Stellung in der Polis besaßen. Aristokratie bezeichnet sowohl die entsprechende führende Schicht, den Adel, als auch die entsprechende Staatsform, die Adelsherrschaft.
Demokratie
Die waffenfähigen Bürger Athens übten die Volksherrschaft direkt in der Volksversammlung aus. Allerdings bildeten sie eine Minderheit, da Frauen und Sklaven politisch rechtlos blieben. Heute verstehen wir etwas anderes unter Demokratie. Die Millionen Menschen in den großen Staaten können nicht mehr alle in einer Volksversammlung über die schwierigen Fragen des Staates entscheiden. Sie wählen Volksvertreter, Abgeordnete, in besondere Versammlungen, Parlamente, in denen die wichtigsten Beschlüsse gefasst werden. Das deutsche Parlament heißt Bundestag.
Hellenismus
Der Begriff, abgeleitet von „Hellenen" (= Griechen), bezeichnet die Zeit vom Tode Alexanders bis etwa 30 v. Chr., der römischen Kaiserzeit. In dieser Zeit breitete sich die griechische Kultur im gesamten östlichen Mittelmeerraum aus und verschmolz teilweise mit den einheimischen Kulturen. Griechische Künstler schufen beeindruckende Kunstwerke (Laokoongruppe), beschäftigten sich mit Städte- und Festungsbau, Wisschenschaftler und Techniker machten beachtliche Erfindungen. Die hellenistische Kultur beeinflusste sehr stark die römische Kunst.
„Ilias" und „Odyssee"
Die „Ilias" und die „Odyssee" sind die ersten europäischen Dichtungen. Das griechische Heldenlied, griech. „Epos", wurde mündlich und in Versen vorgetragen. Die Epen erzählten vom Wirken der Götter, der Vergangenheit der griechischen Stämme und der Taten der Helden. Um 800 wurden sie schriftlich festgehalten. Die „Ilias" behandelt den Kampf um Troja, die „Odyssee" die Irrfahrten des Odysseus.
Kolonisation
Kolonisation heißt allgemein Landnahme, Besiedlung und wirtschaftliche Erschließung weniger entwickelter Gebiete. Die griechische Kolonisation vom 8. bis 6. Jh. führte zur Gründung von selbstständigen Tochterstädten an den Küsten des Mittelmeeres und des Schwarzen Meeres und einer Verbreitung der griechischen Lebensweise.
Olympische Spiele
Alle vier Jahre hielten die Griechen zu Ehren von Zeus in Olympia Wettspiele ab. Während dieser Zeit herrschte bei allen Griechen Frieden. Die vier Jahre zwischen den Wettkämpfen nannten die Griechen Olympiade. Nach diesen Zeiträumen richtete sich die Zeitrechnung der Griechen. Alexanders Eroberung des Perserreiches begann im 2. Jahr der 110. Olympiade.
Polis (Plural: Poleis)
Der griechische Begriff bezeichnet „Burg", „Stadt" und „Bürgerschaft", damit auch die Gemeinschaft der Bürger. Wir verstehen heute unter Polis oft auch „Staat". Zur Polis gehörte die Stadt mit dem Umland und seinen Einwohnern. In Griechenland bildeten sich viele solche unabhängigen Kleinstaaten. Von Polis leitet sich auch Politik ab, die Angelegenheiten, die alle Bürger angehen.
Sklaventum
In den Staaten der Antike lebten Menschen, die unfrei und Eigentum anderer Menschen waren. Die Griechen hielten sich Sklaven meist aus Ländern außerhalb Griechenlands, die sie auf Sklavenmärkten kaufen konnten. Kriegsgefangene, Bewohner von eroberten Städten wurden versklavt, und die Kinder von Sklaven blieben Sklaven. Sie besaßen fast keine Rechte und mussten allen Anordnungen folgen. Sie arbeiteten im Haus, in der Landwirtschaft, im Handwerk und im Handel.

Das Weltreich der Römer

753 v. Chr. – Sagenhafte Gründung der Stadt Rom

1. Jh. v. Chr. – Übergang Roms von der Republik zur Monarchie

Um Chr. Geb. – Zeitalter des Augustus

Christentum
Mit dem Begriff werden alle christlichen Konfessionen bezeichnet, die sich auf Jesus Christus als Stifter berufen. Als religiöse Überzeugung aller Christen gilt der Glaube an einen persönlichen, dreieinigen (Gott Vater, Gott Sohn, Heiliger Geist) Gott als Schöpfer der Welt, an die Sündhaftigkeit der Menschen und die Erlösung durch Christus. Die Weltreligion des Christentums umfasst mehr als 1,5 Milliarden Mitglieder: etwa 800 Mio. Katholiken, 310 Mio. Protestanten, rund 170 Mio. Orthodoxe und verschiedene kleinere Kirchen.
Diktator
Im Falle höchster Gefahr wählte man einen einzigen Befehlshaber mit genau begrenzter Amtszeit. Als sich später mächtige Generäle zum Diktator auf Lebenszeit wählen ließen, war das ein Zeichen dafür, dass es mit der Freiheit der römischen Republik zu Ende ging.
Kaiserzeit
Aus dem Namen Caesars (damals wie „kaisar" gesprochen), den auch Ocatvianus angenommen hatte, ist ein Herrschertitel geworden. Mit „Kaiserzeit" bezeichnen wir die Jahrhunderte von Augustus bis zum Ende des Reiches im Westen 476. Die Römer selbst nannten die von Augustus errichtete Herrschaftsform „Prinzipat"; das Wort kommt von lateinisch „Princeps" (der Erste). Nach außen hin bleibt der Staat eine Republik, in Wirklichkeit ist er aber eine Monarchie.
Konsuln
Nach der Gründung der Republik wurden jährlich zwei oberste Beamte gewählt, die in Krieg und Frieden die Staatsgeschäfte leiteten. Nach ihnen richtete sich auch die offizielle Jahres-

zählung. Amtlich hieß es also nicht „im Jahre 710", sondern „im Konsulatsjahr des Caesar und des Antonius".

Limes

Das Wort bedeutet ursprünglich nur Pfad oder Grenzzaun. Im Laufe der Zeit wurde der Limes zwischen Rhein und Donau zu einer Befestigungslinie mit Türmen und Kastellen ausgebaut, um die Grenze besser kontrollieren zu können.

Patrizier/Plebejer

Nicht alle römischen Bürger waren gleich am politischen Geschäft beteiligt. Die „Patrizier" waren die Angehörigen der großen Adelsfamilien und beanspruchten alle Ämter für sich. Die „Plebejer", die Masse der übrigen Bürger, waren zunächst von höheren Staatsämtern ausgeschlossen. Erst im Laufe der Jahrhunderte erstritten sie sich in den „Standeskämpfen" die Gleichberechtigung und auch das Recht, in eine patrizische Familie einzuheiraten.

Republik

Das zu Grunde liegende lateinische Wort „res publica" bezeichnet den Staat als eine öffentliche Angelegenheit, an der alle freien Bürger teilhaben. Das Wort „Gemeinwesen" gibt ungefähr diese Bedeutung wieder. In dieser Hinsicht war die römische Republik ein Beispiel für die modernen demokratischen Staaten. Wir verwenden das Wort heute in einer etwas anderen Bedeutung für eine Staatsform mit einem gewählten Staatsoberhaupt.

Senator/Senat

„Senator" ist von dem lateinischen Wort für „alter Mann" abgeleitet. Der Senat war der mächtige „Rat der Alten". Gegen seinen Willen konnten auch die hohen Beamten wenig ausrichten. Ein griechischer Historiker nannte den Senat eine „Versammlung von Königen". Plebejer hatten erst später Zutritt zum Senat, der ursprünglich eine Versammlung der Häupter der mächtigen Adelsfamilien war.

Staatsreligion

Eine Staatsreligion ist die von einem Staat in seinem Territorium ausschließlich anerkannte oder zumindest bevorzugte Religion beziehungsweise Konfession. Im Unterschied zu einer Staatskirche, wie z. B. der Kirche von England, ist die Staatsreligion jedoch nicht vom Staat (z. B. über das Parlament, ein eigenes Kirchenministerium oder staatliche Gesetze) direkt beeinflusst oder geleitet.

Von der Antike zum Frankenreich

Nach 500 n. Chr. – Unter dem Merowinger Chlodwig beginnt die Bildung des Frankenreiches.

Dreiteilung der Mittelmeerwelt

Mit der Ausbreitung des islamischen Weltreiches, das von Spanien über die nordafrikanische Küste bis zum Indus reichte, war im Mittelmeerraum eine neue wirtschaftliche und politische Macht entstanden. Da im Norden des Mittelmeeres das Frankenreich begann, das Erbe des weströmischen Kaisers anzutreten, fand auch hier eine Machtverschiebung statt. Statt dem alten Römischen Weltreich, das über Jahrhunderte die Mittelmeerwelt beherrscht hatte, entstanden in den Jahrzehnten um 700 n. Chr. rund um das Mittelmeer drei neue Zentren der Macht: das Arabische Reich des Islam, das Byzantinische Reich und als Erbe Westroms das Frankenreich.

Islam

Der Islam versteht sich als Vollendung des von Juden und Christen verfälschten reinen Glaubens Abrahams und Jesu. Alles Geschehen ist von Allah vorherbestimmt (Kismet). Der Mensch, von Natur aus gut (also ohne Erbsünde), ist zur Unterwerfung und Ausführung von Allahs Willen aufgerufen und wird im Jüngsten Gericht zur Rechenschaft gezogen. Der Islam teilt sich in zwei Hauptrichtungen, die Sunniten (ca. 90 % aller Muslime) und die Schiiten (ca. 10 %). Beide entstanden nach dem Tod Mohammeds im Streit um dessen rechtmäßige Nachfolge als Leiter der gesamten islamischen Glaubensgemeinschaft.

Mittelalter

Als Mittelalter bezeichnet man die Zeit zwischen der Antike und der Neuzeit. Die Antike endete mit dem Untergang des Weströmischen Reiches im Jahre 476. Einschneidende Ereignisse kennzeichneten den Beginn der Neuzeit, so z. B. die Erfindung des Buchdrucks um 1440 durch Johannes Gutenberg, mit der das Bildungswesen einen großen Aufschwung erhielt, oder die „Wiederentdeckung" Amerikas im Jahre 1492 durch Kolumbus, mit der die Ausbreitung der Europäer auf der ganzen Welt begann.

Mönchtum

Als Mönchtum wird eine Lebensform von Männern (Mönchen) und Frauen (Nonnen) bezeichnet, die sich unter Ablegung bestimmter Gelübde (z. B. Ehelosigkeit, Verzicht auf Besitz) von allem Weltlichen abwenden. Unterschieden werden kann dabei zwischen den Eremiten (Einsiedlern) und dem Leben in einer klösterlichen Gemeinschaft. Das Mönchtum ist in allen großen Religionen wie dem Christentum, dem Buddhismus oder dem Islam verbreitet und hat dort jeweils große Bedeutung für die Ausbreitung des Glaubens und der Kultur erlangt.

Reichsbildung der Franken

Die Franken bildeten unter dem merowingischen König Chlodwig im 5. Jahrhundert einen Herrschaftsbereich von großer Ausdehnung über mehrere Stämme und Völker, wobei das entstandene Fränkische Reich germanische (z. B. Gemeineigentum), römische (z. B. Verwaltung) und christliche (z. B. Organisation der Kirche) Traditionen aufnahm. Das Fränkische Reich trat damit in die Nachfolge des Weströmischen Reiches. Es wurden so die Grundlagen für die politische, soziale und kulturelle Entwicklung Europas gelegt.

Völkerwanderung

Wanderungen ganzer Völker oder Stämme, durch Landnot, Klimawechsel oder Einfall fremder Völker hervorgerufen, hat es in der Geschichte öfters gegeben, z. B. die Einwanderung der Dorier in Griechenland im 12. Jahrhundert v. Chr. Als „germanische Völkerwanderung" bezeichnen wir jene Züge von meist germanischen Stämmen, die um 375 n. Chr. durch den Einbruch der Hunnen in Osteuropa ausgelöst wurden. Die Folgen waren eine Westverlagerung der Germanen und der nachrückenden Slawen sowie das Ende des Römischen Reiches 476 n. Chr.

Quellentexte beurteilen

1. Wer hat den Text geschrieben?
2. Wann wurde der Text geschrieben?
3. Was ist Thema, Inhalt und wesentliche Aussage des Textes? (Hier hilft es Schlüsselwörter zu suchen; auch Überschriften können ein Anhaltspunkt sein!)
4. Werden besonders auffallende Begriffe verwendet? Was bedeuten sie heute, was bedeuteten sie zur Zeit der Abfassung des Textes?
5. Für wen war der Text bestimmt?
6. Was für Absichten könnten mit der Abfassung des Textes verbunden gewesen sein? Wird ein Sachverhalt parteiisch wiedergegeben, wird eine Person einseitig beurteilt?
7. Findet der Text Bestätigung durch andere Texte aus der Zeit oder auch durch Quellen anderer Art?

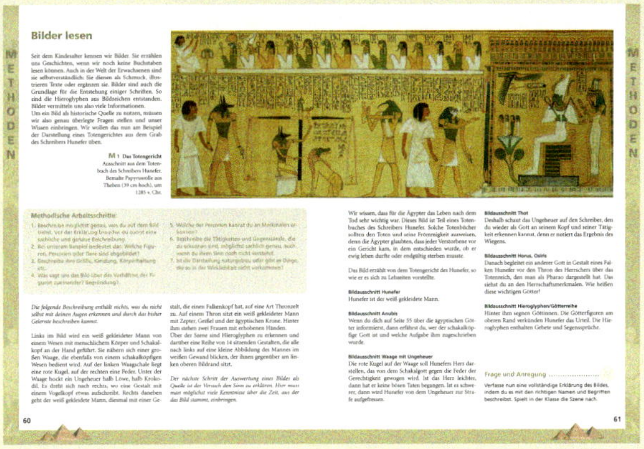
Bilder lesen

Bilder lesen

1. Beschreibe möglichst genau, was du auf dem Bild siehst. Vor der Erklärung brauchst du eine sachliche und genaue Beschreibung.
2. Lege dar: Welche Figuren, Personen, Tiere usw. sind abgebildet?
3. Beschreibe ihre Größe, Kleidung, Körperhaltung etc.
4. Was sagt uns das Bild über das Verhältnis der Figuren zueinander?
5. Welche der Personen kannst du an Merkmalen erkennen?
6. Beschreibe die Tätigkeiten und Gegenstände, die zu erkennen sind, möglichst sachlich genau.
7. Ist die Darstellung naturgetreu oder gibt es Dinge, die so in der Wirklichkeit nicht vorkommen?

Schaubilder erklären

1. Kläre das im Schaubild dargestellte Thema aus Überschrift und Bildunterschrift.
2. Handelt es sich um eine politische oder um eine gesellschaftliche Ordnung?
3. Unterscheide genau die einzelnen Teile des Schaubilds, ihre farbliche Fassung, Größe und Beschriftung.
4. Beschreibe in eigenen Worten die verschiedenen Beziehungen, die durch Linien, Pfeile und andere Symbole verdeutlicht werden.
5. Berücksichtige, dass auch die gewählte Form, z. B. eine Pyramide, Informationen über den dargestellten Sachverhalt mitteilen kann.

Gegenständliche Zeugnisse als Quellen

1. Klärung der Fakten: Wann wurde der Gegenstand gefunden? Wo wurde er gefunden? Bei welcher Gelegenheit wurde er gefunden?
2. Beschreibung des Gegenstandes: Was erkenne ich? Welche Form hat der Gegenstand? Welche Farbe hat er? Was ist an ihm besonders auffällig?
3. Vergleich mit Bekanntem: Woran erinnert mich dieser Gegenstand? Kenne ich etwas, was ähnlich aussieht? Worum handelt es sich dabei? Welche Unterschiede zu dem bekannten Gegenstand fallen mir auf? Was könnten diese Unterschiede bedeuten?

Geschichtskarten verstehen

1. Stelle das Thema der Karte fest, das durch die Überschrift und einen Text ausgegeben wird.
2. Beachte den Maßstab, der die Größe des dargestellten Raums verdeutlicht.
3. Lies die Legende, die mit ihren Symbolen über die Einzelheiten geographischer und geschichtlicher Art informiert.
4. Beachte den Ausschnitt, der den Raum, dessen Geschichte dargestellt wird, begrenzt.
5. Beachte, dass Karten einen Zustand zu einem bestimmten Zeitpunkt oder eine Entwicklung während eines Zeitraums darstellen.

Standbilder deuten

1. Welche bekannten Darstellungen konnte der Künstler als Muster benutzen? Wie hat er sie verändert?
2. Welche Einzelheiten fallen auf? Kann man dahinter eine Aussage erkennen, die die dargestellte Person in ein besonderes Licht rückt?
3. Passt das zu dem, was wir sonst über die dargestellte Person wissen?

Comics und geschichtliche Erzählungen untersuchen

1. Was ist der historische Kern der Darstellungen?
2. Womit wird im Comic unsere Aufmerksamkeit erweckt? Welche Absichten haben die Autoren wohl gehabt?
3. Worauf legt der Verfasser der Erzählung Wert? Welche Zielsetzung verfolgt er?

Verzeichnis der Namen, Sachen und Begriffe

Halbfett gesetzt sind historische Grundwissensbegriffe, die im Buch in einem Kastentext erläutert werden.

Textquellennachweis

38, (M8) Adelheid Schlott, Schrift und Schreiber im Alten Ägypten. München 1989, S. 203 ff.; **44,** (M14) Geschichte in Quellen, Bd. 1. München 1978, S. 24; **44,** (M16) Arne Eggebrecht, Das Alte Ägypten. München 1984, S. 219; **61,** (M2) Herodot, Historien (Historíes apódexis) IV, 150 ff. In: Herodot, Historien. 1. Bd. Bücher I–V. Gr.-dt., hg. v. Josef Feix. München, Zürich: Artemis & Winkler, 5. Aufl., 1995, S. 612, 614. (Bearbeitung des Verfassers); **66,** (M12) Isokrates, Panegyrikos 43. In: Isocrates: Opera Omnia, Vol. II. Ed. Basilisus G. Mandilaras. München, Leipzig: Saur 2003, p. 76. (Bearbeitung des Verfassers); **66,** (M13) Xenophanes, Fragment 11. In: Xenophanes of Colophon: Fragments. A text and translation with a commentary by J. H. Lesher. Toronto, Buffalo, London: University of Toronto Press 1992, p. 22. (Bearbeitung des Verfassers); **66,** (M14) Lukian, Anarchasis II. Übers. v. E. Steindl. Zürich 1963; **70,** (M6) Aristoteles, Der Staat der Athener (Athenaion Politeia) 2. In: Aristoteles, Athenaion Politeia 2. Ed. Mortimer Chambers. Stuttgart, Leipzig: Teubner 1994, S. 4. (Bearbeitung des Verfassers); **70,** (M7) Aristoteles, Der Staat der Athener (Athenaion Politeia) 8. In: Aristoteles, Athenaion Politeia 2. Ed. Mortimer Chambers. Stuttgart, Leipzig: Teubner 1994, S. 6 f. (Bearbeitung des Verfassers); **70,** (M8) Plutarch, Aristeides 7. In: Plutarch: Fünf Doppelbiographien. 1. Teil: Alexandros und Caesar; Aristeides und Marcus Cato; Perikles und Fabius Maximus. Gr.-dt. Übers. v. Konrat Ziegler u. Walter Wuhrmann. Ausgewählt v. Manfred Fuhrmann. Mit einer Einführung und Erläuterungen von Konrat Ziegler. München, Zürich: Artemis & Winkler 1994, S. 370 (351–507). (Bearbeitung des Verfassers); **73,** (M4a) Herodot, Historien (Historíes apódexis) VII, 135. In: Herodot, Historien. 2. Bd. Bücher VI–IX. Gr.-dt., hg. v. Josef Feix. München, Zürich: Artemis & Winkler, 5. Aufl., 1995, S. 962, 964. (Bearbeitung des Verfassers); **73,** (M4b) Herodot, Historien (Historíes apódexis) VII, 139. In: Herodot, Historien. 2. Bd. Bücher VI–IX. Gr.-dt., hg. v. Josef Feix. München, Zürich: Artemis & Winkler, 5. Aufl., 1995, S. 966, 968. (Bearbeitung des Verfassers); **73,** (M5) Plutarch, Themistokles 3 f. In: Plutarchi Vitae Parallelae. Recognoverunt Cl. Lindskog et K. Ziegler. Vol. I, fasc. 1. Leipzig: Teubner, 4. Aufl., 1969, S. 60 ff. (Bearbeitung des Verfassers); **76,** (M5) Xenophon, Erinnerungen an Sokrates (Apomnemoneúmata Sokrátus) III. In: Xenophontis Opera Omnia. Recognovit brevique adnotatione critica instruxit E. C. Marchant. Tom. II. 2. Aufl. Oxford: Milford 1921 (keine Paginierung). (Bearbeitung des Verfassers); **76,** (M6) Thukydides, Der Peloponnesische Krieg (Ho pólemos tôn Pelopponesíon kaì Athenaíon) II, 37 ff. In: Thukydides: Geschichte des Peloponnesischen Krieges. I. Teil: Buch I–IV. Gr.-dt. Übers. u. mit einer Einführung und Erläuterungen versehen v. Georg Peter Landmann. München, Zürich: Artemis & Winkler 1993, S. 236 ff. (Bearbeitung des Verfassers); **76,** (M7) Pseudo-Xenophon, Vom Staat der Athener (Athenaion Politeia) I, 3, 13; II, 17. In: Die pseudoxenophontische Athenaion Politeia. Gr.-dt. Übers. u. erklärt v. Ernst Kalinka. Leipzig, Berlin 1913. (Bearbeitung des Verfassers); **76,** (M8) Thukydides, Der Peloponnesische Krieg (Ho pólemos tôn Pelopponesíon kaì Athenaíon) II, 65. In: Thukydides: Geschichte des Peloponnesischen Krieges. I. Teil: Buch I–IV. Gr.-dt. Übers. u. mit einer Einführung und Erläuterungen versehen v. Georg Peter Landmann. München, Zürich: Artemis & Winkler 1993, S. 274 ff. (Bearbeitung des Verfassers); **82,** (M13) Xenophon, Gespräch über die Hauswirtschaft (Oikonomikós) IV, 2. In: Xenophontis Opera Omnia. Recognovit brevique adnotatione critica instruxit E. C. Marchant. Tom. II. Oxford: Milford, 2. Aufl., 1921 (keine Paginierung). (Bearbeitung des Verfassers); **82,** (M14) Aristoteles, Politik (Politiká) 1253 b. In: Aristotelis Opera. Ex recensione Immanuelis Bekkeri. Ed. Academia Regia Borrussica. Editio altera quam curavit Olof Gigon. Vol. alterum. Berlin: de Gruyter 1960, S. 1253, Sp. b. (1252–1342). (Bearbeitung des Verfassers); **82,** (M15a) Xenophon, Gespräch über die Hauswirtschaft (Oikonomikós) VII. In: Xenophontis Opera Omnia. Recognovit brevique adnotatione critica instruxit E. C. Marchant. Tom. II. Oxford: Milford, 2. Aufl., 1921 (keine Paginierung). (Bearbeitung des Verfassers); **82,** (M15b) Aristoteles, Politik (Politiká) 1259 b–1260 a. In: Aristotelis Opera. Ex recensione Immanuelis Bekkeri. Ed. Academia Regia Borrussica. Editio altera quam curavit Olof Gigon. Vol. alterum. Berlin: de Gruyter 1960, S. 1295, Sp. b – 1260, Sp. a. (1252–1342). (Bearbeitung des Verfassers); **86,** (M4) Arrianos, Anabasis (Aléxándru anábasis) 5, 26, 27. In: Arrian, Anabasis Alexandri, Books V–VII. Gr.-engl. With an english translation by P. A. Brunt. Cambridge, Mass., London: Harvard Univ. Press, Heinemann 1983, pp. 83 seqq. (Bearbeitung des Verfassers); **86,** (M6) Strabon, Geographiká 1, 4, 9. In: The Geography of Strabo. Gr.-engl. With an english translation by Horace Leonard Jones. Vol. I. Reprint Cambridge, Mass., London: Harvard Univ. Press, Heinemann 1960, pp. 246 seqq. (Bearbeitung des Verfassers); **87,** (M8) Strabon, Geographiká 17, 1, 7 ff. In: The Geography of Strabo. Gr.-engl. With an english translation by Horace Leonard Jones. Vol. I. Reprint Cambridge, Mass., London: Harvard Univ. Press, Heinemann 1960. (Bearbeitung des Verfassers); **105,** (M7) Livius, Ab urbe condita libri CXLII, praefatio 6 f. In: Livius, Titus: Römische Geschichte, Buch I–III. Lat.-dt. Hg. v. Hans Jürgen Hillen. München, Zürich: Artemis & Winkler, 2. Aufl., 1991, S. 6, 8. (Bearbeitung des Verfassers); **105,** (M8) Frank Rafalski, Beweise für Romulus? Augsburger Allgemeine, 11. August 1988; **109,** (M6a) Mommsen, Theodor: Römische Geschichte. Abt. 1/2: Bis zur Schlacht von Pydna. Berlin: Weidmann 1868, S. 72; **109,** (M6b) Cornelius Nepos, Biographien berühmter Männer (De viris illustribus), praefatio I, 6, 7. In: Nepos, Cornelius: De viris illustribus. Biographien berühmter Männer. Lat.-dt. Übers. u. hg. v. Peter Krafft u. Felicitas Olef-Krafft. Stuttgart: Reclam 1993 (= UB 995), S. 4, 6. (Bearbeitung des Verfassers); **109,** (M6c) Polybios, Fragmente aus der römischen Archäologie 11 a. In: Polybios, Historien. Auswahl. Übers., Anmerkungen u. Nachwort v. Karl Friedrich Eisen. Stuttgart: Reclam 1973 (= UB 6210), S. 20. (Bearbeitung des Verfassers); **110,** (M7c) Seneca, Epistulae Morales XLVII, 1. In: Seneca, Lucius Annaeus: Ad Lucilium Epistulae Morales (= Seneca, Lucius Annaeus: Philosophische Schriften, Bd. 3. Lat.-dt.). Hg. v. Manfred Rosenbach. Sonderausgabe Darmstadt: Wissenschaftliche Buchgesellschaft 1999, S. 360. (Bearbeitung des Verfassers); **110,** (M8) Livius, Ab urbe condita libri CXLII, III, 26, 5 ff., 29. In: Livius, Titus: Römische Geschichte, Buch I–III. Lat.-dt. Hg. v. Hans Jürgen Hillen. München, Zürich: Artemis & Winkler, 2. Aufl., 1991, S. 376, 382 ff. (Bearbeitung des Verfassers); **115,** (M1) Livius, Ab urbe condita libri CXLII, XXI, 44, 5 ff. In: Livius, Titus: Römische Geschichte, Buch XXI–XXIII. Lat.-dt. Hg. v. Josef Feix. München, Zürich: Artemis & Winkler, 4. Aufl., 1991, S. 96. (Bearbeitung des Verfassers); Livius, Ab urbe condita libri CXLII, XXI, 30 f. In: Livius, Titus: Römische Geschichte, Buch XXI–XXIII. Lat.-dt. Hg. v. Josef Feix. München, Zürich: Artemis & Winkler, 4. Aufl., 1991, S. 64 ff. (Bearbeitung des Verfassers); **115,** (M2) Cicero, Über den Staat (De re publica) III, 24. In: Cicero, Marcus Tullius: Der Staat. Lat.-dt. Hg. u. übers. v. Karl Büchner. München, Zürich: Artemis & Winkler, 5. Aufl., 1993, S. 206. (Bearbeitung des Verfassers); **120,** (M6) Livius, Ab urbe condita libri CXLII, II, 32, 5 ff. In: Livius, Titus: Römische Geschichte, Buch I–III. Lat.-dt. Hg. v. Hans Jürgen Hillen. München, Zürich: Artemis & Winkler, 2. Aufl., 1991, S. 232, 234. (Bearbeitung des Verfassers); **120,** (M7) Appian, Bürgerkriege I, 7. In: Appiani Bellorum Civilium Liber Primus. Introduzione, testo critico e commento con traduzione e indici a cura di Emilio Gabba. Firenze: La Nuova Italia 1958, p. 5. (Bearbeitung des Verfassers); **120,** (M8) Sallust, Bellum Iugurthinum 85, 31. In: Sallust: Werke. Lat.-dt. Hg. u. übers. v. Werner Eisenhut u. Josef Lindauer. München, Zürich: Artemis & Winkler, 2. Aufl., 1994, S. 232 (98–279). (Bearbeitung des Verfassers); **120,** (M9) Cicero, 2. Philippische Rede, 116. In: Cicero, Marcus Tullius: Die politischen Reden, Bd. III. Lat.-dt. Hg., übers. u. erläutert v. Manfred Fuhrmann. München, Zürich: Artemis & Winkler 1993, S. 166. (Bearbeitung des Verfassers); **120,** (M10) Tacitus, Annales I, 2. In: Tacitus, Publius Cornelius: Annalen. Lat.-dt. Hg. v. Erich Heller. Mit einer Einführung v. Manfred Fuhrmann. München, Zürich: Artemis & Winkler, 3. Aufl., 1997, S. 16, 18. (Bearbeitung des Verfassers); **125,** (M6) Minucius Felix, Octavius, um 200 n. Chr. Zit. Nach: Geschichte in Quellen, Bd. 1. München 1965, S. 716; **125,** (M7) Bericht über den Prozess der Märtyrer von Scili. Gekürzt nach: Geschichte in Quellen, Bd. 1. München, 2. Aufl., 1975, S. 713; **129,** (M6) Seneca, Epistulae Morales VII, 3 ff. In: Seneca, Lucius Annaeus: Ad Lucilium Epistulae Morales (= Seneca, Lucius Annaeus: Philosophische Schriften, Bd. 3. Lat.-dt.). Hg. v. Manfred Rosenbach. Sonderausgabe Darmstadt: Wissenschaftliche Buchgesellschaft 1999, S. 34, 36. (Bearbeitung des Verfassers); **129,** (M7) Iuvenal, Satura III, 234 ff. In: Iuvenal: Satiren. Lat.-dt. Hg., übers. u. mit Anmerkungen versehen v. Joachim Adamietz. München, Zürich: Artemis & Winkler 1993, S. 54 ff. (Bearbeitung des Verfassers); **136,** (M5) Elisabeth Erdmann, Leben unter römischer Herrschaft. Villingen 1986, S. 53; **138,** (M2) Plutarch, Caesar 27. In: Plutarch: Fünf Doppelbiographien. 1. Teil: Alexandros und Caesar; Aristeides und Marcus Cato; Perikles und Fabius Maximus. Gr.-dt. Übers. v. Konrat Ziegler u. Walter Wuhrmann. Ausgewählt v. Manfred Fuhrmann. Mit einer Einführung und Erläuterungen v. Konrat Ziegler. München, Zürich: Artemis & Winkler 1994, S. 257, 259 (8–349). (Bearbeitung des Verfassers); **138,** (M3) H. D. Stöver, Große Gegner Roms. Zürich, München 1989, S. 174 f.; **144,** (M5) Orosius, Geschichte gegen die Heiden 7, 43. In: Pauli Orosii Historiarum adversum paganos libri VII. Accedit eiusdem Liber Apologeticus. Recensuit et commentario critico introduxit Carolus Zangermeister. Wien: Gerold 1882, S. 559 ff. (Bearbeitung des Verfassers); **149,** (M6) A. Becker, Große Religionen der Welt. München 1987, S. 177–186; **153,** (M4) Gregor von Tours, Historiarum libri decem, II, 30. In: Gregorii Episcopi Turonensis Historiarum libri decem. Vol. I: Libri I–V. Lat.-dt. Auf Grund der Übersetzung W. Griesebrechts neu bearbeitet v. Rudolf Buchner (= Ausgewählte Quellen zur Deutschen Geschichte des Mittelalters. Freiherr vom Stein-Gedächtnisausgabe, hg. v. Rudolf Buchner, Bd. 2). Berlin: Rütten & Loening 1955, S.116, 117; **153,** (M5) Annales Regni Francorum (Reichsannalen), 749. In: Annales Regni Francorum inde ab a. 741 usque ad a. 829. Nach der Ausgabe v. G. H. Pertzius neu hg. v. Friedrich Kurze. Hannover 1895, S. 9; **155,** (M4) Cassiodor, Institiones I, 30. Zit. nach: Elisabeth Vavra (Hg.), Die Suche nach dem verlorenen Paradies. Europäische Kultur im Spiegel der Klöster. Katalog des Niederösterreichischen Landesmuseums Neue Folge Nr. 428. St. Pölten 2000, S. 68; **158,** (M3) Die Benediktinerregel, übers. u. erkl. v. Georg Holzherr. Zürich, Einsiedeln, Köln 1982; **163,** (M2) Victor Vitensis, Geschichte der Verfolgung der Provinz Africa I, 13. In: Michael Zink, Bischof Victors von Vita Geschichte der Glaubensverfolgung im Lande Afrika. Bamberg 1883; **163,** (M4) Prosper Tiro, Chronik zum Jahre 455 n. Chr. In: Prosper Tiro: Chronica minora. Hg. v. Theodor Mommsen (= MGH AA I). Berlin 1892, S. 484 (341–499); **165,** (M4) Märchen und Sagen. Deutsche Heldensagen. Stuttgart, Zürich, Wien 1969, S. 937 ff.; **167,** (M1) Plinius der Jüngere, Sämtliche Briefe. Zürich, Stuttgart 1969, ep. I, 15; **167,** (M3) Gozzini Giacosa, Ilaria, Genießen wie die alten Römer. Frankfurt am Main 1995, S. 153; **181,** (M6) Diodor von Sizilien V, 28, 1 ff. Nach: Die Kelten in Mitteleuropa, Ausstellungskatalog, hg. vom Amt der Salzburger Landesregierung. Salzburg 1960, S. 113; **181,** (M8a) Caesar, Commentarii de bello Gallico III, 10, 3. In: C. Julius Caesar: Der Gallische Krieg. Lat.-dt. Hg. v. Otto Schönberger. München, Zürich: Artemis & Winkler 1990, S. 124. (Bearbeitung des Verfassers); **181,** (M8b) Caesar, De bello Gallico VII, 4, 1. In: C. Julius Caesar: Der Gallische Krieg. Lat.-dt. Hg. v. Otto Schönberger. München / Zürich: Artemis & Winkler 1990, S. 314, 316. (Bearbeitung des Verfassers).

Bildnachweis

3, Sanduhr: Klett-Archiv, Stuttgart; Vormensch/Frühmensch: Hessisches Landesmuseum, Darmstadt; Pyramiden: MEV, Augsburg; Drachme: Ancient Art & Architecture Collection; Wölfin: BPK, Berlin; Panzerreiter: Stiftsbibliothek St. Gallen; Lupe: Mönnich, Andreas, Landsberg; **4, 5,** Sanduhr: Klett-Archiv, Suttgart; Vormensch/Frühmensch: Hessisches Landesmuseum, Darmstadt; Pyramiden: MEV, Augsburg; Drachme: Ancient Art & Architecture Collection; Wölfin: BPK, Berlin; Panzerreiter: Stiftsbibliothek St. Gallen; Lupe: Mönnich, Andreas, Landsberg; „Ötzi": Südtiroler Archäologiemuseum, www.iceman.it, Bozen; Maske Tutanchamum: BPK, Berlin; Perikles: BPK, Berlin; Statue des Augustus: Scala Group, Florenz; Schreibender Mönch: British Library, London; Memento Mori: Nationalmuseum Neapel; **8/9,** Sanduhr, Illustrationen: Klett-Archiv, Stuttgart; **10,** M1: Klett-Archiv, Stuttgart; M2: Sturm, Veit, Augsburg; M3: AKG, Berlin; M4: Jürgen Jeibmann Photographik; **11,** M5: Mandl, Susanne, Landsberg; **12,** M1: Kulturgeschichtliches Bildarchiv Hansmann, München; M2: British Museum, London (Great Court Ltd.); M3: Sennewald, Michael; **13,** M5: Mandl, Susanne, Landsberg; M6: AKG, Berlin; M7: Corn, Heribert, Wien; **15,** M1: picture-alliance, dpa, Frankfurt am Main; **16,** M2, M3: Südtiroler Archäologiemuseum, www.iceman.it, Bozen; Ochsenreiter, Augustin; **17,** M1: Klett-Archiv, Stuttgart; M2: Württembergisches Landesmuseum, Stuttgart; **18/19,** Vormensch/Frühmensch: Hessisches Landesmuseum, Darmstadt; Osteuropa: C M Dixon, Kingston Canterbury; Afrika: FOCUS, Science Photo Library, Reader John, Hamburg; Indien: Neumayer, Erwin, Wien; Australien: Eye Ubiquitous, Shoreham, West Sussex; Japan: Corbis, Sakamoto Photo Research Laboratory, Düsseldorf; Nordamerika: Corbis, Warren Morgan, Düsseldorf; Karte: Klett-Archiv, Stuttgart; **20,** M1: Johanson Donald/Maitland Edey: Lucy – die Anfänge der Menschheit. München: R. Piper Verlag 1992; M2: Hessisches Landesmuseum, Darmstadt; **21,** M2: Neandertaler: Hessisches Landesmuseum, Darmstadt; Jetztmensch: MEV, Augsburg; M3: Geologisch-Paläontologisches Institut der Universität Heidelberg; M4: Neanderthal Museum, Mettmann; M5: Geo 4, April 2001, S. 32; **22,** M6: Klett-Archiv, Stuttgart; **23,** M7: Mandl, Susanne, Landsberg; **24,** M1: Dr. Cziesla Erwin, Institut für Ur- und Frühgeschichte, Forschungsstelle Afrika, Köln; M2: AKG, Berlin; **25,** M3: Klett-Archiv, Stuttgart; M4, M5: AKG, Berlin; **26,** M6: Global Pictures (Pandis Media); **27,** M7: Klett-Archiv, Stuttgart; **28,** M2: Klett-Archiv, Stuttgart; M3: Biedermann, K., Düsseldorf; **29,** M4: Württembergisches Landesmuseum, Stuttgart; M5: Janssen, Werner, Meppen; **30,** M6: Klett-Archiv, Stuttgart; **31,** M7: Klett-Archiv, Stuttgart; **32,** M1: BPK, Berlin; **33,** M2: Mandl, Susanne, Landsberg; M3: AKG, Berlin; **34/35,** Pyramiden: MEV, Augsburg; Sarg: PA – Photo Archive Ancient Art, Jürgen Liepe, Berlin; Sphinx: Corbis, Düsseldorf; Kornspeicher: Römer- und Pelizaeus-Museum, Hildesheim, Foto: Claudio Fragasso; Hieroglyphen: Lotos Film, E. Thiem, Kaufbeuren; Graböffnung: Corbis, Hulton-Deutsch Collection, Düsseldorf; Karte: Klett-Archiv, Stuttgart; **36,** M1: Corbis, Gianni Dagli Orti, Düsseldorf; M2: Corbis, Mike Southern, Eye Ubiquitous, Düsseldorf; **37,** M3: Römer- und Pelizaeus Museum, Hildesheim; M4: BPK, Berlin; **38,** M5: dpa, picture-alliance, Frankfurt/Main; M6: Asmus-Seipel, Ingrid; **39,** M9: Klett-Archiv, Stuttgart; M10: AKG, Forman Werner, Berlin; M11: AKG, Forman Werner, Berlin (senkrechte Hierogl.); BPK, Liepe Jürgen, Berlin (waagrechte Hierogl.); **40,** M1: AKG, Berlin; **41,** M2: Ägyptisches Museum, Kairo; M3: BPK, Berlin; **42,** M4: Edizioni Arte e Moneta Sa, Savosa, Lugano, Schweiz, Foto: F. Borromeo; M5: AKG, Berlin; M6: PA – Photo Archive Ancient Art, Jürgen Liepe, Berlin; **43,** M7, M11: AKG, Lessing Erich, Berlin; M8, M9, M10, M12, M13: BPK, Berlin; **45,** M18, 19: BPK, Berlin; **46,** M1: MEV, Augsburg; M2: Römer- und Pelizaeus Museum, Hildesheim; **47,** M3: Hachette Jeunesse (Pierre Miguel), Paris; **48,** M4: BPK, Berlin; M5: British Museum, London; **49,** Mandl, Susanne, Landsberg; **50,** M1: Kulturgeschichtliches Bildarchiv Hansmann, München; M2: Getty Images, München; **51,** M3 links: Klett-Archiv, Stuttgart; M3 rechts: Mandl, Susanne, Landsberg; M4: Klett-Archiv, Stuttgart; **52,** M5: AKG, Berlin; **53,** M6: Contrast, Wien; M7: Corbis, Düsseldorf; **54/55,** M1: British Museum, London; **56/57,** Drachme: Ancient Art & Architecture Collection, Pinner; Akropolis Rekonstruktion: Klett-Archiv, Stuttgart; Akropolis heute: Contrast, Wien; Laokoon-Gruppe: AKG, Berlin; Pergamon-Altar: BPK, Berlin; **58,** M1: Silye, Adam, Wien; **59,** M2: Klett-Archiv, Stuttgart; **60,** M1: Scala Group, Florenz; **62,** M1: Schelle, Jörg, Bad Zwischenahn; M2: AKG, Berlin; **63,** M3: Klett-Archiv, Leipzig; **64,** M4: Badisches Landesmuseum, Karlsruhe; M5: Uni-Dia Verlag, Grosshesselohe; **65,** M6, M7, M8, M9: Foto Marburg; M10: Steidle, Hans, Würzburg; **66,** M1: Archaeological Receipts Fund, Olympia Museum, Hellenic Republic, Athen; **67,** M1: Ancient Art & Architecture Collection, Pinner; M2: Klett-Archiv, Stuttgart; **68,** M3: Scala Group, Florenz; M4: British Museum, London; M5: RMN, Paris; **70,** M9: AKG, Berlin; M10: Mandl, Susanne, Landsberg; **71,** M1: National Museums of Scotland, Edingburgh; M2: Corbis, Roger Wood, Düsseldorf; **72,** M3: Klett-Archiv, Stuttgart; **73,** M6: Klett-Archiv, Stuttgart; **74,** M1: Alison Frantz Collection, American School of Classical Studies, Athen; M2: Prof. Dr. Kuper, Ernst, Göttingen; **75,** M3: BPK, Berlin; **76,** M4: BPK, Alfredo Dagli Orti, Berlin; **77,** M9: Scala Group, Florenz; M10: Staatliche Museen, Kassel; M11: BPK, Berlin; **78,** M1: British Museum, London; **79,** M2: Musées Royaux d'Art, Brüssel; M3: Mandl, Susanne, Landsberg; **80,** M4, M5: BPK, Berlin; M6: Museum of Fine Arts, Boston; **81,** M7: Editions Gallimard Jeunesse Paris: „Le livre de la mythologie antique" – illustrations de Sylvaine Pérols. Collection Découverte Cadet Hors série; M8: Martin von Wagner Museum der Universität Würzburg, Foto: K. Öhrlein; M10: Scala Group, Florenz; **83,** M1: Staatliche Münzsammlung, München; M2: BPK, Berlin; **85,** M3: Klett-Archiv, Stuttgart; **86,** M5: Klett-Archiv, Stuttgart; **87,** M7: Klett-Archiv, Stuttgart; **88,** M1: Contrast, Wien; **89,** M2: A. Kennedy; **90,** M3: Contrast, Wien, Moore/Interfoto/Transglobe; M4: AKG, Berlin; **91,** M6: Dúchas/Con Brogan; M5: Klammet, Ohlstadt; **92,** M1: Klett-Archiv, Stuttgart; **93,** M2: Mandl, Susanne, Landsberg; **94,** M1: Klett-Archiv, Stuttgart; M2: AKG, Berlin; **95,** M4: Klett-Archiv, Stuttgart; M5: Mandl, Susanne, Landsberg; **96,** M1: Martin von Wagner Museum der Universität Würzburg, Foto: K. Öhrlein; **97,** M2: Ciganovic J.; **98,** M3: Scala Group, Florenz; M5: Martin von Wagner Museum der Universität Würzburg, Foto: K. Öhrlein; **99,** M1: Martin von Wagner Museum der Universität Würzburg, Foto: K. Öhrlein; **100/101,** Wölfin: BPK, Berlin; Karte: Silye, Adam, Wien; Römischer Redner: Scala Group, Florenz; Römisches Feldzeichen: Scala Group, Florenz; Pont du Gard: Mauritius, Wien, Mittenwald; Cestius-Pyramide: Kulf, Eberhard; Römischer Priester aus Weißenburg: Prähistorische Staatssammlung, München; Mithrasheiligtum von Heddernheim: Prähistorische Staatssammlung, Manfred Eberlein, München; 5-Euro-Banknote: Österreichische Nationalbank, Wien; **102,** M1 links: Groebner, Dominic, Wien; M1 rechts: Scala Group, Florenz; M2: Klett-Archiv, Stuttgart; **103,** M3: Scala Group, Florenz; M4: Klett-Archiv, Stuttgart; **104,** M5: BPK, Berlin; **105,** M6: Sturm, Veit, Augsburg; **106,** M1: Museo Nazionale di Villa Giulia, Rom; **107,** M2: Dagli Orti, Giovanni et Muriel, Paris; **108,** M3: British Museum, London; **109,** M4: Mandl, Susanne, Landsberg; M5: Bibliothèque nationale de France, Paris; **110,** M7: Groebner, Dominic, Wien; **111,** M1: AKG, Berlin; M2: Klett-Archiv, Stuttgart; **112,** M3: Scala Group, Florenz; M4: AKG, Berlin; **113,** M5: Mandl, Susanne, Landsberg; **114,** Mandl, Susanne, Landsberg; **115,** M1 beide: AKG, Berlin; **116,** M1: Sturm, Veit, Augsburg; **117,** M2: Staatliche Antikensammlung, München, Foto: Studio Koppermann, Gauting; M3: AKG, Berlin; **118,** M4: Klett-Archiv, Stuttgart; **119,** M5: Pompeius: BPK, Berlin; Cicero: AKG, Berlin; Caesar: Deutsches Archäologisches Institut, Rom; **121,** M1: Augustus-Statue: Scala Group, Florenz; farbige Rekonstruktion: Prähistorische Staatssammlung, Manfred Eberlein, München; Statue des Doryphoros von Polyklet: Scala Group, Florenz; **122,** M1: Mandl, Susanne, Landsberg; **123,** M2: christliche Bildersprache Guter Hirte und Wandbild: AKG, Berlin; Fischsymbolik: Klett-Archiv, Stuttgart; **124,** M3: Fratelli Alinari, Florenz; M4, M5: Scala Group, Florenz; **126,** M1: Scala Group, Florenz; **127,** M2: Deutsches Filmmuseum, Frankfurt am Main; M3: Scala Group, Florenz; **128,** M4, M5: AKG, Berlin; **129,** M8: Mauritius, Mittenwald; M9: C M Dixon, Kingston Canterbury; **130,** M1: Stiftung Leonard von Matt; M2: Steinmeyer-Schareika Angela, Gau-Algesheim; **131,** M3, M4, M5: Scala Group, Florenz; **132,** M7: Scala Group, Florenz; **133,** M8: Sturm, Veit, Augsburg; M9: Klett-Archiv, Stuttgart; **134,** M1: Philipp von Zabern Verlag, Mainz, Ziegaus, Bernward, Prähistorische Staatssammlung, München; M2: Dr. Junkelmann, Marcus, Ratzenhofen; **135,** M3: Mandl, Susanne, Landsberg; M4: Römisch-Germanisches Zentralmuseum, Mainz, Donabaur Michael, Möckenlohe; **136,** M6: Prähistorische Staatssammlung, Eberlein, Manfred, München; M7a, b: Stadtarchäologie, Kempten; **137,** M8: Prähistorische Staatssammlung, Eberlein, Manfred, München; M9: Klett-Archiv, Stuttgart; M10: Uderzo Albert (Egmont Ehapa Verlag, Berlin, für die deutschsprachige Ausgabe); **138,** M1: Les Éditions Albert René, Paris; **139,** M4: Bridgeman Art Library, Musée Crozatier, London; **140/141,** Panzerreiter: Stiftsbibliothek St. Gallen; Karten: Silye, Adam, Wien; Ravenna: AKG, Berlin; Kaaba in Mekka: dpa, picture-alliance, Frankfurt am Main; Zisterziensermönche: Cambridge Library; **142,** M1: Klett-Archiv, Stuttgart; **144,** M2 links: Archäologisches Institut, Rom; M2 rechts: AKG, Berlin; **145,** M6: BPK, Berlin; **146,** M1: Mandl, Susanne, Landsberg; **146/147,** M3: dpa, picture-alliance, Frankfurt am Main; **147,** M2: BPK, Berlin; **148,** M4: Bodleian Library, Oxford; **150,** M1: Rheinisches Landesmuseum, Bonn; **151,** M2: Mandl, Susanne, Landsberg; **152,** M3: Stiftsbibliothek St. Gallen; **153,** M6: AKG, Berlin; **155,** M1: Ekdotike Athenon S. A.; M2: Imagefile, Dublin; M3: Marthel O., Rapho; **156,** M1: British Library, London; **157,** M2: Muuß, Uwe, Altenholz; **158,** M4: Biblioteca Apostolica Vaticana, Vatikanstadt; M5: Mandl, Susanne, Landsberg; **159,** M1: AKG, Berlin; **160,** M2 Römerstraße: Reiter, Daniel, München; Ochsenwagen: AKG, Berlin; Goldmünzen: Römisches Museum, Augsburg; Lampe: Archäologische Staatssammlung, München; **161,** M3: Luftaufnahme: Bayerisches Landesamt für Denkmalspflege, München; Porta Praetoria: AKG, Berlin; Münze Marc Aurel: AKG, Berlin; Hinternzwicker: Museum der Stadt Regensburg; **162,** M1: Silye, Adam, Wien; **163,** M3: AKG, Berlin; M5: AKG, Berlin; **164,** M1: AKG, Berlin, **165,** M2: AKG, Berlin; **167,** M2: Silye, Adam, Wien; M4: RMN, Musée du Louvre, Paris; M5: Museum Zurzach, Schweiz; **168/169,** Lupe: Mönnich, Andreas, Landsberg; Eisenwerkzeuge der Kelten: Archäologische Staatssammlung, München; Römischer Reisewagen: Beckel, Lothar, Bad Ischl; Armreif aus Hochdorf: AKG, Berlin; Haus Priene: Klett-Archiv, Stuttgart; Langhaus der Bandkeramiker: Mandl, Susanne, Landsberg; Fürstengrab in Hochdorf: Bridgeman Art Library, London; Memento Mori: Nationalmuseum Neapel; **170,** M1: Silye, Adam, Wien; M2: Beckel, Lothar, Bad Ischl; **171,** M3, M4: Mandl, Susanne, Landsberg; M5: Archäologische Staatssammlung, München; **172,** M6: Klett-Archiv, Stuttgart; M7: Archäologisches Landesmuseum der Christian-Albrechts-Universität, Schloss Gottorf, Schleswig; M8: AKG, Berlin; **173,** M2: Mandl, Susanne, Landsberg; **174,** M3: Klett-Archiv, Stuttgart; **175,** M4: Zeichnung Andreas Schmickler, Foto Fritz, Mannheim; **176,** M5: BPK, Berlin; M6: Hildprecht-Sammlung Vorderasiatischer Altertümer der Friedrich-Schiller-Universität Jena, Foto: FSU-Fotozentrum; **177,** M7: Klett-Archiv-Stuttgart; M8: Scala Group, Florenz; **178,** M1: Les Éditions Albert René, Paris; M2: Römisch-Germanisches Zentralmuseum, Mainz; **179,** M3, M4 links: Römisch-Germanische Kommission, J. Bahlo, Frankfurt am Main; M4 rechts: Mandl, Susanne, Landsberg; **180,** M5: Bridgeman Art Library, London; **181,** M6: Silye, Adam, Wien; **182,** M1: Nationalmuseum Neapel; M2: Römer- und Pelizaeus Museum, Hildesheim; **183,** M3: Lotos Film, E. Thiem, Kaufbeuren; **184,** M4: Peter Kolb, Die Römer bei uns, Museums-Pädagogisches Zentrum München 2000, S. 202; **185,** M5: KHM, Wien.

Nicht in allen Fällen war es uns möglich, den Rechteinhaber der Abbildungen ausfindig zu machen. Berechtigte Ansprüche werden selbstverständlich im Rahmen der üblichen Vereinbarungen abgegolten.